茶人列傳 2

− 유학자를 중심으로 본 다인들의 삶과 시 −

芮 正 洙 編著

강진 다산초당

다인열전을 펴내면서

　다인열전을 쓴 동기는 선비들의 생활 속에 비친 차를 좋아한 모습과, 차를 통하여 유학자와 승려가 교류하고 차를 함께하며 멋을 즐긴 선인들의 모습을 쓰고자 했던 것이다.
　시대상이 어려울 때도 의연히 충절을 지켰던 유학자들을 중심으로 차를 통해 마음을 다스렸던 모습이 확연히 드러나 있다.
　"충신은 나라가 어지러울 때 생겨나고, 효자와 열녀는 어려운 가정에서 난다."고 하듯이 차를 통하여 교류한 명유(名儒)들의 茶詩들은 요즈음 같은 시대의 갈등과 반목이 만연한 현실에서 귀감이 될 것이다.
　중국은 차의 정신을 '정행검덕(精行儉德)'으로 내세웠고, 일본은 '화경청적(和敬淸寂)'을 다도의 정신으로 삼았으나, 우리나라는 茶禮, 茶藝, 茶道 등으로 부르기도 하지만, 그 정신을 '중정(中正)'에 두고 있다.
　필자가 차를 가까이 한지 어언 60여 년이 되었습니다. 차는 아무 맛이 없는 것 같으면서도 그 속에 인간사(人間事) 五味가 두루 갖추어진 것으로 예절이 있고 철학과 사상과 상대를 존중하는 화합할 수 있는 것과 같이도 느껴졌다. 그러니 차 한 잔의 의미를 쉽게 간과할 수가 없다.

오래전에 옛 선인들에서부터 근세에 이르기까지 차를 애중(愛重)히 여긴 차인의 시(詩)를 간략하게 간추려서 다인열전(茶人列傳)을 두권의 책자로 만든 적이 있다.

   차(茶)자는 풀과 사람과 나무가 함께하여 이루어진 글자로서 차를 행하는 사람들은 누구나 융화하고 배려하며 이웃을 사랑하고 공경(對人愛敬)하는 정신이 필요하다.

   이번에 여러 책자를 두루 읽고 보다 많은 차시들을 추려서 유학자와 승려들의 차 생활 흔적으로 여러분 앞에 차인 들을 소개하려 하였다. 유학자와 승려 중에서 차시가 많게는 7, 80 여수에서부터 2수 이상 남긴 분들을 최대한 소개하려고 하였으며, 가급적 출생 연도를 기준으로 순서를 정하였으며 꼭 필요한 고사는 주를 달아 설명하였다.

   차를 애호하는 동호인 여러분들과 조용히 차를 연구하고, 한시를 좋아하는 문사(文士)들의 작시(作詩)에도 도움이 되었으면 하는 심정으로 이 책자를 출간하게 되었다. 독자 여러분들의 가편(加鞭)과 질정(叱正)을 바라마지않는다.

2025年 1月 20日
茶爐經權室에서 雪海 芮正洙

茶人列傳 2 목차

1. 제봉 고경명(霽峰 高敬命) ·················· 7
2. 송강 정철(松江 鄭澈)과 아들 정홍명(鄭弘溟) ········ 11
3. 율곡 이이(栗谷 李珥) ····················· 19
4. 아계 이산해(鵝溪 李山海) ··················· 25
5. 학봉 김성일(鶴峯 金誠一) ··················· 30
6. 간이 최립(簡易 崔岦) ····················· 37
7. 사류재 이정암(四留齋 李廷馣) ················· 39
8. 서애 유성룡(西厓 柳成龍) ··················· 41
9. 송암 양대박(松巖 梁大樸) ··················· 47
10. 일송 심희수(一松 沈喜壽) ··················· 50
11. 백호 임제(白湖 林悌) ····················· 54
12. 오봉 이호민(五峯 李好閔) ··················· 58
13. 백사 이항복(白沙 李恒福) ··················· 63
14. 오산 차천로(五山 車天輅) ··················· 69
15. 묵호자 유몽인(默好子 柳夢寅) ················· 72
16. 창석 이준(蒼石 李埈) ····················· 74
17. 김상용(金尙容)과 김상헌(金尙憲)의 후손들 ········· 77
18. 지봉 이수광(芝峯 李睟光)과 이민구(李敏求) ········· 96
19. 월사 이정구(月沙 李廷龜)와 이명한(李明漢),
    이단상(李端相), 이현석(李玄錫) ·············· 107
20. 상촌 신흠(象村 申欽)과 아들 신익성(申翊聖) ······ 123
21. 교산 허균(蛟山 許筠) ···················· 134

22. 경정 이민성(敬亭 李民宬) …… 142
23. 동악 이안눌(東岳 李安訥) …… 145
24. 다산 목대흠(茶山 睦大欽) …… 152
25. 죽음 조희일(竹陰 趙希逸) …… 155
26. 택당 이식(澤堂 李植)과 아들 이단하(李端夏) …… 158
27. 지천 최명길(遲川 崔鳴吉)과 손자 최석정(崔錫鼎) 167
28. 계곡(谿谷) 장유(張維) …… 174
29. 청봉 심동귀((晴峰 沈東龜) …… 182
30. 이경석(李景奭)과 이진망(李眞望), 이광덕(李匡德) 187
31. 태계 하진(台溪 河溍) …… 198
32. 만랑 황호(漫浪 黃戶) …… 200
33. 백곡 김득신(白谷 金得臣) …… 202
34. 창주 김익희(滄洲 金益熙) …… 206
35. 구당 박장원(久堂 朴長遠) …… 209
36. 분애 신정(汾厓 申晸) …… 212
37. 서석 김만기(金萬基)와 김만중(金萬重) 형제 …… 216
38. 염헌 임상원(恬軒 任相元) …… 222
39. 서파 오도일(西坡 吳道一) …… 231
40. 호곡 남용익(壺谷 南龍翼) …… 235
41. 돈와 임수간(遯窩 任守幹) …… 238
42. 희암 채팽윤(希菴 蔡彭胤) …… 241
43. 겸재 조태억(謙齋 趙泰億) …… 245
44. 담헌 이하곤(澹軒 李夏坤) …… 250
45. 학암 조문명(鶴巖 趙文命)과 조현명(趙顯命) 형제 … 253
46. 병계 윤봉구(屛溪 尹鳳九) …… 262

47. 완암 정래교(浣巖 鄭來僑) ················· 266
48. 청천 신유한(靑泉 申維翰) ················· 269
49. 저촌 심육(樗村 沈錥) ····················· 271
50. 정암 민우수(貞菴 閔遇洙) ················· 275
51. 진암 이천보(晉菴 李天輔) ················· 278
52. 역천 송명흠(櫟泉 宋明欽) ················· 281
53. 석북 신광수(石北 申光洙) ················· 285
54. 보만재 서명응(保晩齋 徐命膺) ············· 289
55. 번암 채제공(樊巖 蔡濟恭) ················· 293
56. 여암 신경준(旅庵 申景濬) ················· 300
57. 해좌 정범조(海左 丁範祖) ················· 303
58. 이계 홍양호(耳溪 洪良浩) ················· 307
59. 청장관 이덕무(靑莊館 李德懋) ············· 311
60. 다산 정약용(茶山 丁若鏞) ················· 319
61. 자하 신위(紫霞 申緯) ····················· 335
62. 완당 김정희(阮堂 金正喜)와 김명희(金明喜) 형제 ···· 346
63. 우선 이상적(藕船 李尙迪) ················· 360

1. 제봉(霽峰) 고경명(高敬命)

① 생애(生涯)

　고경명(高敬命; 1533~1592)의 본관은 장흥(長興). 자는 이순(而順) 호는 제봉(霽峰)·태헌(苔軒). 광주 출생이다.
　1552년(명종7) 사마시에 제1위로 합격, 진사가 되고, 1558년 왕이 직접 성균관에 나와서 주재한 시험에서 수석 해, 곧바로 전시(殿試)에 응시할 수 있는 특전을 받았다.
같은 해 식년문과에 장원으로 급제해 성균관전적(成均館典籍)으로 임명되고, 이어서 공조 좌랑이 되었고, 뒤에 형조좌랑·사간원정언 등을 거쳐 호당(湖堂)에 사가독서(賜暇讀書)했다.
　1561년 사간원 헌납이 된 뒤 사헌부 지평, 홍문관의 부수찬·부교리를 거쳐 1563년 교리가 되었다. 이때 인순왕후(仁順王后)의 외숙인 이조판서 이량(李樑)의 전횡을 논하는 데 참여하고, 그 경위를 이량에게 몰래 알려준 사실이 드러나 울산 군수로 좌천된 뒤 파직되었다. 관직에서 물러나 고향에 돌아와 고전을 탐득하고 자연과 벗 삼아 산수를 유람하며 《유서석록(遊瑞石錄)》을 저술하였다.
　1581년(선조 14) 영암군수로 기용되었으며, 이어서 종계변무주청사(宗系辨誣奏請使) 김계휘(金繼輝)와 함께 서장관(書狀官)으로 명나라에 다녀왔다.

이듬해 서산 군수로 전임되었는데, 명사원접사(明使遠接使) 이이(李珥)의 천거로 종사관(從事官)이 되고 종부시 첨정에 임명되었다.

1592년 임진왜란이 일어났고 서울이 함락되자 왕은 의주로 피난했다는 소식을 전해 듣고 각처에서 도망쳐온 관군(官軍)을 모아, 두 아들로 수원에서 항전하고 있던 광주목사(廣州牧使) 정윤우(丁允佑)에게 인계하도록 했다.

이어서 전 나주 부사 김천일(金千鎰), 전 정언 박광옥(朴光玉)과 의논해 함께 의병을 일으킬 것을 약속하고, 여러 고을에 격문을 돌려 6,000여 명의 의병을 모아 진용을 편성하고 전라좌도 의병대장에 추대된 그는 종사관에 유팽로(柳彭老)·안영(安瑛)·양대박(楊大樸)과 모량유사(募糧有司)에 최상중(崔尙重)·양사형(楊士衡)·양희적(楊希迪)을 각각 임명했다. 그리고 전라도 의병 군사의 결성과 왜적을 격퇴하겠다는 출사표를 조정에 전달토록 하고, 담양을 출발해 북상을 개시했다.

뒤에 의정부좌찬성에 추증, 광주의 포충사(褒忠祠), 금산의 성곡서원(星谷書院)·종용사(從容祠), 순창의 화산서원(花山書院)에 배향됐다.

시·글씨·그림에 능했으며, 저서로는 ≪제봉집≫, 속집(續集)·유집(遺集)과 무등산 기행문인 ≪서석록(瑞石錄)≫, 각처에 보낸 격문을 모은 ≪정기록(正氣錄)≫이 있다.

② 차시(茶詩)

• 漫興 / 만흥

대나무 삿자리엔 찬 기운 돌아 잠 안 오고
차 한 사발 마시니 할 일이 없어
부슬비 내리니 남원의 오이밭 매고 와서
유종원의 『산수기』를 자세히 읽네

竹簟生寒淸未睡　茶甌一啜無餘事
南園小雨鋤瓜回　細讀柳文山水記

• 奉次禹進士鐸寄贈韻 / 우진사 탁이 부쳐준 시에 차운함

산에 밤비 내려 처마에 지니 꿈자리 어지럽고
골목 안 문에 이끼 낀 집은 가난하다네.
오늘 아침 홀연히 편지 전해 와서
강남의 목마름 병가 놀라 일어났다네.
사발 새로 씻어 차 끓이니 아름다운 구름에 용이 일고
잠 깨어 일어나니 남 창에 비 내리고
그대의 시 읊으니 깊은 맛있고
자색의 진귀한 것을 수도 없이 끓이네.

夜雨山簷入夢頻　靑苔門巷一家貧
今朝忽替郵筒信　驚起江南病渴人
茶甌新瀹矞雲龍　睡起南窓小雨中
咀嚼君詩有餘味　珍烹不數柴駝峯

• 病中 / 병중

술 때문에 생긴 병 의사 말 듣고

서둘러 술잔 치우고 후회 많이 했다네
솔바람에 베개 베고 낮잠 이루니
찻사발에 유화 떠서 흰 물결 이루네.

病因傷酒聞醫說 催屛尊罍我悔多
一枕松風成午夢 茗甌浮雲幕生波

　외로운 등불 앞에 차를 달이며 추위가 가시는 것을 마음으로 즐겼고(靑燈照煎茗 心事笑寒慳), 풍로에 활화가 일어 차탕이 끓는 소리를 기꺼이 들었으며(風爐自撥深紅火 閑看茶甁漲白雲), 아무도 없이 혼자서 茶를 끓이는 것은 신선 세계에 노닐 듯했다(更喜眼前無俗物 竹爐茶鼎鍊丹丘).
　눈물로 차를 달이며 그 끓는 모양을 세심히 보기도 했다. 서하당(棲霞堂)에 있던 정철에게 보낸 시에서 이제 술은 마시지 않고 차와 더불어 밤을 지낸다. (問字不須煩載酒 急携湯茗夜相過)는 그의 시구 중에는 술을 몇 잔 마신 후에 옆에서 차 탕이 끓는 소리를 들으며 창을 통해 들어오는 달빛과 찬 기운이 조화를 이룬다는 내용이 있다(想得酒醒茶鼎沸 冷光和月透窓紗). 이것이 곧 차의 경지다.

2. 송강 정철(松江 鄭澈)과 아들 정홍명(鄭弘溟)

가. 송강 정철(松江 鄭澈)

① 생애(生涯)

　정철(鄭澈: 1563~1594)의 본관은 연일(延日)이고 자는 계함(季涵), 호는 송강(松江)이며 시호는 문청(文淸)이다. 임억령(林億齡)에게 시를, 김인후(金麟厚)·송순(宋純)·기대승(奇大升)에게 학문을 배웠으며, 이이(李珥)·성혼(成渾)·송익필(宋翼弼) 같은 유학자들과 친교를 맺었다.
　1561년(명종 16) 진사시에서 1등으로 합격하고, 이듬해 별시문과에 장원급제하였다. 1566년 사간원 헌납·사헌부지평·병조정랑을 거쳐 함경도 경차관을 지낸 뒤, 율곡 이이와 함께 사가독서하였다. 1568년(선조 1) 이조 좌랑과 홍문관수찬으로 승진하였으며, 실록청 낭관에 선발되어 '명종실록'의 편찬에 참여하였다. 1578년 승정원 동부승지에 올랐다. 1581년 강원도 관찰사로 재임 중에는 영월(寧越)의 노산군(魯山君) 묘소를 수축하였고, 이어 전라감사·함경감사를 역임하였다.

최초의 가사인 '관동별곡(關東別曲)'을 지었으며, 또 시조인 훈민가(訓民歌) 16수를 지어 백성들의 교화에 힘쓰기도 하였다. 1583년 예조판서를 거쳐 이듬해 우찬성·대사헌에 올랐으나 동인의 공격을 받아 사직하고 고향으로 내려가 4년간 문학 활동에 전념하였다. 1589년 우의정으로 발탁되어 정여립(鄭汝立) 모반사건을 조사하면서 서인(西人)의 영수로써 동인 세력을 추방했고, 다음 해 좌의정에 올랐다.

1592년 임진왜란이 일어나자 선조를 의주까지 호종하였다. 그는 가사 문학의 대가로서 고산(孤山) 윤선도(尹善道)와 함께 한국 시가 문학에 있어서 쌍벽을 이루었다. 작품으로 '관동별곡' '사미인곡(思美人曲)' '속미인곡(續美人曲)' '성산별곡' 등 4편의 가사와 100여 편의 시조가 전해진다.

그는 김윤제 외에도 임석천의 문하에서도 학문을 익혔으며, 임억령(林億齡)에게 시를 배우고 송순, 기대승 등 당대의 석학들을 사사(師事)하였으며, 김윤제의 조카인 서하당(棲霞堂) 김성원(金成遠), 임진왜란 때의 의병장인 고경명 등과 동문수학(同門修學)하였다.

1578년(선조 11년) 장악원정(掌樂院正)으로 기용되고, 사간·직제학 등을 거쳐 통정대부로 승진 승정원 승지에 올랐다. 그해 5월 승정원 동부승지 겸 경연 참찬관, 춘추관 수찬관이 되었다.

1582년 9월 특명으로 가선대부로 승진, 행 승정원 도승지 겸 경연 참찬관 춘추관 수찬관이 되었고, 이어 상서원정과 예문관 직제학을 겸임하였다. 그해 12월에 예조참판 겸 동지경연에 이어 함경도 관찰사로 임명되었다.

1591년(선조 24년) 2월에 왕세자 건저 문제로 왕의 노여

움을 사서 파직되어 명천으로 유배되었고 강화도에서 병으로 사망하였다. 당시 그의 나이 58세였다.

1623년(인조 1)에 관작이 복구되었고 숙종 조(1685년)에 문청(文淸)의 시호가 내려졌다. 1691년(숙종 17년)에 다시 관작이 삭탈 되었다가, 1694년(숙종 20년)에 다시 관작이 회복되었다.

그의 아들 정종경(鄭宗溟)은 강릉 부사(江陵府使)를 지냈고, 다른 아들 정홍명(鄭弘溟)은 부제학(副提學)과 수원부사(水原府使)를 거쳐 대제학(大提學)에 이르렀다. 전남 담양군 남면 지곡리에 시비가 세워졌다. 작품으로 사미인곡, 속미인곡, 애련당 현판이 있다.

시풍은 호탕하고 비장하며, 한문 투를 벗어나 자유자재로 문장을 구사하여, 김만중은 그의 저서《서포만필》에서 "예로부터 좌해(左海; 우리나라의 별칭)의 참된 문장(眞文章)은 오직 이 세편(관동별곡, 사미인곡, 속미인곡)뿐"이라 평가하는 등, 한국 시가 문학의 대가로 인정하였다.

그는 시조 작가로서도 당당한 자리를 차지하니, 그가 백성의 교화(敎化)를 위해 지은《훈민가(訓民歌)》16수는 비록 도덕군자의 냄새가 나는듯하나 현실적 효용으로 그 의의를 지니며, 그의 시조 77수가 《송강가사》에 실려 전하는데 그의 호방한 일면과 동양적인 유유자적한 심경이 잘 나타나 있다.

② 차시(茶詩)

- 示李敬賓 / 이경빈에게 보이다

조그만 집에 금귤을 둘러두고
옥천자는 좋은 차를 다리네.
한 생애가 이만하면 족하나니
그대는 산골짜기의 신선이구려.

小屋圍金橘　名茶煮玉泉
生涯此亦足　君是峽中仙

• 寓 聚勝亭 書示成仲深文浚 / 취승정에 머물면서 성문준[1]에게 써 보이다

수레가 찰 만큼 비방이 모이니 이는 무슨 까닭인가?
사랑 주신 이들 정녕코 훈계 해지야.
벽 넘어 차를 부르니 때로 말이 들리고
창 가까이 촛불 켜니 혹 몸이 드러나네.
하늘 끝에서 어찌 홍군(紅裙)의 꿈이 있으리
人世엔 응당 백발의 봄은 없나니
만 리를 함께 따르는 一炷香 피워놓고
강나루 내려가는 새달이나 누워서 보리라.

盈車謗集是何因　垂戒丁寧荷愛人
隔壁喚茶時聽語　近窓燒燭或呈身
天涯寧有紅裙夢　人世應無白首春
萬里相隨香一炷　臥看新月下江津

---

1) 성문준(成文濬, 1559~1626) 조선 중기의 학자.

나. 기암 정홍명(畸庵 鄭弘溟)

① 생애(生涯)

자는 자용(子容), 호는 기암(畸庵) 또는 삼치(三癡). 아버지는 우의정 정철(鄭澈)이며, 어머니는 문화유씨(文化柳氏)로 유강항(柳强項)의 딸이다. 송익필(宋翼弼)·김장생(金長生)의 문인이다. 어려서 송익필에게 글을 배우고 약관에 김장생의 문하에 들어가 『주역』·『근사록』 등을 배웠다. 김장생의 아들 집(集)은 그를 중히 여겨 국사(國士)로 대우하였다.

1616년(광해군 8) 문과에 급제, 승문원에 보임되었으나 반대당들의 질시로 고향으로 돌아가 독서와 후진 양성에 힘썼다. 1623년(인조 1) 예문관검열을 거쳐, 홍문관의 정자·수찬이 되었다. 이때 이괄(李适)의 난이 일어나자, 임금을 모시고 공주까지 몽진 갔다 돌아와 사간원의 정언·헌납과 교리, 이조정랑을 거쳐 의정부의 사인으로 휴가를 받아 호당(湖堂)에 머물면서 독서로 소일하였다.

1627년에 사헌부 집의·병조참지·부제학·대사성을 역임하고, 자청해서 김제 군수로 나가 선정을 베풀었다. 인렬왕후(仁烈王后) 상을 마친 뒤 예조참의·대사간에 임명되나 모두 사양하고 고향으로 돌아갔다.

1636년 병자호란이 일어나자 소모사(召募使)로 활약하였다. 적이 물러간 뒤 고향으로 돌아가 벼슬을 사양하다가 다시 함양군수를 지내고, 1646년 대제학이 되었으나 병이 들어 귀향하였다.

1649년 인조가 죽자 억지로 불려 나왔다가 돌아갈 때 다시 대사헌·대제학에 임명이 되었으나 모두 나가지 않았다. 뛰어나게 총명하여 제자백가서에 두루 정통했으며, 고문(古文)에도 밝았다. 하지만, 김장생의 영향으로 경전(經傳)을 으뜸으로 삼았고, 예학에도 밝아 김장생의 학통을 이었다. 저서로는 『기암집』·『기옹만필(畸翁漫筆)』이 있다. 좌의정에 추증되었으며, 시호는 문정(文貞)이다.

② 차시(茶詩)

• 暮雪 /모설

휘몰아치는 눈발 아득한데 날도 저물어
어지럽게 부는 바람 굴뚝 연기 몰아치네.
외로운 회포 근심스러워 잠자리마저 추우니
차 솥에서 손수 차를 달인다네.

急雪蒼茫欲暮天　亂風吹捲屋頭煙
孤懷悄悄匡床冷　手點茶鐺獨自煎

• 李生寄西果來 / 이생이 서역 과일을 보내옴에

속병으로 먹지 않던 약봉지 찾고
아이 불러 찻사발 가져오게 하네.
뒤늦게 시 읊는데 도움 되는 걸 아니
입 안의 맑은 바람 한 줄기 가을이라네.

病肺不須尋藥裏　呼童休復捧茶甌
晚來偏覺吟詩助　齒頰淸風一陳秋

• 睡起 / 잠에서 깨어나

세간의 영욕은 한 부질없는 실패이고
천기는 입 다물고 말하지 않는다네.
낮잠 깨어 일어나도 별다른 일 없어
동자에게 차 달이는 걸 자세히 일러주네.

世間榮辱一亡羊　葆守天機在括囊
午睡起來無別事　細敎童子點茶鐺

• 雪中 / 설중

뜰의 나무들 눈 무게로 가지 휘어지니
새벽의 광경이 십분 기이하리라
차 달이는 그대 힘들려니
술 마시는 새로운 방법 내가 안다네.

庭樹敧斜雪壓枝　曉來光景十分奇
煎茶宿習君應苦　中酒新功我自知
• 得原諸友約會山房臨行 不報我知 (득원제우약회산방임행 불보아지)

묻자니 그대들 선가에서 만날 약속 있었더니
오고 가는 길 멀지 않은 곳이라네.

좋은 곳 몰래 찾아 단약을 구해서
보배로운 평상에서 설산 차를 마셨나 보다.

聞君有約會仙家　來往尋眞路不賖
金地暗求丹竈藥　寶床時啜雪山茶

차인들은 당 색이 어떠하였던지 자신에게 충실한 경향이 있음을 알 수 있다. 조선 중후기는 주로 서인들을 중심으로 선비 차가 융성하였다.

3. 율곡 이이(栗谷 李珥)

① 생애(生涯)

이이(李珥: 1536-1584)의 본관은 덕수(德水), 자는 숙헌(叔獻), 호는 율곡(栗谷)·석담(石潭), 시호는 문성(文成)이다. 사헌부감찰을 지낸 이원수(李元秀)의 아들이며, 어머니는 사임당 신씨이다.

1548년(명종 3) 열세 살의 나이에 진사시에 합격하고, 19세에 금강산에 들어가 불교를 공부하다가, 다음 해 하산하여 성리학에 전념하였다. 22세에 성주 목사 노경린(盧慶麟)의 딸과 혼인하고, 다음 해 안동 예안의 도산(陶山)으로 이황(李滉)을 방문하였다. 그해 별시에서 <천도책(天道策)>을 지어 장원하고, 이때부터 29세에 응시한 문과 전시(殿試)에 이르기까지 아홉 차례의 과거에 모두 장원하여 '구도장원공(九度壯元公)'이라 일컬어졌다.

스물아홉 살 때 호조 좌랑을 시작으로 관직에 진출하여, 예조·이조 좌랑, 사간원정언·사헌부지평, 홍문관교리 및 부제학, 승정원 우부승지에 임명되는 등 조선시대 관직 중 선비들이 가장 선망했던 三司(사헌부, 사간원, 홍문관)를 두루 거쳤다. 또한 청주 목사와 황해도 관찰사 등 지방의 외직에서도 경험을 쌓아 사회와 정치에 폭넓은 견해를 갖게 되었다.

그동안 《동호문답(東湖問答)》《만언봉사(萬言封事)》《성학집요(聖學輯要)》등을 지어 국정 전반에 관한 개혁안을 왕에게 제시하였고, 성혼과 '이기 사단칠정 인심도심설(理氣四端七情人心道心說)'에 대해 논쟁하기도 하였다.

한동안 관직에 부임하지 않고 파주의 율곡과 해주의 석담(石潭)을 오가며 교육과 교화 사업에 종사, 《격몽요결(擊蒙要訣)》을 저술하고 해주에 은병정사(隱屛精舍)를 건립하여 제자교육에 힘썼으며 향약과 사창법(社倉法)을 시행하기도 하였다.

45세 때 대사간을 임명받아 다시 관직에 올랐다. 이후 전보다 한층 비중 있는 직책을 맡으며, 평소 주장한 개혁안의 실시와 동인·서인 간의 갈등 해소에 노력을 기울였다.

이 무렵 《기자실기(箕子實記)》와 《경연일기(經筵日記)》를 완성하였으며 왕에게 '시무육조(時務六條)'를 지어 바치는 한편 경연에서 '십만양병설'을 주장하였다.

그때까지 중립적인 입장을 지키려고 노력한 그가 동인 측에 의해 서인으로 지목되는 결과를 가져왔고, 이어서 동인이 장악한 삼사(三司)의 강력한 탄핵이 뒤따르자 48세 때 관직을 버리고 율곡으로 돌아왔으며, 다음해 서울의 대사동(大寺洞) 집에서 사망했다. 파주의 자운산 선영에 안장되고 문묘에 종향 되었으며, 파주의 자운서원(紫雲書院)과 강릉의 송담서원(松潭書院) 등 전국 20여 개 서원에 배향되었다.

율곡 스스로 지적하듯이 "마음속으로는 요순시대를 그리워하고 몸으로는 유학의 실행에 힘쓰며 항상 바른말"을 하는 사림이 되었다. 모친을 여읜 후 한 때 불교에 깊이 빠져 입산할 정도였으나 이러한 정신적 갈등과 방황은 인간적인 성

숙과 함께 국가를 경영할 통유(通儒)로서의 자기 수련과 경륜을 쌓는 토대가 되었다.

　도산으로 퇴계 이황을 찾아가 도학적 분위기에 고무되고, 평생의 지기인 우계 성혼과 함께 성리설의 탐구에 몰두했다. 율곡은 선조 초반부터 자신의 경장론을 담은『동호문답』『만언봉사』등의 시무 관련 상소를 계속 올려 임금의 자질과 당대 정치의 폐단을 극론을 하고 경장을 위한 대책을 제시하였으며, 1575년(선조 8)에는 유교적 이상을 담은 제왕의 정치 교과서인『성학집요』를 편찬했다.

　율곡은 동서 갈등의 당사자인 심의겸과 김효원에 대해 양시양비론(兩是兩非論)을 제기하여 이를 해결하고자 하였다.

　즉 서인 측 심의겸은 외척이면서도 이전에 사림을 보호한 공이 있고, 동인 측 김효원은 명유(名儒)를 끌어들여 조정을 청명하게 한 공이 있어 양시(兩是)라는 것이다. 그러나 심의겸은 외척으로서의 행동을 조심하지 못하고 정치에 관여하는 잘못을 저질렀고, 김효원은 유생 신분으로서 한때 권간(權奸, 윤원형을 지칭함)의 집에 출입하였던 허물이 있으니 이를 양비(兩非)라고 하였다. 소모적인 정쟁으로 인해 국가적 현안인 문제가 논의조차 되지 않는 현실에 대한 타개책이었던 것이었다. 그의 개혁 정신과 그가 경장론에 보이는 방법상의 특징에 주목할 필요가 있다.

　첫째, 한꺼번에 모든 것을 달성하려는 조급함이 아니라 하나씩 고쳐 나가서 궁극적인 개혁에 이른다는 점진성이다.

　둘째 경장이 반드시 높은 식견과 넓은 안목을 갖춘 인물을 얻어 그에게 모든 것을 위임한 상태에서 추진되어야 한다는 인재 발굴과 위임론이다.

셋째, 경장을 위한 전제로 조정의 모든 신하의 뜻과 지혜를 함께 모아 경장에 적극적으로 참여하고 지지하여야만 성공할 수 있다는 생각이었다.

선조 15년에 제출한 글의 일부분을 옮기자면, "높은 지혜를 갖춘 자[上智]는 일이 생기기 전에 미리 알아서 난을 미연에 방지하고 국가 위기에 처하지 않도록 예방하지만, 중간 정도의 지혜를 가진 자[中智]는 일이 벌어지고 난이 일어난 뒤에라야 대책을 마련하고 나라 안정을 도모하였다고 하였다." 이이의 개혁 정신과 경장론이 주목되는 이유는 이 때문이다.

② 차시(茶詩)

• 水鍾寺 / 수종사

첫걸음 붙이기 어려워 놀라는데
점차 눈 가릴 것 없어 좋다.
공기 상량하니 하늘 근처 알고
산 고르니 땅이 아득함 알겠네.
비 개인 고을의 광야를 돌아서
해는 기울어 장사에 숨네.
한결 목마른 문원을 씻으니
여러 승이 늦게 딴 차를 올리네.

初驚足難著　梢喜眼無遮

氣爽知天近　　山平覺地賒
晴州回曠野　　斜日隱長沙
一洗文園渴　　多僧迋晚茶

• 山中 / 산중

약을 캐다가 홀연 미로인데
천 봉우리가 추엽 속이네.
산승이 물을 길어 돌아가자
숲 끝에 茶煙이 이는구나.

採藥忽迷路　　千峰秋葉裏
山僧汲水歸　　林末茶煙起

• 寄呈石川 / 석천에서 부쳐드리다

선생은 용감히 물러나서 도구에 누웠으니
한가롭게 살면서 즐김이 좋다는 것 생각했구려.
차 솥에 불 사그라지니 솔바람 소리 고요하고
대 수레 타고 귤나무 숲 안으로 사라지는구려.

先生勇退臥菟裘　　算得閒居樂事優
茶鼎火殘松籟靜　　竹輿行穩橘林幽

• 重遊楓嶽 / 다시 풍악에서 노님

구름 끼어 비 내리니 숲속은 어둑한데
산속의 집은 맑기 이를 데 없네.
차를 다 마시니 할 일이 없어
시와 선에 관한 얘기를 섞어서 하네.

雲雨暗幽林　山堂轉淸節
茶罷一事無　詩談雜禪說

  율곡의 시에는 고아함이 서려 있다. '산중'에는 선기가 있고 '기정석천'에는 주인공 임억령을 도덕적인 면뿐만 아니라 차와 결부해서 선화 시켰다. 그리고 수종사에는 세상 이치의 철학이 담겨 있다.
  역시 의례에 차를 쓰는 문제에 대해서, 시제(時祭)에는 주인과 주부가 같이 차를 올리거나 숭늉을 쓰되 여러 자제와 부녀들이 나누어 올린다고 했다.
  기제(忌祭)에도 합문(闔門), 계문(啓門), 진다(進茶), 사신(辭神)의 순서대로 한다고 했다.
  그의 시에 약간의 선미(禪味)가 있는 것은 초년에 불경을 읽었기 때문이 아닌가 한다.

4. 아계 이산해(鵝溪 李山海)

① 생애(生涯)

이산해(李山海: 1538~1609)의 본관은 한산(韓山)이고 자는 여수(汝受). 호는 아계(鵝溪)·종남수옹(綜南睡翁)이며, 시호는 문충(文忠)이다. 1561년(명종 16) 문과에 급제, 1578년(선조 11) 대사간에 이르렀다.

1590년 영의정에 올라 종계변무(宗系辨誣)의 공으로 광국(光國)공신에 책록되고 이듬해 정철이 광해군을 세자로 책봉하자는 건저 문제(建儲問題)가 발생하자 아들 이경전(李慶全)이 정철(鄭澈)을 탄핵하게 하여 유배시켰다.

1600년 영의정에 재임(再任)되고, 아성부원군(鵝城府院君)에 봉해졌다. 6세 때 글씨를 잘 써서 신동이라는 말을 들었고 서화(書畵)에 능하고 대자(大字)와 산수묵도(山水墨圖)에 뛰어났다.

당시 문장팔가(文章八家)라 일컬었고 저서로《아계유고(鵝溪遺稿)》가 있고, 글씨에 《조정암광조묘비(趙靜庵光祖墓碑)》가 있다.

② 차시(茶詩)

• 贈山人德莊 / 산인 덕장에 줌

도공희족음(逃空喜足音)2)이라 말해 주시며
먼 곳을 찾아주신 온정에 감격하오.
대숲 가에 마주 앉으매 차 달이는 소리
앞산에 땅거미가 내려온 줄도 몰랐구나.

解道逃空喜足音　感渠珍重遠來尋
竹邊相對茶鳴鼎　不覺前山下夕陰

• 西澗 / 서쪽 여울

가늘고 차가운 물 솔뿌리를 적시고
콸콸 소리 내며 대숲 서쪽을 흐르네.
도인이 이 물로 신령한 차를 끓이니
산의 달이 찾아와 함께 벗이 되네.

松根細冷冷　竹西鳴虩瀧
道人煮靈茶　山月來相逐

• 綠陰 / 녹음

돌솥의 차가 막 끓는데
유인은 잠이 깊지 않았네.
녹음이 드리운 작은 헌함에

---

2) 逃空喜足音: 외진 곳에 사는 사람은 발자국소리만 들어도 기쁘다는 뜻

꾀꼬리 재잘대며 우누나.

石鼎茶初熟　幽人睡未闌
綠陰低小檻　黃鳥語間關

• 納凉臺 / 납양다

사동산 빛이 비 온 뒤에 산뜻하고
포구의 서풍은 푸른 마음을 움직이네.
석양에 때때로 오죽장을 짚고 나가면
서늘한 기운이 먼저 백륜건을 뚫는다.
이끼 낀 바위의 옛 우물로 차를 달이고
옥 같은 나무 맑은 그늘에 풀이 깔렸어라.
본시 주인이 예를 차림에 게으른 탓에
지나는 손 문전에서 욕함도 아랑곳 않네.

沙銅山色雨餘新　浦口西風動綠蘋
落景時隨烏竹杖　微凉先透白綸巾
苔巖古井烹香茗　琪樹淸陰藉草茵
自是主人慵禮數　任他來客過門嗔

• 還鄕 / 고향에 돌아와서

방공3)처럼 은거하길 좋아함이 아니라

---

3) 방공(龐公) : 후한 말의 고사로 그가 현산(峴山)에 은거할 때 제갈량이
　 배알 하였고, 형주자사(荊州刺史) 유표(劉表)가 초빙하여도 나오지 않

도리어 청빈하게 살았던 원헌4)과 같다오.
금신동 안에 새로 온 거사요
옥마산 서쪽 옛집의 주인일세.
차 달이는 부엌 대나무 창에 구름이 짝하고
풀 옷에 명아주 지팡이로 사슴과 이웃한다.
바다 같은 성상의 은혜가 아니라면
어찌 이렇게 자연 속에 한가히 살랴.

不是龐公樂隱淪　還如原憲任淸貧
金新洞裏新居士　玉馬山西舊主人
茶竈竹窓雲作伴　草衣藜杖鹿爲鄰
若非聖主恩如海　那乞林泉自在身

· 節序 / 계절의 차례

꽃다운 풀 푸르게 이어지니 들판 한층 넓어지고
떨어진 꽃잎 깔리니 작은 개울이 더 환하구나.
평생 먹고 마시는 것이 오직 분수에 달렸으니
찻잔과 시 통으로 이내 삶 족하다네.

芳草碧連平野闊　落花紅襯小溪明
百年飮啄唯隨分　茶椀詩筒足此生

고, 녹문산(鹿門山)에 올라가 약초를 캐며 일생을 마쳤다고 한다.
4) 원헌(原憲) : 춘추시대 사람.

③ 평전(評傳)

그의 아버지 성암(省庵) 이지번(李之蕃)이 보령읍(寶寧邑) 서쪽 고만산(高巒山) 기슭에 선영(先塋)을 정하면서 "해년(亥年)이 되면 귀한 아들이 태어날 것이다"라고 했는데 1539년(己亥)에 이산해가 태어나자, "이 아이가 우리 가문을 일으킬 것"이라고 했다고 한다.

그가 5살 때 삼촌 이지함이 태극도(太極圖)를 가르쳤더니 천지와 음양의 이치를 깨달아 이를 논설하는 데까지 이르렀다 한다. 이산해는 특히 글씨를 잘 썼다. 6살 때 큰 붓을 잡고 비틀거리면서 글씨를 쓰고 먹 묻은 발로 낙관을 찍으니, 글씨 모양이 품위가 있고 기상이 있었다. 삼촌 이지번은 어려서부터 너무 이름이 날까 봐 이산해를 데리고 동작동 정자로 피해 있을 정도였다고 한다.

아계 이산해가 11살 되던 1549년(명종 4)에 소과에 응시해 만초손부(滿招損賦) 110여 구를 지어 장원으로 합격했다.

시관들은 이 글을 정말 어린 이산해가 지었을까를 의심해 다시 분송부(盆松賦)를 지어보라고 했더니 단숨에 지었다 한다.

5. 학봉(鶴峯) 김성일(金誠一)

① 생애(生涯)

김성일(金誠一; 1538~1593)은 경북 안동 출신으로 본관은 의성(義城), 자는 사순(士純)이며 호는 학봉(鶴峰)이다. 1556년(명종 11) 동생 복일(復一)과 함께 도산(陶山)으로 이황을 찾아가 『서경』·『역학계몽(易學啓蒙)』·『심경』·『대학의의(大學疑義)』등을 익혔으며, 1564년 진사가 되어 성균관에서 수학하였다.

1568년 증광문과에 병과로 급제하여 승문원 권지부정자가 되고, 이듬해 정자가 되었으며, 검열·대교 등을 거쳤다.

1584년 나주 목사로 부임하여 이곳 금성산(錦城山) 기슭에 대곡서원(大谷書院)을 세워 김굉필(金宏弼)·정여창(鄭汝昌)·조광조(趙光祖)·이언적(李彦迪)·이황 등을 제향하고, 선비들을 학문에 전념하게 하였다.

1590년 통신부사(通信副使)로 일본에 파견되었는데, 이듬해 돌아와 일본의 국정을 보고할 때 "왜가 반드시 침입할 것"이라는 정사(正使) 황윤길(黃允吉)과는 달리 민심이 흉흉할 것을 우려해 왜가 군사를 일으킬 기색은 보이지 않는다고 상반된 견해를 밝혔다.

1592년 형조참의를 거쳐 경상우도 병마절도사로 재직하던 중 임진왜란이 일어나자, 이전의 보고에 대한 책임으로 파직

되어 서울로 소환되던 중, 유성룡(柳成龍) 등의 변호로 직산(稷山)에서 경상우도 초유사로 임명되었다.

진주목사 김시민(金時敏)이 의병장들과 협력하여 왜군의 침입으로부터 진주성을 보전하게 하였으며, 1593년 각 고을을 돌며 항전을 독려하다 병으로 사망했다.

정치적으로는 동인(東人)에 가담하였고, 그 후 동인이 남인과 북인으로 갈릴 때 유성룡·김우옹(金宇顒) 등과 입장을 같이하여 남인을 이루었다.

학문적으로 그는 이황의 수제자로 성리학에 조예가 깊었고, 주리론(主理論)을 계승하여 영남학파의 중추적 구실을 했으며, 그의 학통은 장흥효(張興孝) - 이현일(李玄逸) - 이재(李栽) - 이상정(李象靖)으로 전해졌다. 1649년 『학봉집』이 간행되었고 이조판서에 추증되었다.

② 차시(茶詩)

・贈倭僧玄蘇 / 왜승 현소에게 주다

일본 땅엔 푸른 산이 좋기만 한데
그대는 몇 번째의 산에 사는가.
마루 창을 열면 푸른 바다 드넓고
문 닫으면 흰 구름에 깊이 잠기네.
만 그루의 매화꽃은 눈같이 피고
천 그루의 귤나무엔 금귤 열리네.
차 달이는 솥과 불경 놓여 있어서

곳곳마다 선의 마음 부치는구나.

日城靑山好　　君居第幾岺
軒開蒼海闊　　門掩白雲深
萬樹梅成雪　　千頭橘嫩金
茶鐺與經卷　　隨處著禪心

• 次五山慶雲寺 / 오산의 경운사 시에 차운하다

꽃비는 십이천에 향기로움 날리고
용차는 혜산천의 샘물로 끓이누나.
도인이 면벽해서 마음공부 하는 곳에
한 점의 마니주 저절로 둥그렇구나.

花雨飄香十二天　　龍茶潑乳惠山泉
道人面壁觀心處　　一點摩尼自在圓

　경운사에서 본 스님은 선다삼매(禪茶三昧)의 경지에 이르렀고, '수처착선심(隨處着禪心)'의 구는 선비 차인의 심재(心齋)의 경지라 하겠다.

• 謝玉甫長老送松蕈及別儀茶 / 옥보장로가 송심과 별의차를 보내준 데 사례함

늘그막에 사마상여5) 소갈병이 들었는데

---

5) 사마상여 소갈병: 한나라 때 효문원(孝文園)의 영(令)을 지낸 사마상여는 항상 소갈병을 앓았다고 함.

주머니가 텅 비어서 술 한 번을 못 취하네
조계⁶⁾에서 차 한 사발 보내주지 않았다면
옥천자⁷⁾의 마른 창자 그 뉘 있어 씻어주리.

老來長抱相如渴　囊澁無由酒一中
不有曹溪分一椀　亶愁誰滌玉川胸

・宿蓮臺寺 / 연대사에서 묵다

골짜기에 들어설 땐 시름 많다가
올라 보니 가슴이 확 트이는구나.
높은 바위 몇 겹의 세월을 거쳤는가?
늙은 솔은 나이조차 내 모르겠네.
숲속 사는 벗은 많은 사람을 맞고
하얀 눈은 구천에서 내려오고
하룻밤의 신선 꿈을 깨고 보니
맑은 새벽 차 끓이는 연기 오르네.

入谷愁蒙密　登臨興豁然
巖高經幾劫　松老不知年
靜侶迎千指　瑤華下九天
一宵仙夢罷　淸曉看茶煙

・雨後溪漲 / 비온 후 시냇물이 불어남

---

6) 조계(曹溪): 중국 광동성 남쪽에 있는 시내 이름
7) 옥천자(玉川子): 당나라 시인 노동(盧仝)의 호.

추적추적 한식날 내리는 빗물
시냇물과 합쳐져서 흘러가네.
밤이 되어 봄 꿈에서 놀라 깨어나니
섬돌 따라와서 객의 마음 씻네.
남은 물결 약초밭에 퍼져나가고
새 푸르름 차 단지 둥둥 띄우네.
홀연히 찬 시냇물을 생각하니
나에게 허유 생각나게 하는구나.

無端寒食雨　添得石溪流
入夜驚春夢　循除洗客心
餘波分藥圃　新綠泛茶甌
忽憶冷泉水　令人思許由

• 寄贈古溪長老 / 고계 장로(古溪長老)에게 줌

패엽에다 경 전하고 감잎에다 시를 쓰며
배고프면 밥을 먹고 목마르면 차 마셨네
모영의 후손을 그대에게 보내노니
시표 띄워 많은 시를 아낌없이 부치게나.

經傳貝葉詩題柿　飢有伊蒲渴有茶
毛穎雲孫今遺去　詩瓢莫惜寄來多

• 古溪長老設餞席於假山下 賦得一絶次贈 / 고계장로가 가산에서 송별연을 열고 시 한 수를 지었기에 차운함

흥이 오르는데 재주가 있고 없고 뭘 논하랴!
시 지음에 여래를 마주한 듯 기쁘구나.
차와 술은 나그네의 뜻을 잘 알아채어
땅엔 눈이 가득한데 찻잔엔 봄이 가득하네.

乘興何論才不才　題詩且喜對如來
茶槍麴聖知人意　雪滿金甌春滿杯

• 次山前五山呼韻 / 허산전과 차오산이 부른 운을 차운함

이역 땅의 사람 모습 마치 야차 같아서
일 년 동안 마음과 일 꿈속에도 어긋났네.
귓가 도는 오랑캐 말소리마다 다르고
눈 속에 핀 차 꽃은 나무마다 피었는데
객의 뜻은 서산 넘어 가는 해에 걸렸고
나르는 기러기 돌아갈 맘 불러일으키는데
배 돛에다 그 누가 동풍을 불어주어
조만간 청성산의 내 집 가게 하려는가.

異域逢人似夜叉　一年心事夢中乖
耳邊蠻語聲聲別　雪裏茶花樹樹皆
客意長懸西去日　雁行空引北歸懷
健帆瘠借東風便　早晚靑城訪野齋

• 與書壯遊大德寺大仙院 / 서장과 대덕사 대선원에서 놀다

산 승은 나그네 갈증 알고서
하얗게 유화 뜬 찻잔 가져오네.
비록 노동의 오천 권의 글이 없더라도
또한 족히 메마른 속을 축일만 하구려.

山僧知客渴　茶椀雪浮浮
雖無五千文　亦足潤枯喉

6. 간이 최립(簡易 崔岦)

① 생애(生涯)

최립(崔岦; 1539~1612)은 문신으로 자는 입지(立之), 호는 간이(簡易)·동고(東皐)로 율곡의 문인이다. 과거에 급제한 후 벼슬을 하는 동안 이문정시(吏文庭試)에서 다시 장원을 했다. 사신의 질정관(質正官)으로 중국에 네 번이나 다녀오고, 형조 참판으로 사직하고 은거했다. 임란 중에 외교문서를 썼고, 문장으로 이름을 날렸다.

② 차시(茶詩)

· 蟒龍橋疊韻 / 망룡교에서 첩운으로

오 년 동안 존망이 드한 슬프구나
망룡교 북쪽 마을이 한 사당에서
장로가 차 달이는 뜻을 이제야 알았네
불 부여 길가는 나그네의 추위를 없애려 함이었네.

五載存亡亦足悲　橋疊韻北一村祠
方知長老施茶意　免使征夫冷火吹

· 家子正郎

계집종은 바로 옆의 차샘에서 물을 긷고
사내종은 풀밭 길 만들기가 어렵지 않다네.
그 속에 풍류의 맛은 마음대로 생각함이니
어느 때 한가로이 돌아가는 배 탈 수 있을까.

婢汲茶泉無只尺　奴治草逕亦尋常
箇中風味堪遙想　安得歸帆不作忙

• 留贈曇蘭 / 담란에게 남겨주다

처마가 텅 비니 산달이 비치고
방 안이 고요한데 등불이 걸렸네.
지팡이에 의지해 자주 일어나고
다탕을 마시니 잠이 적다네.

簷虛山月入　室靜佛燈懸
杖履與頻起　茶湯供少眠

7. 사류재 이정암(四留齋 李廷馣)

① 생애(生涯)

이정암(李廷馣; 1541~1600)의 본관은 경주, 자는 중훈, 호는 사류재(四留齋)와 퇴우당, 월당이고 시호는 충목이다. 1558년 진사가 되어 1561년 식년문과에 병과로 급제해 정자와 주서를 거쳐 1578년 양주시 목사가 되었다. 이후에 장령, 사성, 장악원정을 거쳐 1587년 동래 부사가 되고 대사간, 승지, 이조참의를 지냈다.

1592년 임진왜란 당시 선조를 호종하고 개성을 방어했으며 개성이 함락당하자 황해도로 후퇴해 의병들을 모아 활약해 황해도 초토사가 되었다. 그리고 연안 전투에서 일본군 3,000명을 격파해 경기도 관찰사 겸 순찰사로 임명되어 병조참판에 승진하였다.

1593년 전라도 관찰사, 1596년 충청도 관찰사로 이몽학의 난을 진압했으며 죄수를 임의로 처벌해서 파직당했다가 황해도 관찰사로 기용되어 도순찰사를 겸하였다. 1597년 정유재란 때에는 다시 황해도 초토사가 되어 또다시 연안을 방어했고 전란 평정 후 사퇴하였다.

사후 1604년 연안 수비 공으로 선무공신 2등으로 월천부원군에 추봉되고 연안의 현충사에도 제향 되었으며 좌의정에 추증되었다.

저서로는 《상례초》《사류재집》,《서정일록》,《왜변초》 등이 있다.

② 차시(茶詩)

• 雪夜凍吟 / 눈오는 밤에 언채로 읊다

밤들어 문 닫으니 추위 끝없어
하는 일 없이 술집을 묻는다네.
고운사람 내 뜻 알아서
눈물로 차 끓이기 시작하네.

閉戶寒宵氷　無勞問酒家
佳人知我意　雪水起煎茶

• 復次詠韻 / 다시 읊은 시에 차운 함

섣달이 가까워 옷을 잔뜩 껴입으니
온 집안이 얼어서 생각조차 처연하네.
사냥하지 않고 차 달이니 한가해서
회서에서 적을 깨뜨리던 생각 난다네.

膝六疏疏近臘天　寒齋凍縮思凄然
煎茶縱獵渾閑事　却憶淮西破賊年

 "고운사람 내 뜻 알아서 눈물(雪水)로 차 끓이기 시작하네(佳人知我意　雪水起煎茶)"는 아무리 생각해도 좋은 구절이다. 더구나 그것이 눈 내리는 밤이니 말이다.

8. 서애(西厓) 유성룡(柳成龍)

① 생애(生涯)

　서애(西厓)는 1542년(중종 37) 10월 의성현 사촌 마을의 외가에서 아버지 유중영(柳仲郢, 1515~1573))과 어머니 안동 김씨 사이에서 둘째 아들로 태어났다.
1558년 17세 때 세종대왕의 아들 광평대군의 5세손 이경의 딸과 혼인했다. 부친인 유중영은 1540년에 문과에 급제한 후 의주 목사·황해도 관찰사·예조참의를 두루 거친 강직한 관료였다.
　서애는 어린 시절 조부와 부친으로부터 가학(家學)을 전수 받았는 데 4세 때 이미 글을 깨우친 천재였다.
1562년 가을, 21세의 유성룡은 형 운룡과 함께 퇴계의 문하로 들어가 학업에 매진했다. 퇴계는 이들 형제의 학문적 자질을 높이 사 칭찬과 격려를 아끼지 않았다. 형 운룡은 과거시험보다는 학문에만 전념하였다.
　유성룡을 본 퇴계는 그가 하늘이 내린 인재이며 장차 큰 학자가 될 것임을 직감하였다고 한다. 퇴계 이황의 또 다른 제자로 유성룡과 동문수학한 학봉(鶴峰) 김성일(金誠一)은 "내가 퇴계 선생 덛에 오래 있었으나 한 번도 제자들을 칭찬 하시는 것을 본 적이 없는데, 그대만이 이런 칭송을 받았다"고 놀라워했다.

20대 시절 유성룡은 스승인 퇴계의 학문과 인격을 흠모하여 배우기를 힘쓰고 이를 실천에 옮기는 것을 인생 최고의 목표로 삼았다. 스승인 이황 선생을 통해 유성룡이 가장 관심을 가지고 배운 책은 근사록(近思錄)이었다.

과거시험에 뜻이 없었던 형과 달리 유성룡은 1564년 23세에 소과 시험인 생원과 진사시에, 1566년 25세에 문과시험에 급제하여 비교적 순조롭게 벼슬길에 나아갔다. 28세에는 성균관 전적에서 행정의 중심인 공조 좌랑으로 파격적인 승진을 했다. 30세 때는 병조 좌랑에, 그리고 이조 좌랑을 거치는 등 출세 가도를 달리던 그는 1573년 부친상을 당하여서 3년간 시묘살이했다. 3년상을 마친 1576년 유성룡은 사간원헌납의 직책으로 다시 벼슬길에 올랐다.

또한 외교관 자격으로 명나라에 갔을 때 그의 학문적 역량을 본 중국의 선비들이 '서애선생(西厓先生)'이라 높여 부르며 존경을 표시했고, 귀국한 뒤에 이 사실이 알려져 더욱 존경과 총애를 받는 인물로 성장했다. 그는 30여 년에 걸친 관직 생활에서 승문원 권지부정자라는 첫 벼슬을 시작으로 1580년에 부제학에 올랐으며, 1593년에는 영의정에 오르는 등 그야말로 내·외의 요직을 두루 거쳤다.

서애가 벼슬살이하는 동안 조정은 동인(東人)과 서인(西人)으로 갈라져 논란이 생기는 등 어지러운 정국이 계속되었다. 그는 이때를 전후로 고위 관료가 되는데, 이 무렵 동인계의 기축옥사(정여립(鄭汝立)의 반란)가 일어났다. 정여립의 반란이 실패로 돌아간 뒤 조정은 서인 천하가 되었다. 선조는 서인을 견제할 목적으로 동인에 속하는 유성룡을 우의정으로 임명했다. 그러다가 서인의 좌장격인 정철이 귀양을 가면서 동인들이 다시 세력을 회복하였다.

유성룡은 50세에 이르러 좌의정이 되었고 이조판서를 겸임하였다. 그러나 당론의 소용돌이 속에서 유성룡은 더 이상 벼슬에 대한 미련이 없었다. 여러 차례 사직상소를 올렸으나 왕은 끝내 윤허하지 않았다. 정철의 처벌 문제를 두고 동인들은 내분에 휩싸여 강경파와 온건파로 나뉘게 되었는데, 이 때 유성룡은 온건파의 우두머리였다. 유성룡은 동인과 서인이 첨예하게 대립하는 상황에서 중간 조정자 역할을 하고자 했지만, 이는 뒷날 북인들의 공격을 받아 실각하는 빌미가 되었다.

나이 51세가 되던 1592년(선조 25)에 임진왜란이 일어났다. 그는 왕의 특명으로 병조판서를 겸임하면서 군기를 관장하게 되었고 영의정에 올랐다. 그러나 패전에 대한 책임으로 파직되었다가 다시 벼슬에 올라 풍원 부원군이 되었다. 이듬해 호서, 호남, 영남을 관장하는 삼도 도체찰사라는 직책을 맡아 전시 상황의 군사 업무를 관장하였다. 유성룡은 전국 각처에 격문을 보내 의병을 모집하게 하고 훈련도감을 설치하여 군대를 편성했다. 다시 신임을 얻은 유성룡은 영의정 자리를 되찾아 1598년까지 정부를 이끌었다. 그러나 이해 일본과의 화친을 주도했다는 누명을 씌운 북인 세력의 거센 탄핵으로 영의정에서 파직되었다.

고향인 하회에서 은거하는 동안 그의 누명은 벗겨지고 관직은 다시 회복되었다. 그러함에도 불구하고 그가 받은 상처는 회복되지 않아 7년간 왕의 부름에도 거절하며 고향을 지켰다. 그러는 가운데 1601년 청백리에 녹선(錄選)되었으며, 1604년에는 임진왜란 회고록인 징비록(懲毖錄)의 저술을 마쳤다. 그리고 같은 해 학가산 골짜기 서미동에 농환재(弄丸齋)라는 초가집을 지어 거처를 옮겼다가 모친의 제사를 모시기 위해 다시 하회로 돌아오기도 했다. 초가집에서 거처하는 동안 유성룡은 "사람들이 이욕(利慾)에 빠져 염치를 잃어버리는 것은 모두 만족할 줄 모르기 때문이다. 사람은 어느 곳이든지 살 수 있다"라며 자식들에게 청렴의 중요성을 가르치기도 했다.

1607년 병세가 점점 악화되어 향년 66세로 그곳에서 눈을 감았는데, 유성룡이 세상을 뜨자 선조는 3일 동안 조회를 정지하고 승지를 직접 보내 조문하도록 했다. 현재 병산서원·남계서원·도남서원·삼강서원·빙계서원 등에 배향되어 있다.

임진왜란 때의 상황을 기록한 징비록(懲毖錄). '징비(懲毖)'란 미리 징계하여 후환을 경계한다는 뜻이다. 임진왜란 이전 일본과의 관계, 명나라의 구원병 파견 및 제해권의 장악 등 전황을 정확하게 기록하고 있어 1712년 조정에서 이 책의 일본 유출을 금할 정도로 귀중한 사료로 평가받았다. 국보 제132호로 지정되었다.

그의 선견지명 적 인재 등용과 자주적 국방으로 임진왜란이라는 국난을 슬기롭게 헤쳐 나간 명재상이었다. 그가 설치한 훈련도감은 조선 후기에 이르러 5군영 가운데 가장 중추적인 군영으로 성장했으며, 지방에서 바치는 공물을 쌀로 바치게 하는 그의 선구적인 정책 또한 훗날 대동법이 만들어지도록 영향을 주었다. 그가 고통받는 백성들을 구제하는 데 있어서 탁상공론이 아닌 실질적인 개선책을 마련할 수 있었던 것도 왜란을 통해 고통을 몸소 체험했기 때문이다.

서애가 국가 개혁을 위해 생각했던 것은 실로 방대하였다. 특히 임진왜란이 일어나기 전, 그에 대비하여 이순신을 정읍현감에서 전라 좌수사로 파격적으로 발탁하고, 권율을 형조정랑에서 국경지대의 요충지인 의주 목사로 보낸 것은 선견지명이었다.

　위로는 퇴계의 사상을 이어받고, 아래로는 조선 후기 실학파를 연결하는 교량적 역할을 한 경세가 유성룡은 임진왜란을 겪은 조선의 재상으로서 그가 가진 경험과 식견을 통해 고통받는 백성들의 삶을 개선 시키려고 노력했던 인물로 평가할 수 있을 것이다.

② 차시(茶詩)

• 次東坡石田驛韻 / 소동파의 석전역 시에 차운함

초가삼간에 소나무 만 그루
엷은 연기 마을 옆으로 빗겼다네.
오늘은 그대를 위해 사립을 열었으니
홍시와 맑은 차로 나그네 갈증 씻어주게.

茅屋三間松萬株　淡煙連村橫一抹
柴門今日爲君開　紅柿淸茶慰客渴

• 偶吟 / 우연히 읊음

벌써 백발의 가닥가닥 어깨에 닿고
작년보다 금년이 기력도 떨어지네.

뜬 구름 같은 세상일 흐르는 물처럼 빠르니
남은 생애 차 솥과 약화로 끼고 살겠네.

千莖白髮已垂肩　氣力今年減去年
世事浮雲流水外　生涯茶鼎藥爐邊

　서애는 명재상으로 전장을 전전하며 정적(靜的)인 가운데 격조 있는 차 생활을 할 수 없었으리라고 느껴진다. 늘그막에 『차 솥과 약 화로를 끼고 산다』는 것은 어쩌면 차의 약리적 효능을 말하고 있다. 현재의 안동 하회마을 충효당을 당시의 서애 유성룡의 생가로 연상하는 것은 착오다. 차시에 나오는 초가삼간과 '만인송'은 시적인 감흥에 앞서 은퇴한 서애가 전쟁이 끝나고 낙향한 시대상황 이었을 것이다.

9. 송암 양대박(松巖 梁大撲)

① 생애(生涯)

  양대박(梁大撲; 1543~1592)은 조선의 의병장. 자는 사진(士眞), 호는 송암(松巖)·청계도인(靑溪道人), 시호는 충장(忠壯). 본관은 남원(南原). 목사(牧使) 의(艤)의 아들. 일찍이 시명(詩名)을 떨쳤다. 절개를 숭상하여 한번 말하면 모두들 믿고 복종하였다. 1592년(선조 25) 임진왜란이 일어나자 분기하여 사재를 써 가며 호협 남아들과 사귀면서 서로 죽음으로써 왜적을 막을 것을 맹세하고 손수 격문을 써서 여러 읍으로 퍼뜨려 의병을 일으키려다가 차라리 명문가(名門家)를 의지하야만 일을 성사시킬 수 있겠다고 느끼고 편지를 고경명(高敬命)에게 보내어 담양(潭陽)의 사장(射場)에서 만날 것을 약속하고 그때 거사할 시기도 정하자고 부탁했다. 자신은 인근의 읍들을 격려하면서 많은 의병을 모으고 아들 둘과 일가의 장정 50여 명을 거느리고 소를 잡아 피를 마시며 맹세한 다음 담양에 이르러 고경명을 만나 추대하여 맹주(盟主)로 삼고, 6월에 군사를 출진시켜 전주(全州)에 다다르니 인근에서 응모하는 자가 2천여 명에 달했다. 그 후도 의병 모집에 헌신하면서 더위와 굶즈림을 돌보지 않은 까닭에 마침내 병들어 진산(珍山)의 진중에서 사망했다. 정조 때 병조판서에 추증(追贈)되었다.

② 차시(茶詩)

• 摩訶衍 / 마하연

한번 불계에 드니
방장실이 훤히 밝구나.
뜰 앞엔 늙은 계수나무 섰고
창밖엔 돌샘 물소리라네.
태사의 말은 고요를 깨
나그네 위하여 햇차 달이네.
늙은 산빛이 더욱 좋고
석양에 앞 기둥에 기대선다네.

一入天花界　脩然丈室清
庭前桂樹老　窓外石泉鳴
太士談空罷　新茶見客烹
山光晚尤好　斜月倚前楹

• 神勒寺 / 신륵사

은행나무 아래 담쟁이 얽힌 창엔 스님 얘기 들리고
소나무 평상에 부들방석 놓으니 나그네 마음 맑아지네.
찻사발 잡고 달여서 이어 또 맛보니
흰 갈매기 나는 곳에 저녁 안개 짙어지네.

蘿窓杏閣逢僧話　蒲薦松牀淨客心

試罷茶甌更延賞　白鷗飛處暮烟深

• 次玉溜泉煮茶韻 / 옥류천 전다의 운을 빌려

산중의 눈 샘물로 새 차 달이니
육우의 운치가 여유롭구려.
솥에 용단을 끓이니 첫 향기 일고
흰 유화 사발 가득 드고 맛도 신선하다네.
사모 쓰고 차 마실 적의 기운 몰아
혜자가 〈거오〉를 읊던 곳에 오르고 싶다네.
황제의 덕이 빛나는 오늘 제품을 남기는 것은
이름이 중령수와 함께 길이 전하리.

新試山中雪寶泉　陸郞風韻政悠然
龍團沸鼎香初動　玉乳盈甌味更鮮
籠帽啜時將馭氣　據梧吟處欲登天
皇華此日留題品　名與中泠一樣傳

　그의 시는 무장(武將)답게 기개가 높아, 잡다한 기교는 어울리지 않는다. 차를 마시면 청담이 어울리고(清談宜啜茗　煮茗玄談愜素心), 바람을 타고 내달고 싶어 했다. 송암의 시구 중에 '촛불 희미하니 달 맞기 좋고, 차 향기 맡으니 술 생각 없어지네(燭暗宜迎月　茶香可屛醪)"는 마음에 든다.

10. 일송 심희수(一松 沈喜壽)

① 생애(生涯)

심수희(沈喜壽; 1548~1622)는 조선의 문신으로 본관은 청송(靑松)이고 자는 백구(伯懼), 호는 일송(一松) 또는 수뢰루인(水雷累人), 시호는 문정(文貞)이다. 광해군 때 좌의정을 지냈다. 폐모론에 반대하다 물러난 뒤 조정에 나오지 않고 은거하였다. 노수신(盧守愼)의 문인이었으며 청백리(淸白吏)로 녹선되었다.

1570년(선조 3년) 진사시에 합격하여 성균관에 들어갔다. 이 해에 이황(李滉)이 죽자 성균관을 대표하여 장례에 참여하였다. 1572년 별시 문과에 병과로 급제하여 호당(湖堂), 홍문관수찬, 사간, 장령, 응교, 부응교를 거쳐 임진왜란이 일어나자 당상관에 올라 병조참지가 되었다. 동부승지가 되었을 때, 명나라 제독 이여송을 영접하였다. 우부승지를 거쳐 도승지로 승진했다. 이후 참찬관을 겸하며 도승지를 계속하다가 형조판서와 대사헌을 거쳐 지중추부사가 되어 명나라 총독 고양겸(顧養謙)의 접반사가 되었다. 공조판서가 되어 명나라 경리 양호(楊鎬)의 접반사가 되었다. 예문관제학을 거쳐 호조판서, 형조판서를 거쳐 특진관이 되고 지중추부사로 있다가 좌찬성이 되었다.

정유재란이 일어나자 예조판서가 되어 다시 명나라 경리 양호(楊鎬)의 접반사가 되었다. 또한, 새로 임명된 명나라 경리 만세덕(萬世德)의 접반사가 되었다. 이조판서를 거쳐 우참찬, 좌참찬을 거쳐 다시 우찬성이 되었다. 그 뒤 예조판서와 대제학을 거쳐 다시 좌찬성에 이르렀고, 이후 지돈녕 부사, 대제학을 하다가 우찬성, 이조판서, 대제학, 좌찬성을 거쳐 이조판서와 공조판서를 거쳐 좌찬성으로 다시 임명되었다.

동지경연사를 겸하고 판의금부사와 판중추부사를 거쳐 우의정을 거쳐 좌의정에 이르렀는데, 당시 선조의 생부인 덕흥대원군을 추숭하려 하자 강력하게 반대했다. 1608년(광해군 즉위) 유영경의 옥사 직후 정운원종공신 1등(定運功臣一等)에 책록되었다.

광해군이 즉위하자 이원익, 이덕형, 이항복 등과 함께 정승으로 다시 임명되었는데, 주로 우의정으로서, 임해군을 처단하는 데 부당함을 주장하였으며, 계축옥사 때 영창대군을 처리하는 데 반대 의견을 냈지만 뜻을 이루지 못하자 낙향했다. 1613년(광해군 5년) 임해군(臨海君)의 역모를 무고하고 옥사를 국문하였던 여러 신하를 녹훈할 때, 익사공신(翼社功臣) 2등에 강제 책록되었다. 영돈녕부사가 되어 허균과 사은사로 중국에 다녀오지만, 이후 폐모론이 일어나자 반대를 하다가 뜻이 이루어지지 못하자 낙향했다. 이후 영중추부사와 판중추부사가 되었다.

② 차시(茶詩)

• 題義林詩卷溪翁書額 / 의림의 시권에 계옹이 서액한 것에 적다

이끼 낀 사립에 비 지나가니
대밭 모퉁이엔 서늘한 바람이네.
잠에서 막 깨니 흥이 없더니

햇차 한 잔이 맑기도 해라.

苔扉秋雨過　竹塢晩涼生
睡起無餘興　新茶一椀淸

• 燈夕詠懷 / 저녁 등에 감회를 읊다

또 저녁 등 켜니 지난해가 감회롭고
이는 타향도 아니고 집도 아닐세.
제비는 이미 두 번이지만 꾀꼬리는 아직 안 오네
꽃은 다 졌으나 버들은 보기 좋다네.
시끄러운 세상엔 탁한 먼지 일고
외로운 인생살이 흰머리만 빗겼네.
조용히 산집 창 앞에 앉았으나 주흥이 없으니
한밤에 아이 불러 차 끓이라 재촉하네.

又逢燈夕感年華　不是他鄕不是家
燕已重來鶯未至　花雖盡落柳堪誇
紛紛世路黃塵起　子子人生白髮斜
悄坐山窓無酒興　呼兒半夜促煎茶

• 贈印山人 / 인 스님께 꾸다

벼슬도 없고 덕과 재주도 없으나
괴이하게 스님 따라 매일 온다네.
매끄럽지 못한 짧은 시구 몇을 놓고
큰 찻잔 마시면서 애를 쓴다네.

남호에 비 내려 물결 급해지고
동령엔 구름 끼어 달도 없다네.
어느 때쯤 손잡고 금강산에 가서
우레 같은 구룡폭의 맑은소리 들을까.

無官無德又無才　怪底山僧逐日來
設有酸詩數短句　爭如苦茗一深杯
南湖小雨潮猶急　東嶺陰雲月未開
安得相携往楓岳　九龍湫上聽晴雷

　일송 심희수는 낮잠 자고 일어나서 정신이 흐릴 때 차 한 잔으로 마음을 가다듬고 객지에서 해를 보내면서 지난날을 반추해 보는 것은 바로 우리들의 자화상이다. 누구나 남의 앞에선 잘난 체를 하지만 깊은 밤 등불 앞에서 자신을 돌아보아 부끄럽지 않은 이 그 누구이랴.

11. 백호 임제(白湖 林悌)

① 생애(生涯)

임제(林悌 : 1549~1587)는 조선 중기의 문신이자 서예가이다. 자는 자순(子順), 호는 백호(白湖)·풍강(楓江)·소치(嘯癡)·벽산(碧山)·겸재(謙齋), 본관은 나주(羅州)이다. 조부는 승지를 지낸 임붕(林鵬), 부친은 평안도 병마절도사 임진(林晋)이며, 우의정 허목(許穆)이 외손자이다.

 20세가 넘어서야 성운(成運)을 사사하였다. 교속(敎束)에 얽매이기 보다는 창루(娼樓)와 주사(酒肆)를 배회하면서 살았다. 22세 되던 어느 겨울날 호서(湖西)를 거쳐 서울로 가는 길에 우연히 지은 시가 성운에게 전해진 것이 계기가 되어 그를 스승으로 모셨다. 그로부터 3년간 학업에 정진하였는데 『중용(中庸)』을 800번이나 읽었다는 것은 유명한 일화이다. 23세에 모친을 여의었으며, 이에 글공부에 뜻을 두어 몇 번 과거에도 응시하였으나 번번이 낙방하였다. 1576년 28세에 속리산에서 성운을 하직하고, 생원·진사시에 합격하고, 이듬해 알성시(謁聖試) 을과 1위로 급제한 뒤 흥양현감·서도 병마사·북도 병마사·예조정랑을 거쳐 홍문관 지제교를 지냈다.

 당시 선비들이 동인과 서인으로 나뉘어 서로 다투는 것을 개탄하여 벼슬을 버리고 명산을 유람하였다. 사람들은 임제를 두고 기인이라 하였고 또 법도에 어긋난 사람이라 하여 글은 취하되 사람은 사귀기를 꺼렸다. 고향인 회진리에서 39세로 운명하기 전 아들에게 "

천하의 여러 나라가 제왕을 일컫지 않은 나라가 없었는데, 오직 우리나라만은 끝내 제왕을 일컫지 못하였으니, 이같이 못난 나라에 태어나서 죽는 것이 무엇이 아깝겠느냐! 너희들은 조금도 슬퍼할 것이 없느니라."라고 한 뒤 "내가 죽거든 곡을 하지 마라."는 유언을 남겼다.

호탕한 성격과 불편부당(不偏不黨)을 고집하는 사람으로, 문장이 호탕하고, 시와 글씨·거문고·가곡에 두루 뛰어나 풍류 시인으로 많은 작품이 남아 있다. 저서로는 『임백호집(林白湖集)』, 『부벽루상영록(浮碧樓觴詠錄)』을 남겼으며, 글씨를 잘 썼으며, 특히 초서에 능하였다. 호방한 필치로 막힘이 없이 써 내려간 풍모를 통해 구속을 싫어하고 불의를 용납하지 않았던 기개와 곧은 정신을 엿볼 수 있다.

② 차시(茶詩)

• 卽事 / 즉석에서

하룻저녁 조계에서 자니
푸른 안개 옷에 스며 차고
두견새 소리 슬프고
목련화 피니 봄이라네.
사미는 역시 할 일이 많네
물 길어 햇차를 달이는구나.

一宿曹溪洞　芝裳冷碧霞

愁邊杜宇鳥　春後木蓮花
沙彌亦多事　汲水煮新茶

• 贈戒默 / 계묵에게 주다

청산은 고금을 말하지 않으나
계묵 선승은 마음으로 이미 깨달았다네.
차는 다 마시고 향만은 피는데 적적히 앉아
숲에 부슬비 내리는데 우는 새소리 듣고 있네.

靑山不語古猶今　體得禪僧戒默心
茶罷香殘坐寂寂　一林微雨聽幽禽

• 贈瑀老丈 / 우노장에 주다

옛 모습 그대로인 스님이
다만 마음엔 차 한 잔을 마시고
지팡이 짚고 석양을 받으며 돌아가니
이별의 한이 새삼 길기도 해라.

古貌猶殘衲　村茶只一杯
歸筇帶落日　離恨更悠哉

그는 시풍이 호방할 뿐만 아니라 사람을 대하는 데도 조그만 일에 구애되지 않는다. 선승들과도 교유하고 그림에도 일가견이 있었다. 지금도 유명한 무위사(無爲寺) 법당 벽의 불화(佛畵)를 시로 읊으면서 "한 잔의 차에 스님 곤한 잠에서 깨고, 한밤중의 맑은 종소리 온 골짜기의 숲에 퍼지네(一椀僧茶醒困眠 半夜淸鍾動林壑)"라고 했다. 그림 속에서 잠깬 모습을 찾고 소리를 듣는 일이 평범하지 않다.

이 같은 표현은 김생(金生)의 〈해장도(海莊圖)〉를 읊는데도 있다. "목동들은 피리 빗겨 불며 천천히 돌아오고, 차를 마른 창자에 대느라 우물물을 분주히 길어 오네(牧因橫笛歸家緩 茶爲澆腸汲井忙).' 흡사 정지된 그림 속에서 인물의 동작과 마음을 읽고 있는 것이다.

그러면서도 그는 츤다운 차인이었으니, 차를 다 마시고 향이 피는데 조용히 앉아 있고, 그 앞 돌상에는 경전 몇 권이 옅은 안개에 젖는다(茶罷香殘坐無語 石床經卷濕靑嵐). 송암 양대박과 헤어질 때도 배에 차 부뚜막을 싣고 갔었다(夜艇兼茶竈)

12. 오봉(五峯) 이호민(李好閔)

① 생애(生涯)

이호민(李好閔; 1553~1634)의 본관은 연안(延安). 자는 효언(孝彦), 호는 오봉(五峯)·남곽(南郭)·수와(睡窩). 증조부는 호조판서·적개좌리공신 연안군(延安君) 이숙기(李淑琦), 할아버지는 홍문관수찬 이세범(李世範)이며 아버지는 이천현감(伊川縣監) 이국주(李國柱)이다. 어머니는 정경부인으로 비안 박씨(比安朴氏) 박여(朴旅)의 딸이다.

오봉은 1579년(선조 12)에 진사가 됐으며 1584년(선조 17)에 별시문과에 을과로 급제했다. 1585년(선조 18)에 사관(史官)으로 발탁됐으며 응교와 전한을 역임했다. 후에 집의와 응교를 겸직했다. 1592년(선조 25) 임진왜란 때에는 이조 좌랑에 있으면서 왕을 의주까지 호종했다. 임진왜란 중에는 요양(遼陽)으로 가서 명나라에 지원을 요청해 명나라의 군대를 끌어들이는 데에 크게 공헌했다.

그 뒤에는 상호군(上護軍)·행사직(行司直)을 거쳐 1595년(선조 28)에는 부제학으로 명나라에 보내는 외교문서를 전담했다. 1596년(선조 29)에는 참찬관(參贊官)을 지냈다. 1599년(선조 32)에 동지중추부사가 되어 사은사(謝恩使)로서 명나라에 다녀왔다.

1601년(선조 34) 예조판서로 인성왕후(仁聖王后)의 지문

(誌文)을 다시 썼으며 대제학과 좌찬성을 지냈다. 1604년(선조 37)에 호성공신(扈聖功臣) 2등으로 연릉군(延陵君)에 봉하여 졌다. 그 뒤에 대광보국숭록대부(大匡輔國崇祿大夫)가 됐으며 부원군(府院君)에 진봉 됐다.

오봉은 1608년 선조가 죽자, 영창대군(永昌大君)의 즉위를 반대하며 장자를 옹립해야 한다고 주장했다. 광해군이 즉위하자 고부청시승습사(告訃請諡承襲使)로 명나라에 가서 입장론(立長論 : 장자를 세워야 한다는 주장)을 내세웠다. 광해군이 임무를 성실히 수행하고 온 것에 대하여 포상하려 했으나 「고부시공로사차(告訃時功勞辭箚)」를 올려 사양했다. 한편, 1612년(광해군 4) 김직재(金直哉)의 옥사에 연루되기도 했다. 1614년(광해군 6) 정온(鄭蘊) 등이 영창대군 살해에 대해 항의를 하다가 귀양 가게 되자 「청환수정온보외차(請還收鄭蘊輔外箚)」를 올려 이들의 방면을 요구했다. 1615년(광해군 7) 정인홍(鄭仁弘) 등의 원찬론(遠竄論)으로 인해 7년간 교외에서 죄를 기다렸다. 인조반정 후에 오래된 신하로 우대받았다.

오봉은 문장에 뛰어났다. 특히 임진왜란 때에는 왕명으로 각종 글을 작성하였는데 그가 지은 교서(敎書)는 내용이 간절하고 표현이 아름다워 보는 이의 감동을 자아냈다고 한다. 그러나 교서 등의 글보다는 한시에 뛰어나다는 평을 들었다. 의주에 있을 때 일본의 수중에 있던 서울을 삼도의 군사가 연합해 공격한다는 소식을 듣고 지은 시 「용만행재하삼도병진공한성(龍灣行在下三道兵進攻漢城)」은 절창으로 널리 애송됐다. 저서로는 『오봉집(五峰集)』 16권이 있다.

죽은 뒤에 청백리에 올랐으며 지례(知禮)의 도동향사(道東鄕祠)에 제향 됐다. 시호는 문희(文僖)이다.

② 차시(茶詩)

• 穀雨前茶 / 우전차

찻잎은 곡우 전에 새 싹 트는데
오의 누에 첫잠 먹이 딸 때라네.
구리 맷돌에 푸른 운유 가루 나고
자기 항아리엔 파란 좁쌀 알 모았네.
동자가 달이는 솥의 물 끓는 소리 늦고
시옹은 오래 자서 목이 탄다네.
오지 사발에 차 마시고 시어를 생각하니
모공이 넓어져서 앉은 자리 풀이 젖네.

茶葉新萌穀雨前　　吳蚕採似正初眠
銅磨碾綠雲腴膩　　瓷甕收靑嫩粟鮮
童子烹遲笙響銚　　詩翁睡久火生咽
烏甌喚啜搜文字　　毛孔春泱坐草玄

• 偶吟 / 우음

오래 누워 창으로 새 바라보는데
찻사발에선 생황 소리 들리네.
아가위와 배나무에 한줄기 비 내려
화들짝 일어나 앉아 머리 긁적이네.

久臥鳥窺牖　烹茶笙響甌
搯梨一陣雨　驚起坐搔頭

• 題信俊軸 / 신준의 시축에 제함

파초 앞엔 비 시원하게 내리고
대로 역은 지게문엔 바람 솔솔 부네.
갑자기 낮잠에서 깨어나
홀연히 별사에 있는 스님 만났네.
세상 밖에 구름 자리 옮겨놓고
차 달이는 옆에서 물 끓는 소리 듣는다.
시가 이루어지면 스님께 보내려고
마침 저무는 산사의 종소리 아름답게 들리네.

蕉葉冷冷雨　筠牕靡靡風
遽然午夢罷　忽漫埜僧逢
塵外雲移席　茶邊水響空
詩成送師去　況聽暮山鍾

　운유차를 노래하고 물 끓는 소리를 생황과 벌 소리에 비유했다(窓前花娑蜂聲鬧　鼎裡茶烹蟹眼生). 차를 마시고도 시상이 떠오르지 않아 고뇌하는 인간의 모습이 보인다. 낮잠에서 깨어 몽롱한 상태에서 머리를 만지는 것은 옆집 할아버지와 다르지 않게 매우 친근하다.
　하지만 "세상 밖에 구름자리를 옮겨놓고"에 이르면 "선객(仙客)으로 변한다.' "물 길어 차 끓이니 흰 유화 뜨고 서생은 냉담하게 느끼는바 많구나(取水煎茶結素花　書生冷淡覺還

多)."의 구절이나 "봄날 남쪽 교외 따뜻하기에 배에 다조 싣고 호당을 지난다네(春日南郊景載陽 扁舟茶竈過湖堂)" 혹은 "차와 채소 모두 담박한데 부들방석 운납승은 깊은 산에 산다네(茶椀蔬畦各淡泊 蒲團雲納倚崚嶒)" 등은 모두 다른 취향을 노래한 것이다.

• 次漢陰韻 題僧卷 / 한음의 운을 써 스님의 시권에 제함

방문 닫고 화로 끼고
편히 앉아 있으니 마음 맑고
홀연히 나물 냄새나기에
문 여니 산승이 서 있네
이에 향 피우고 차 마시며
정토의 좋은 얘기 한다네
문득 나 스님과 떠나려니
솔에 쌓인 눈 와르르 떨어지네

閉門擁爐火　宴坐心淸澄
忽有蔬筍氣　窓前立山僧
因言淨土勝　茗椀仍香燈
倘能同我去　松雪落層層

13. 백사 이항복(白沙 李恒福)

① 생애(生涯)

　백사 이항복은 1556년 태어나서 1618년까지 살았던 문신으로 자는 자상(子常), 호는 필운(弼雲)·백사(白沙)·동강(東岡)이며 고려의 대학자 이제현(李齊賢)의 후손으로 본관은 경주(慶州)이며, 오성부원군(鰲城府院君)에 봉군 되었기 때문에 오성 대감으로 알려진 인물. 9세 때 아버지를 여의고 어머니 슬하에서 어머니의 교훈에 영향을 받고 학업에 열중하였다. 1571년에 어머니를 여의고, 삼년상을 마친 뒤 성균관에 들어가 학문에 힘써 명성이 높았다.
　1580년 알성문과에 병과로 급제하여 승문원 부정자가 되었고 이듬해 예문관검열이 되었을 때 이이(李珥)에 의하여, 이덕형 등과 함께 5명이 천거되어 한림에 오르고, 대사간 이발(李潑)이 파당을 만들려 함을 공박하였다가 비난을 받고 세 차례나 사직하려 하였으나 선조가 허락하지 않았다.
　그 뒤 1590년에 호조참의가 되고, 정여립(鄭汝立)의 모반을 처리한 공로로 평난공신(平難功臣) 3등에 녹훈되었다.
　1592년 임진왜란이 일어나자 왕비를 개성까지 무사히 호위하고, 또 왕자를 평양으로, 선조를 의주까지 호종하였다. 그는 이조참판으로 오성군에 봉해졌고, 이어 형조판서로 오위도총부 도총관을 겸하였으며 곧이어 대사헌 겸 홍문관 제학·지경연사·지춘추관사·동지성균관사·세자 좌부빈객

· 병조판서 겸 주사대장(舟師大將) · 이조판서 겸 홍문관대제학 · 예문관대제학 · 지의금부사 등을 거쳐 의정부 우참찬에 승진되었다.

선조가 의주에 머물면서 명나라에 구원병을 요청하였는데 명에서는 조선이 왜병을 끌어들여 명나라를 침공하려 한다며 병부상서 석성(石星)이 황응양(黃應暘)을 조사차 보냈는데, 그가 일본이 보내온 문서를 내보여 의혹이 풀렸다. 만주 주둔군 조승훈(祖承訓)·사유(史儒)의 3천 병력이 파견되어왔으나 패전하자 그는 중국에 사신을 보내어 대병력으로 구원해 줄 것을 청하자고 건의하였다.

이렇게 하여 이여송(李如松)의 대병력이 들어와 평양을 탈환하고, 이어 서울을 탈환, 환도하게 되었다. 다음 해에 세자를 남쪽에 보내 분조(分朝)를 설치하고 경상도와 전라도의 군무를 맡아보게 하였는데 그는 대사마(大司馬)로서 세자를 받들어 보필하였다.

그는 여러 요직을 거치며 안으로는 국사에 힘쓰고, 밖으로는 명나라 사절의 접대를 전담하였다. 명나라 사신 양방형(楊邦亨)과 양호(楊鎬) 등도 선생을 존경한 능란한 외교가이기도 하였다.

1598년에 우의정 겸 영경연사 · 감춘추관사(監春秋館事)에 올랐는데, 이때 명나라 사신 정응태(丁應泰)가 같은 사신인 경략(經略) 양호를 무고한 사건이 발생하자 그는 우의정으로 진주변무사(陳奏辨誣使)가 되어 부사(副使) 이정구(李廷龜)와 함께 명나라에 들어가 소임을 마치고 돌아왔다.

그 뒤 문홍도(文弘道)가 휴전을 주장했다고 하여 유성룡(柳成龍)을 탄핵하자 그도 함께 휴전에 동조하였다 하여 자진하여 사의를 표명하고 병을 구실로 나오지 않았다. 그러나 조정에서 그를 도원수 겸 체찰사에 임명하자, 남도 각지를 돌며 민심을 선무, 수습하고 안민방해책(安民防海策) 16조를 지어 올리기도 하였다.

1600년 영의정 겸 영경연·홍문관·예문관·춘추관사, 세자사(世子師)에 임명되고 다음 해 호종1등공신(扈從一等功臣)에 녹훈되었다.

1602년 정인홍(鄭仁弘)·문경호(文景虎) 등이 최영경(崔永慶)을 모함, 살해하려 했다는 장본인이 성혼(成渾)이라고 발설하자 삼사에서는 성혼을 공격하였는데, 그는 성혼을 비호하고 나섰다가 정철의 편당으로 몰려 영의정에서 자진사퇴하였다.

1608년에 다시 좌의정 겸 도체찰사에 제수되었으나 이해에 선조가 죽고 광해군이 즉위하여 북인이 정권을 잡게 되었다. 그는 광해군의 친형인 임해군(臨海君)의 살해음모를 반대하다가 정인홍 일당의 공격을 받고 사의를 표했으나 수리되지 않았다.

그 뒤 정인홍이 이언적(李彦迪)과 이황(李滉)의 문묘 배향을 반대한 바 있어 성균관 유생들이 들고일어나 정인홍의 처벌을 요구했다가 도리어 유생들이 구금되는 사태가 벌어져 권당(捲堂: 동맹휴학)이 일어났는데, 그의 주장으로 겨우 광해군을 설득 무마하여 해결하기도 하였다. 북인 세력에 의하여 자행된 선조의 장인 김제남(金悌男) 일가의 멸문지환, 선조의 적자 영창대군(永昌大君)의 살해 등 북인 파당의 흉계가 속출하였고, 그의 항쟁 또한 극렬하여 북인 파당으로 원망의 표적이 되어왔다.

그리하여 1613년(광해군 5)에 인재 천거를 잘못하였다는 구실로 이들의 공격을 받고 물러 나와 별장 동강정사(東岡精舍)를 새로 짓고 동강노인(東岡老人)으로 자칭하면서 지냈는데, 이때 광해군은 정인홍 일파의 격렬한 파직처벌의 요구를 누르고 좌의정에서 중추부로 자리만을 옮기게 하였다.

1617년에 인목대비 김씨(仁穆大妃金氏)가 서궁(西宮)에 유폐되고, 이어 왕비에서 폐위 시켜 평민으로 만들자는 주장에 맞서 싸우다가 1618년에 관작이 삭탈 되고 함경도 북청으로 유배되어 그곳 적소에서 세상을 떠났다.

그 뒤 포천과 북청에 사당을 세워 제향하였을 뿐만 아니라 1659년(효종 10)에는 화산서원(花山書院)이라는 사액(賜額)이 내려졌으며, 1746년(영조 22)에는 승지 이종적(李宗廸)을 보내 영당(影堂)에 제사를 올리고 후손을 등용하게 하는 은전이 있었다.

이정구는 그를 평하기를 "그가 관작에 있기 40년, 누구 한 사람 당색에 물들지 않은 사람이 없을 정도였지만 오직 그만은 초연히 중립을 지켜 공평하게 처세하였기에 그에게서 당색이란 찾아볼 수 없을 것이며, 또한 그의 문장은 이러한 기품에서 이루어져 뛰어날 수밖에 없지 않겠는가!"라고 하여 완전에 가까운 그의 기품과 인격을 칭송하기도 하였다.

저술로 1622년에 간행된《사례훈몽 四禮訓蒙》1권과《주소계의 奏疏啓議》각 2권,《노사영언(魯史零言)》15권과 시문 등이 있으며, 이순신(李舜臣) 충렬묘비문을 찬하기도 하였다.

② 차시(茶詩)

• 酬朴仲吉 / 박중길에게 수답 하다

수재의 유능하단 명성 있음을 꺼리지 말고
그 자취 이어서 응당 갑절이나 맑게 해야지.
관로는 산을 곁에 하여 꽃이 눈에 비치고
현재는 바닷가라서 물이 성을 에워쌌네.
어향에 조세가 가벼워 궐어 만을 징수하고
다호는 사람이 드물어 복령만을 공납하네.
공사는 많지 않고 시 읊는 흥은 넉넉하니
아름다운 시구로 태평을 노래하네.

不嫌前守有能名　因迹應須一倍淸
官路傍山花照眼　縣齋濱海水圍城
漁鄕稅薄唯徵鱖　荼戶人閑只貢苓
公事無多詩興足　幾將佳句咏昇平

• 題柳尙書別墅 / 우상서의 별장에 제함

길 걷기 피곤하여 차 마시러 왔더니
주인이 싫은 말을 하지 않네.
맑은 정화수 한 잔을 마셨는데
돈 내지 않고 가기가 부끄럽네.

路困啜茗來　主人無惡語
一鍾井華淸　愧不投錢去

• 重九 偶遊영국서원 / 중구절에 우연히 영국서원에서 놀다

활짝 웃으며 산에 오르는 날
어느덧 산골 샘까지 갔다네.
이때 마시는 한 잔의 차를
석 잔의 술과 바꿀 수 있으리.

笑殺登高日　飜成入磵來
那將茶一椀　換得酒三杯

• 望夫臺貞女祠 / 망부대의 정녀사에 가서

이곳 처음 와 드높은 절개를 흠모하여
후의로 감개하여 스님 통해 좋은 차를 올리니.
꽃다운 넋이 지하에서 혹 안다면
동국의 이 재상을 기억할지어다.

來遊始慕苦節高　厚意重感僧茶好
英靈泉下或有知　倘識東韓李閣老

　망부대의 정녀사에 가서 이정구의「서악묘운(西嶽廟韻)」에 차운한 시의 일부다.

14. 오산 차천로(五山 車天輅)

① 생애(生涯)

 차천로(車天輅: 1556~1615)는 조선 중기의 문신이자 서예가이다. 자는 복원(復元), 호는 오산(五山)·난우(蘭嵎)·귤실(橘室)·청묘거사(淸妙居士), 본관은 연안(延安)이다. 고려시대 간의대부 차원부(車原頫)의 6대손이며, 부친은 평해군수를 지낸 차식(車軾)이다. 1577년에 알성문과에 병과로 급제하여 개성 교수를 지내고, 1583년 문과중시(重試)에 을과로 급제하였다. 1586년 정자로서 고향 사람 여계선(呂繼先)이 과거를 볼 때 표문(表文)을 대신 지어주어 장원급제시킨 일이 발각되어 명천(明川)에 유배가 되었다 1588년 문재(文才)가 있어 용서되어 이듬해 통신사 황윤길(黃允吉)을 따라 일본에 다녀왔다. 그때 얼마 되지 아니한 기간이었으나 4,000~5,000수의 시를 지어 일본인들을 놀라게 하였다.
 명나라에 보내는 대부분의 외교문서를 담당하여 문명이 명나라까지 떨쳐 동방문사(東方文士)라는 칭호를 받았다. 당시에 한호·권필·김현성과 더불어 서격사한(書檄詞翰)이라 하였다. 이여송이 돌아가게 되어 그 일행을 환송하게 되었을 때 차천로가 하룻밤에 한시 600운(韻)을 지어 수응(酬應)하여 이름을 더욱 떨쳤다. 이에 당시 명의 사신 주지번(朱之蕃)은 동방의 문사를 논할 때 차천로를 으뜸으로 치게 되었다. 한시에 뛰어나 한호의 글씨, 최립의 문장과 함께 송도삼절(松都三絶)로 불리었다. 봉상시 판관을 거쳐 1601년 교리가 되었고 교정청의 관직을 겸하였으며, 광해군 때 봉상시 첨정을 지냈다.

　글씨도 잘 써서 『동국문헌』의 「필원편」에 선서(善書)라고 하였다. 한때 사한청(詞翰廳)에 근무하여 한호 등과 함께 국가의 중요문서를 수서(手書)할 정도로 뛰어났으나 세상에는 글씨보다 시로 더 알려졌다.

② 차시(茶詩)

• 贈陶通判 / 도통판께 드리다

장사 공 이후 세상에 현인이 많았는데
그 영령들은 지선(地仙)이 되었음을 확실히 알았네.
뜰의 솔바람이 세속에 물들지 않아서 좋고
달빛 아래 눈 녹인 물로 차를 달이네.

長沙公後世多賢　最覺英靈作地仙
庭愛松風塵不染　茶煎雪水月相鮮

• 酒峯處士草堂 / 주봉처사가 초당

침석에서 바라보니 바닷물 출렁이고
밭 너머 푸른 산은 거문고와 술병에 있다네.
과원과 채소밭엔 이슬 내리고
약 그릇과 찻사발은 따뜻하게 해야 하네.

隔岸海潮生枕席　入簾山翠在琴罇
果坊菜圃行侵露　藥枊茶甌坐負暄

　오산 차천로는 많은 다시를 남기지는 않았으나 그의 시는 상징적이고 비약을 하면서도 차의 기본에 관해서는 짚고 넘어갔다. 솔바람과 달빛, 그리고 눈을 녹여 차를 우리는 멋을 알았고, 거문고와 술, 그리고 차가 함께하는 차 자리야말로 좋은 자리이다.
　오산은 자신도 차를 즐겼으니 "차분히 책 읽으며 간점 찍다가 샘물 길어 푸른 차 손수 끓이네(滴露研朱閒點易 汲泉分碧自煎茶)' 라는 좋은 구절을 남겼다.

15. 묵호자 유몽인(默好子 柳夢寅)

① 생애(生涯)

　유몽인(柳夢寅: 1559~1623)은 문신으로 자는 응문(應文), 호는 어우당(於于堂)·묵호자(墨好子)이며, 성혼의 문인이다. 과거에 급제하여 벼슬길에 나갔으나 성품이 경박하여 물리침을 당하다 이이첨에게 붙어 중북(中北)을 차지했다. '인조반정'의 화는 면했으나 후에 잡혀 형을 받았다. 글씨를 잘 썼고 설화문학에 공을 남겼다. 『어우야담(於于野談)』과 「어우집」이 전한다.

② 차시(茶詩)

· 次贈龍彎敏上人 / 의주의 민상인에게 차운하여 주다

맑은 창앞 차 마시니 달콤한 꿈 깨고
푸른 눈의 유마가 홀연히 참여하네.
변방의 봄 강가에는 붉은 비단 아름답고
이 난간의 푸른빛은 먼 산의 남색이네.

晴窓茶罷夢初酣　碧眼維摩忽告參
塞日春江紅爛錦　遼山當檻翠挼藍

• 豊潤效古 / 풍윤에서 고체를 본떠서

행장을 벗어놓고 등나무 탑상에 누워서
향 차를 마시고 목마름을 해결하네.
내 삶이 말 위에서 늙으니
가는 곳이 곧 내 집이라네.
어느 곳인들 강산이 없으랴만
힘들고 어려운 긴 여정이여
닭 울면 등불 아래 아침을 먹고
다시 또 동쪽 하늘 향해 걸어간다오.

卸裝偃藤榻　解渴傾香茶
吾生馬上老　隨地卽吾家
何處無江山　勞勞長逆旅
鷄鳴燈下飯　且復天東去

16. 창석(蒼石) 이준(李埈)

① 생애(生涯)

이준(李埈; 1560~1635)의 자는 숙평(叔平)이고 호는 창석(蒼石)이며, 류성룡의 문인이다. 과거에 급제하여 벼슬길에 나갔다가 임진왜란이 일어나자 의병을 모집하여 공을 세우고, 서장관으로 중국에 다녀왔다. 정묘호란 때도 역시 의병을 모아 공을 세워 첨지중추부사가 되었다. 그는 차를 무척 좋아하였고 인하여 많은 차시를 남겼으며 차에 대한 식견이 높았다.

② 차시(茶詩)

• 幽居 / 유거

나랏일에 조금도 보탬 된 일없이
여생은 다만 자연에서 지내리라.
창을 열면 첩첩 산봉우리 좋은 손님 되고
연못으로 흘러드는 찬 샘에 맑은 사귐 의탁하네.
배고플 때 차 마시면 가난도 즐겁고
흥이 나면 붓을 들어 늙은 호기 부린다네.
세상의 비방과 칭찬 내 어이 관여하리

양웅이 조롱을 벗어나려 속인 것이 가소롭네.

國事曾無補一毫　餘生只合臥林皐
牕迎疊嶂爲嘉客　墻引寒泉托淡交
飢至啜茶貧亦樂　興來揮筆老猶豪
世間毁譽吾何預　可笑楊雄謾解嘲

• 寄題洛皐草堂 / 낙고초당에 부침

낚시하면 언제나 갈매기를 침범하고
차를 따면 신선들을 번잡하게 하네.
어떤 인연으로 정자 아래서 함께 배를 타고
넓은 물에 보슬비 내리면 쓰러져 잠든다.

垂釣每侵鷗鳥界　採茶瀕赴羽人期
何緣共泛孤亭下　睡到空溟細雨時

• 病中書懷 / 병중에 감회를 쓰다

차 솥과 약화로는 새 생활의 계책이고
넝쿨에 걸린 달과 솔바람은 지난날의 인연이네
옆 사람들 다른 뜻 있느냐고 묻지를 마오
내 신세 지금이 선정에 든듯하오

茶鼎藥鑪新活計　松風蘿月舊因緣
傍人莫問行藏事　身世如今入定禪

• 雪水煎茶 / 눈을 녹여 차를 끓임

풍로에 눈물 끓이니 푸른 연기 나고
한잔의 제호로 온몸이 신선 된 듯
육우가 여기와도 제품을 잘 못 할 터
달고 맑음과 혜산의 샘물뿐이라오

風爐雪水颺靑煙　一椀醍醐骨欲仙
陸羽向來題品誤　淸甘但說惠山泉

 나랏일에 보탬이 없다는 것은 겸손이고, 산봉(山峰)과 청천(淸泉)을 벗 삼고 안빈낙도를 누리니 세속의 입놀림에는 관심조차 없다. 낚시할 때는 갈매기들을 생각하고, 차를 딸 때는 다른 사람을 배려하는 차인의 마음을 노래했다. 그러면서 자신도 선계에 대한 꿈을 꾸기도 하고, 차를 마시며 선(禪)에 들기도 했다.
 차를 마실 때 차의 품질을 논하고, 물을 말하는 것은 육우 정도의 수준이고, 자신의 그 높은 정신세계는 그것을 초월한다는 자신감이 서려 있다. "따뜻한 화로 옆에서 차를 마시며 진결을 강한다(茶椀薰爐講眞訣)."라 하던지 "강가 정자에 매화 찾을 때 차 마시면 좋기도 하다(江閣尋梅好啜茶)" 같은 구절에는 선미가 서려 있다. 그가 요동 백마사에서 읊은 시에 "길가다가 우연히 고승과 얘기하면 서쪽 여정이 아득함을 잊어버리네(經過偶與高僧話 忘却西征路渺茫)"라고 한 시구는 가히 일품이다.

17. 선원(仙源) 김상용(金尙容)과 김상헌(金尙憲)의 후손들

가. 선원(仙源) 김상용(金尙容)

① 생애(生涯)

　문신으로 자는 경택(景擇)이고 호는 선원(仙源)이며 성혼(成渾)의 문인이다. 임진왜란 때 공을 세우고 명나라에 성절사로 다녀와서 형조판서를 지냈다. 이어 우의정을 지냈고 병자호란 때 왕족을 호종하여 강화로 갔다가, 강화도가 함락되자 화약고에 불을 지르고 자폭했다. 스승의 영향인지는 모르나 차를 무척 즐겼다.

② 차시(茶詩)

• 至月雪水煎茶 / 동지에 눈을 녹여 차를 달임

산 동자 눈 맞으며 샘물 새로 길어서
돌솥에 활화로 용단을 달인다네
솔 소리 내며 향기 피어 뜰에 가득하고

한 사발의 산뜻한 풍취가 신선 되어 오르는 듯

山童帶雪汲新泉　石鼎龍團活火煎
細瀉松聲香滿院　一甌風致夾登仙

• 題李楨畵 / 이정의 화축에 제함

달빛 몽롱한 속에 배가 난저로 미끄러져 가고
비파 빗겨 안은 소매에 바람 가득하다네
맑은 강물 길어 햇차 달이려 하니
원앙이 놀라 희미한 연기 너머로 날아가네.

移舟蘭渚月朦朧　斜抱琵琶滿袖風
欲汲淸江新煮茗　鴛鴦驚起暝煙中

• 次成仲深 / 성중심의 시를 차운함

세월 보내며 늙는 데는 많은 책이 좋고
창자를 적시는 데는 차 한 잔 일세
사립문에 개 짖는 소리 들리더니
시골중이 고사리 들고 왔구려.

送老書千卷　澆腸茗一杯
柴門開犬吠　携蕨野僧來

나. 청음(淸陰) 김상헌(金尙憲)

① 안동 김씨의 가계

구(舊) 안동 김씨는 경순왕(敬順王) 김부(金傅)의 손자인 평장사(平章事) 김숙승(金叔承)을 시조로 하며, 경순왕의 8代孫으로, 고려의 충렬공(忠烈公) 김방경(金方慶)을 중시조로 삼는다. 충렬공은 그려조에 삼별초를 평정하여 벼슬이 추충정난정원공신(推忠靖難定遠功臣)에 이르그 상락공(上洛公)에 봉해져 구 안동 김씨를 일명 상락김씨(上洛金氏)라고도 한다. 근세 인물로는 김구(金九)가 있다.

신(新) 안동 김씨는 신라 말 안동의 성주로 있다가 고려의 개국공신이 되어 터조로부터 태사공(太師公)에 봉해진 김선평(金宣平)을 시조로 하며, 성(姓)을 하사받고 안동 권씨, 안동 장씨와 함께 안등의 삼태사 묘에 모셔져 있다.

조선 중기에 도정(都正)을 지낸 김극효(1542~1618)를 중시조로 삼는다. 김극효의 아들은 김상용(우의정), 김상관(부사), 김상건(진사), 김상헌(좌의정), 김상복(부윤)이 있다. 또 김상헌은 형 상관의 아들 광찬을 양자로 삼았는데, 그의 아들 수흥과 수항이 영의정이요 수항의 아들 창집 역시 영의정을 지냈다. 창집의 동생인 창협(예조판서) 창흡의 3형제가 있다. 근세의 인물로는 김옥균과 김좌진이 있다.

② (新)安東金氏 茶人 家系圖

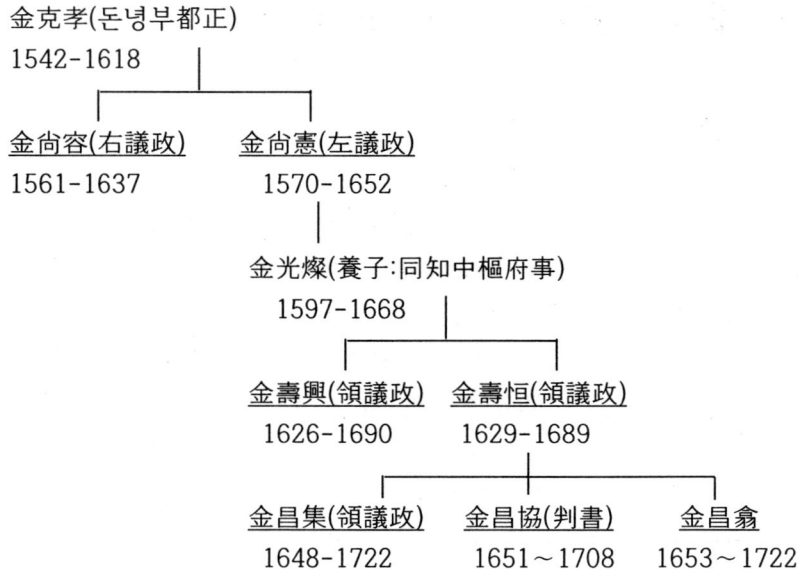

③ 생애(生涯)

문신으로 자는 숙도(叔度), 호는 청음(淸陰)이다. 과거에 급제하여 서인으로 도승지, 대사간, 대제학을 지내고, 이조·예조판서를 지낸 척화파로 두 차례나 청에 잡혀갔다가 돌아왔다. 영의정을 역임하고 친명파로 글씨를 잘 쓴 차인 이며, 김상용(金尙容)의 아우이다. 이 집안의 다풍은 대대로 전해져 4대 후인 김창흡(金昌翕) 형제들에게 와서 크게 꽃핀다.

④ 차시(茶詩)

• 銀臺次李子時詠雪韻 / 승정원에서 이자시(이민구)의 영설운에 차운함

초나라의 고아한 노래 누가 있어 화답하며
양원의 옛 부는 지금 어디서 들을 수 있는가
쓸쓸히 홀로 앉아 차를 달이니
시흥은 멀리 파수의 동쪽에서 일어나네.

楚國高歌誰更和　梁園舊賦亦成空
蕭然獨坐煎茶處　詩興迢迢灞水東

・生陽館 / 생양관에서

늙어서 글은 쓰지 않으면서
술잔과 찻잔만은 옆에 두며 웃는다네.

自笑老來休筆硏　涯杯茶盞只能持

　그는 이항복의 집에 가서 읊은 시에 『술 마시고 차 달이며 웃음 속에 고아한 얘기 나누네(酒煖茶香笑語淸)』라고 했고, 계곡(溪谷) 장유(張維)의 운에 화답하기를 『오월의 맑은 바람 북창 아래서 잠들고, 찻사발 아니라도 잠이 깬다네(淸風五月北窓眠 不要茶甌爲喚醒)』라고 노래했다.

다. 퇴우당(退憂堂) 김수흥(金壽興)

① 생애(生涯)

자는 기지(起之), 호는 퇴우당(退憂堂) 또는 동곽산인(東郭散人). 생부는 동지중추부사(同知中樞府事) 광찬(光燦), 양부는 동부승지(同副承旨) 광혁(光爀)이고, 양모는 광산김씨로 동지중추부사 존경(存敬)의 딸이며, 영의정 김수항(金壽恒)의 형이다.

1648년(인조 26) 사마시(司馬試)를 거쳐 1655년(효종 6) 춘당대문과(春塘臺文科)에 병과로 급제하고, 이듬해 문과중시에 역시 병과로 급제한 뒤 부교리·대사간·도승지 등을 역임하고, 1666년(현종 7)에 호조판서, 1673년에 판의금부사(判義禁府事)가 되고 이듬해 영의정에 올랐다.

그러나 자의대비(慈懿大妃)의 복제문제(服制問題)로 남인에게 몰려 부처 될 뻔하였고, 그해 8월 현종이 죽자 양사(兩司)의 탄핵으로 춘천에 유배되었다 이듬해 풀려나와 양주에서 살았다. 1680년(숙종 6) 경신대출척으로 서인이 재집권하자 영중추부사(領中樞府事)에 이어 다시 영의정에 올랐으나, 1689년 기사환국으로 남인이 다시 집권하자 장기(長鬐)에 유배되어 이듬해 그곳에서 사망했다.

그는 송시열(宋時烈)을 마음의 스승으로 존경하여 그의 뜻에 따랐고,『주자대전(朱子大全)』·『어류(語類)』 등을 탐독하였다. 역대의 왕에게 시폐소(時弊疏)를 올려 백성의 편에서 정치를 힘쓰고 정치의 혁신을 여러 번 건의했다. 저서로는『퇴우당집』 5책이 전해지고 있다. 시호는 문익(文翼)이다.

② 차시(茶詩)

· 題畫 / 제화

복숭아꽃 처음 필 때 실버들 가지 푸르고
때마침 강천에는 해가 지고 있는데
어디선가 고깃배는 일찍 그물 걷고 돌아오고
숲 가까운 띳집에는 차 깃발 나부끼네.

桃花初動柳絲垂　正是江天日落時
何處漁舟收網早　隔林茅店颺茶旗

• 次文谷郞州秋懷 / 문곡의 남주 추회에 차운하다

한가로운 구름과 날아드는 새는 같은 취향이고
조촐한 식사 좋지 않은 차로도 편하게 지낸다네.

閑雲倦鳥元同趣　淡飯粗茶便卽休

라. 문곡(文谷) 김수항(金壽恒)

① 생애(生涯)

　　김수흥의 동생으로 자는 구지(久之), 호는 문곡(文谷)이다. 복상(服喪)문제로 앞장서 남인을 누르고 윤선도를 귀양 가게 한 서인이었다. 좌의정을 지내고 청나라에 다녀왔다. 경신대출척(庚申大黜陟)으로 영의정이 되었다가 기사환국(己巳換局)으로 진도에 유배되어 사사되었다. 전서(篆書)를 잘 쓴 차인으로 집안 대대로 이어지는 다풍을 이어받았다. 김수항의 아들 김창집(金昌集 : 영의정)과 김창협(金昌協), 김창흡(金昌翕) 형제도 차를 좋아했다고 전해진다.

② 차시(茶詩)

• 月夜卽事 / 달밤에 바로 지음

고요한 뜰엔 이지러진 달이 기울었고
처마 밑을 거닐며 혼자서 읊는다네.
역리가 말을 돌보는 소리 가끔 들리고
부엌 사람은 차를 달일까 또 물어보네.
아름다운 거리에서 들리는 소리 밤을 재촉하고
옥하에 흐르는 물 주위에 울고 있네.
문 앞의 가까운 곳도 이르기가 힘 드는데
하물며 고향은 하늘 끝 멀리 있네.

庭院寥寥缺月斜　巡簷散步獨吟畫
頻呼驛吏看調馬　更向廚人問煮茶
綺陌漏聲催夜箭　玉河流水咽寒波
門前咫尺猶難到　況復鄕關天一涯

• 日暮蒼山天寒白屋分韻 得日字 / '일모창산천한백옥'으로 운을 나누어 지음

숨어 사는 사람은 벌레처럼 나다니지 않고
집안에 박혀 방 하나를 지킬 뿐이라네.

수레나 말 타지 않고 단아하게 살며
고요히 책 속에 깃들어 그 맛 즐기네.
우물의 얼음 깨고 차 달이며
처마에 햇볕 쬐어 등을 따뜻이 하네.
하필 털 담요나 방석이 있어야만
찬 기운을 막을 수가 있을까

幽人似蟄蟲　墐戶守一室
端居謝輪蹄　靜味寓書帙
烹茶敲井氷　炙背就簷日
何必氎氎毹　然後禦寒溧

마. 몽와(夢窩) 김창집(金昌集)

① 생애(生涯)

　김창집(金昌集: 1648~1722)의 자는 여성(汝成), 호는 몽와(夢窩). 좌의정 상헌(尙憲)의 증손으로, 할아버지는 동지중추부사 광찬(光燦)이고, 아버지는 영의정 수항(壽恒)이며, 어머니는 호조 좌랑 나성두(羅星斗)의 딸이다. 창협(昌協)·창흡(昌翕)의 형이다. 이른바 노론 4 대신으로 불린다.
　1672년(현종 13) 진사시에 합격했으나, 1675년 아버지 수항이 화를 입고 귀양을 가자 과거 응시를 미루었다. 1681년(숙종 7) 내시 교관을 제수받았고, 1684년 공조 좌랑으로서 정시 문과에 을과로 급제, 정언(正言)·병조참의 등을 역임하였다.

　1689년 기사환국 때 아버지가 진도의 유배지에서 사사되자, 귀향해 장례를 치르고 영평(永平)의 산중에 은거하였다. 1694년 갑술환국으로 정국이 바뀌어 복관되고, 병조참의를 제수받았으나 사임하였다. 다시 동부승지·참의·대사간에 임명되었지만 모두 취임하지 않았다.

　그 뒤 철원 부사를 제수받았는데, 이때 큰 기근이 들고 도둑이 들끓어 민정이 소란해지자 관군을 이끌고 토평 하였다. 강화유수 · 예조참판 · 개성 유수 등을 역임하고, 호조 · 이조 · 형조의 판서를 지냈다. 1705년 지돈녕 부사를 거쳐 이듬해 한성부판윤·우의정, 이어서 좌의정에까지 이르렀다. 1712년에는 사은사로 청나라에 갔다가 이듬해 귀국, 1717년 영의정에 올랐다.

　노론으로서 숙종 말년 세자의 대리청정을 주장하다가 소론의 탄핵을 받았다. 숙종이 죽은 뒤 영의정으로 원상(院相)이 되어 온갖 정사를 도맡았다. 경종이 즉위해 34세가 되도록 병약하고 자녀가 없자, 후계자 선정 문제로 노론·소론이 대립하였다.

이때 영중추부사 이이명(李頤命), 판중추부사 조태채(趙泰采), 좌의정 이건명(李健命) 등과 함께 연잉군(延礽君: 뒤에 영조)을 왕세자로 세우기로 상의해, 김대비(金大妃: 숙종의 계비)의 후원을 얻었다. 이에 경종의 비 어씨와 아버지 어유구(魚有龜), 사직(司直) 유봉휘(柳鳳輝) 등의 격렬한 반대가 있었으나 결국 실행하였다.

　1721년(경종 1) 다시 왕세제의 대리청정을 상소해, 처음에 경종은 대소 정사를 세자에게 맡길 것을 허락했으나 소론의 격렬한 반대로 실패하였다. 수개월 후 소론의 극렬한 탄핵으로 노론이 축출되고 소론 일색의 정국이 되었다. 곧이어 소론의 김일경(金一鏡)·목호룡(睦虎龍) 등이 노론의 반역 도모를 무고해 신임사화가 일어나자, 거제도에 위리안치가 되었다가 이듬해 성주에서 사사되었다.

1724년 영조 즉위 후 관작이 복구되었으며, 영조의 묘정(廟庭)에 배향되었다. 영조 때 과천에 사충서원(四忠書院)을 세워 이이명·조태채·이건명과 함께 배향했으며, 거제의 반곡서원(盤谷書院)에도 제향 되었다. 저술로는 ≪국조자경편 國朝自警編≫·≪몽와집≫ 등이 있다. 시호는 충헌(忠獻)이다.

② 차시(茶詩)

• 謹次月夜卽事先韻 / 삼가 월야즉사의 앞 운에 차운하다

담 위에 주기(酒旗)는 바람에 펄럭이고
담 안의 나그네는 홀로 읊조리네.
깊어진 항아리엔 갓 익은 술 담겼고
천천히 차를 식혀서 작은 잔에 마시네.
나그네 마음은 밤이면 고향 달 그리고
봄이면 압록강 지나 돌아갈 꿈 꾼다네.
돌아갈 날 손꼽으니 한식 후인데
고향 뜰 송국에게 생애를 물어본다.

墻頭風色市帘斜　墻裏愁人費獨哦
深甕檢方初釀酒　小鐘循俗漫呼茶
羈心夜向燕山月　歸夢春過鴨水波

屈指東還寒食後　故園松菊問生涯

달 밝은 밤 타국에 사은사로 갔다가 고향 생각에 잠긴다. 봄이 와야 귀국할 텐데 돌아갈 생각과 가족들의 안부도 궁금하기만 한데 술과 차로 그리움을 달랜다.

바. 삼연(三淵) 김창흡(金昌翕)

① 생애(生涯)

 김창흡(金昌翕: 1653~1722)의 자는 자익(子益), 호는 삼연(三淵). 좌의정 상헌(尙憲)의 증손자이고, 아버지는 영의정 수항(壽恒)이며, 어머니는 안정 나씨(安定羅氏)로 해주 목사 성두(星斗)의 딸이다. 형은 영의정을 지낸 창집(昌集)과 예조판서 · 지돈녕 부사 등을 지낸 창협(昌協)이다. 이단상(李端相)의 문인이다.
 과거에는 관심이 없었으나 아버지의 명으로 응시하여 1673년(현종 14) 진사시에 합격한 뒤 과장에 발을 끊었다. 백악(白岳) 기슭에 낙송루(洛誦樓)를 짓고 동지들과 글을 읽으며 산수를 즐겼다. 1681년(숙종 7) 김석주(金錫冑)의 천거로 장악원주부(掌樂院主簿)에 임명되었으나 나가지 않았다.
 1689년 기사환국으로 아버지가 진도에서 사사되자, 영평(永平: 현, 포천시)에 은거하였다. 『장자』와 사마천(司馬遷)의 『사기』를 좋아하고 시도(詩道)에 힘썼으며, 친상을 당한 뒤에는 불전(佛典)을 탐독하여 슬픔을 잊으려 하였다. 그 뒤

주자의 글을 읽고 깨달은 바가 있어 유학에 전념하였다.
 1696년 서연관(書筵官)에 초선(抄選)되고, 1721년(경종 1) 집의에 제수되었으며, 이듬해 영조가 세제(世弟)로 책봉되자 세제시강원(世弟侍講院)에 임명됐으나, 모두 사임하고 나가지 않았다. 신임사화로 절도에 유배된 형 창집이 사사되자 지병이 악화되어 죽었다.
 그는 형 창협과 함께 성리학과 문장으로 널리 이름을 떨쳤고, 이기설에서는 이황(李滉)의 주리설(主理說)과 이이(李珥)의 주기설(主氣說)을 절충한 형 창협과 같은 경향을 띠었다. 즉, 선한 정(情)이 맑은 기(氣)에서 나온다고 말한 이이의 주장에 반대하고 선한 정이 오직 성선(性善)에서 나온다고 말한 형 창협의 주장에 찬동하였다. 또한 사단칠정(四端七情)에서는 이(理)를 좌우로 갈라 쌍관(雙關)으로 설명한 이황의 주장에 반대하고, 표리(表裏)로 나누어 일관(一關)으로 설명한 이이의 주장을 찬성하였다.
 그는 『중용』의 미발(未發)에 깊은 연구가 있었다. 또한 인품(人品)을 6등으로 나누어 성인(聖人)·대현(大賢)·군자(君子)·선인(善人)·속인(俗人)·소인(小人) 등으로 구분하기도 하였다. 저서로는 『삼연집』·『심양일기(瀋陽日記)』 등이 있다.
이조판서에 추증, 양주의 석실서원(石室書院), 양근(楊根)의 미원서원(迷源書院) 덕원의 충곡사(忠谷祠), 울진의 신계사(新溪祠), 양구의 서암사(書巖祠), 강릉의 호해정영당(湖海亭影堂), 포천의 요산영당(堯山影堂), 독충당(篤忠堂) 등에 제향 되었다. 시호는 문강(文康)이다.

② 차시(茶詩)

• 白月四時詞 / 백월사시사

술은 연꽃 핀 정자가 좋고
차는 대숲 속에 건다네
아득한 아포에 비 내리고
내 마음 하늘가에 있다네

酒席移荷院　茶鐺過竹林
微茫鴉浦雨　天際以爲心

• 詠屛畵 / 병풍 그림을 읊다

솔바람 돌상에 불어오고
어린 동자 차 부뚜막 곁에 있네.
높은 소리로 읊으니 흥이 나고
쏟아지는 건 폭포 구름에 걸렸네.

松風吹石床　茶竈小童傍
高哦知興會　飛瀑挂雲長

• 水簾洞 / 수렴동

서리 맞은 단풍은 산언덕에 걸렸고
용이 우레 비 걷으니 폭포 새롭게 열리네.

솔 아래 차 달이니 피리 소리 돌아오고
푸른 연기 쉬는 곳에 멈추게 하는구려.

楓飽霜氷猶映壁　龍收雷雨別開湫
松根吹籟烹茶返　要使靑煙憩處留

• 隱僊庵主性天 / 은선암의 주인 성천

약사당에서 맑은 차 정갈한 밥 대하니
한가한 늙은이 진실하고 순박함 잊지 못하네.
지난날 사미승이 이제 늙어 병이 들어서
귀가 먹어 그 큰 물소리 듣지 못하네.

茶淸飯潔藥師堂　閒老眞淳未可忘
舊日沙彌今老病　耳聾不識水聲長

• 卽事 / 즉사

뜰에 눈 가득 쌓였고
서상(書牀)에는 고요가 깃들었네.
섬계에선 한가롭게 오가고
잠악엔 아주 미칠 듯하다네.
앞 봉우리엔 계수나무 빽빽하고
고개 너머엔 매화 향기라네.
몇 잔 술 가볍게 하고 누우니
풍로엔 또 차 솥이 올려있네.

積雪盈庭院　寥寥書一牀
刻溪閒往返　潛岳太顚狂
叢桂前峰翳　寒梅隔嶺香
淺斟仍獨臥　爐上更茶鐺

• 竹葉茶 / 죽엽차

그 향기로운 어린잎 따서
맑고 깨끗한 물에 달이네.
왕유는 그를 다 누리지 못했고
육우는 두루 맛보았다네.
여린 불로 살살 끓이면
맑고 부드럽기 옥전 이로다.
푸른 연기 줄기줄기 서리어
멀리 숲으로 이어져 돌아가네.

擷彼檀欒葉　烹之淡泊泉
王猷用不盡　陸羽嗜嘗偏
細沸應文火　淸滋可玉田
靑烟蟠縷縷　遟與遠叢連

• 文菴 / 문암

배가 경수 따라 천천히 흘러드니
어스름 사립이 객을 위해 열려있네
파도 소리 한결같이 함께 밀려오고
산 위의 외로운 달 거리낌 없이 비치네.

어부들의 흥겨움 먼 갈대꽃에 있고
불탑에 찻잔 놓고 긴 얘기 한다네.
온갖 생각 푸른 물에 다 보내버렸네.
가슴속에 어찌 불평이 남았으리.

舟從鏡水費沿洄　薄暮柴扉爲客開
來共海潮爭有信　坐憐山月照無猜
漁簑興遠看蘆花　佛榻談長用茗盃
萬念滄波輸寫盡　胸中那有不平哉

사. 노가재 김창업 (老稼齋 金昌業)

① 생애(生涯)

김창업(金昌業; 1658~1721)의 자는 대유(大有), 호는 노가재(老稼齋). 좌의정 상헌(尙憲)의 증손자이고, 아버지는 영의정 수항(壽恒)이며, 어머니는 안정 나씨(安定羅氏)로 해주 목사 성두(星斗)의 딸이다. 형은 영의정을 지낸 창집(昌集)과 예조판서·지돈녕브사 등을 지낸 창협(昌協)이다.

② 차시(茶詩)

• 再疊寄遠心庵 / 다시 같은 운자로 지어 원심암에 부치다

홀로 그대 높은 집 지키는 곳 생각하면

밤비엔 응당 개울 물소리 더하겠지.
네 벽에 갈무리한 책은 흰 구름에 젖고
차 한 솥 달이니 푸른 연기 피어나네.

獨恩之子守巖楹　夜雨應添衆澗聲
四壁書藏白雲濕　一鐺茶煮翠烟生

• 次伯氏用放翁幽居初夏韻 / 백씨가 방옹의 유거초하의 운
　　　　　　　　　　　　을 써서 지은 시에 차운하다

동산에는 구르는 듯 새 지저귀는데
발밖엔 어지럽게 떨어지는 꽃이라네.
뜰 가득한 소나무 그늘엔 손 하나 없고
맑은 샘 길어 홀로 우전차 달인다네.

園中宛轉相呼鳥　簾外繽粉摠落花
滿院松陰無客到　淸泉獨試雨前茶

• 龍泉寺次壁上韻書贈主僧精進 / 용천사에서 절의 벽에 있
　　　　　　　　　　　는 시를 차운하여 써서 주지승 정진에게 드리다

산 동북 두루 걸어왔으니
지나온 길 사천 리나 되네.
모래바람 지나온 어려운 여로
비는 내려 하늘까지 이르렀네.
느릅나무 버섯 반찬 늦은 밥 먹고
돌샘 물로 햇차 달인다네.

무엇이 방해되어 말이 못 통하니
묵연이 앉아서 개의치 않는다네.

踏遍山東北　來經路四千
風沙涉苦海　烟雨到諸天
晚飯供榆草　新茶瀹石泉
何妨未通語　默坐更脩然

18. 지봉(芝峯) 이수광(李睟光)과 이민구(李敏求), 이현석(李玄錫)

가. 지봉(芝峯) 이수광(李睟光)

① 생애(生涯)

　이수광(이수광: 1563~1628)의 본관은 전주(全州). 자는 윤경(潤卿), 호는 지봉(芝峯)이다.
1578년(선조 11) 초시에 합격하고, 1582년 진사가 되었고 1585년(선조 18) 승문원 부정자가 되었으며, 1589년 성균관 전적을 거쳐 이듬해 호조 좌랑·병조 좌랑을 지냈고, 1592년 임진왜란이 일어나자 경상도 방어사 조경(趙儆)의 종사관이 되어 종군하였으나, 아군의 패배 소식을 듣고 의주로 돌아가 북도선유어사(北道宣諭御史)가 되어 함경도 지방의 선무 활동에 공을 세웠다.
　1597년 성균관 대사성이 되었으며, 정유재란이 일어나고 명나라 서울에서 중극전(中極殿)과 건극전(建極殿) 등 궁전이 불타게 되자 진위사(陳慰使)로서 명나라를 다녀왔다. 이때 명나라 서울에서 안남(安南: 베트남)의 사신을 만나 화답하면서 교유했다. 1601년 부제학이 되어 『고경주역(古經周易)』을 교정했고, 이듬해 『주역언해(周易諺解)』를 교정했으며, 1603

년 『사기(史記)』를 고정하였다.

1607년 겨울 홍주목사로 부임하였다가 1609년(광해군 1) 돌아왔다. 1611년 왕세자의 관복(冠服)을 주청하는 사절의 부사로 다시 명나라를 다녀왔다. 이때 유구(琉球) 사신과 섬라(暹羅: 타이) 사신을 만나 그들의 풍속을 듣고 기록하였다.

정국이 혼란해지자 1616년 순천부사가 되어 지방관으로 나가 지방행정에 전념하였다. 1619년 임기를 마치고 돌아와서는 수원에 살면서 모든 관직을 사양하고 나아가지 않다가, 1623년 인조반정이 일어나자 도승지 겸 홍문관 제학으로 임명되고, 대사간·이조참판·공조참판을 역임하였다.

1625년(인조 3) 대사헌으로서 왕의 구언(求言)에 응해 열두 조목에 걸친 「조진무실차자(條陳懋實箚子)」를 올려 시무를 논하여 당시 가장 뛰어난 소장(疏章)이라는 평가를 받았다. 1628년 7월 이조판서에 임명되었으나 그해 12월에 세상을 떠났다.

이때 이수광은 주자학을 존중하는 입장이면서도 당시 주자학의 기본 문제인 태극·이기·사단·칠정 등의 성리학 이론에 뛰어들지 않고, 심성(心性)의 존양(存養)에 치중하는 수양론을 학문적 중추 문제로 삼은 사상적 특징을 보여주었다. 비록 성리학의 이론적 분석과 논변이 조선 후기를 통해 지속적 발전이었지만, 그는 이러한 전통적 성리학파의 입장에서 벗어나려는 새로운 방향을 탐색하고 있었다.

그의 철학적 기본 문제가 심성의 이기론적 개념 분석이 아니라 수양론적 실천 방법의 탐색이라는 것은, 그만큼 그의 철학이 관념 철학을 벗어나 실천 철학적 성격을 지니는 것임을 말해 준다. 그가 『지봉유설』 '유도부(儒道部)'에서, 학문·심학(心學)·과욕(寡慾)·초학(初學)·격언의 5항목으로 분류하고 있는 것도 주자학에서 존중되는 도체(道體)의 문제나 성리학적 과제를 제쳐두고, 심성의 수양론적 관심 속에서 유학을 분류하고 있음을 보여준다.

저서로는 『지봉집』이 있다. 사후 영의정으로 추증되었으며, 수원의 청수서원(淸水書院)에 제향 되었다. 시호는 문간(文簡)이다.

② 차시(茶詩)

• 秋夜有懷 / 가을밤 느낌이 일어나

꿈 깨니 하늘에서 외기러기 날고
아픈 몸 찬 겨울에 세월의 느꺼움 저리네
가을바람은 언제나 오동잎 날리고
옥 같은 이슬 소리 없이 계화를 적시네.
사람들과 운수에 가려 아득한 가을에
달빛 아래 많은 집 다듬이소리라네
이 가운데 내 뜻 매우 쓸쓸해
한가롭게 창가에서 차를 달이네.

夢破天涯一雁斜　炳餘凉氣感年華
金風有信飛桐葉　玉露無聲濕桂花
人隔水雲秋萬里　月懸砧杵夜千家
此間意味偏蕭索　漫向窓前自煮茶

• 次玄翁用懷麓韻毻寄 / 현옹이 회록(명,이동양의 호)의 운을써
　　　　　　　　　　 서 부쳐준 시에 차운하다

약 화로와 차 솥은 한가롭게 살려는 셈이고
잎이 다 진 뜰에는 해 기울어 신시라네.

葉爐茶鼎閑生計　寫罷黃庭日已晡

• 淸和卽事 / 4월에 지은 즉흥시

종일 닫힌 문에 찾는 이 없고
그윽하게 사는 것이 시골 중과 같다네.
술잔 기울이며 시 읊으면 온갖 수심 없어지고
아플 때 차 마시면 잠이 달아난다네.
봄비 소리 기왓골에서 들리고
새벽바람은 힘없는 꽃을 떨어뜨리네.
한가한 틈 타서 좋은 벗 찾고
그 나머지 쓸쓸함은 아직도 남았다네.

鎭日關門少客過　幽居渾似野僧家
吟邊命酒奔愁陳　炳裏呼茶却睡魔
春雨有聲鳴屋瓦　曉風無力破山花
偸閑擬逐尋芳侶　其奈餘寒尙未和

• 閑居 / 한거

산중의 부귀는 금은초 이고

길옆의 풍류는 여기화 라네.
흥이 다해 돌아올 땐 숲 그늘이 석양인데
아이 불러 물 길어서 햇차를 달인다네.

山中富貴金銀草　路畔風流女妓花
興罷歸來林影夕　呼童汲水試新茶

・卽事 / 즉사

길 떠나 지내다가 세월 흐름에 놀라서
가만히 앉아 수심에 젖는다네.
약을 캐는 것은 산 늙은이에게 의지하고
차 달이는 것은 산골 중에 맡기네.
풀숲에 벌레 소리 이슬에 젖고
창 아래 쥐는 등불 켠 방을 엿보네.
얼마간 쓸쓸하던 생각이
가을이 드니 한결 더하다네.

旅遊驚節序　愁病坐相仍
採遊驚節序　愁病坐相仍
草藥憑山叟　煎茶倩野僧
多少酸寒味　秋來一倍增

・飮茶 / 음다

센 불도 약한 불도 아닌 활화에
현악기도 관악기도 아닌 솔바람 소리라네.

노동의 일곱 잔 차 다 마시니
봄이 너풀너풀 태청궁에 이른다네.
不武不文火候　非絲非竹松聲
啜罷盧仝七椀　飄然身上太淸

• 苦寒行 / 추위를 괴로워하다

덧문은 낮에도 닫혀 있고
쓸쓸히 저녁 해 넘어가네.
겨울에는 잎 떨어진 숲에 있고
엎드린 용은 깊은 골짜기에서 운다네.
돌솥에 차 달이려고
혼자서 물 막힌 우둘의 얼음 깬다네.

重門晝鎖合　慘慘日西落
凍雀依空林　蟄龍泣幽壑
石鼎試煎茶　獨敲氷井涸

　지봉 이수광의 다사(茶事)는 다분히 선적(禪的)이다. 종일 포단에 눈 감고 앉아서 생각하기도 하고(團蒲永日垂簾坐), 객이 오면 말없이 차 달여 내고, 발 걷고 종일토록 산만 쳐다 보기도(客至點茶無一語　拳簾終日對靑山) 했다.

나. 동주(東州) 이민구(李敏求)

① 생애(生涯)

　자는 자시(子時), 호는 동주(東州) · 관해(觀海). 이조판서 이수광(李晬光)의 아들이다. 1609년(광해군1) 사마시에 수석으로 합격해 진사가 되고, 1612년 증광문과에 장원급제하여 수찬으로 등용되었다. 이어 예조 · 병조 좌랑을 거쳐 1622년 지평(持平)이 되었다.
　교리·응교 등을 거쳐 1623년(인조 1) 사가독서(賜暇讀書)했고, 1624년 이괄(李适)의 난이 일어나자 도원수 장만(張晩)의 종사관(從事官)이 되어 난을 평정하는 데 공을 세웠다. 1626년 대사간이 되고, 이듬해 정묘호란이 일어나자 병조참의가 되어 세자를 모시고 남쪽으로 피난하였다.
　1636년 이조참판 · 동지경연사(同知經筵事)를 역임하고 이해에 병자호란이 일어나자 강도검찰부사(江都檢察副使)가 되어 왕을 강화에 모시기 위해 배편을 준비했으나, 적군의 진격이 빨라 왕이 부득이 남한산성으로 들어가 소임을 완수할 수 없었다.
　문장에 뛰어나고 사부(詞賦)에 능했을 뿐 아니라, 저술을 좋아해서 평생 쓴 책이 4,000권이 되었으나 병화에 거의 타버렸다 한다.
　저서로는 『동주집(東州集)』 · 『독사수필(讀史隨筆)』 · 『간언귀감(諫言龜鑑)』 · 『당률광선(唐律廣選)』 등이 남아 있다.

② 차시(茶詩)

• 澤堂携茶果出別 / 택당이 다과를 들고 나와 작별하다

둘레에 자갈 모래 계속 흘러내리고
높은 숲 옆에는 맑은 모래성이라네.
담배 찾아 마부더러 말 멈추게 하고
차를 마시며 벗과 정담을 나누었네.
이슬 머금은 국화는 가을빛 완연하고
바람맞는 갈대는 저무는 전쟁터 같구나.
나그네의 앞길 진정 떠나야겠기에
벌써 또 이별의 아쉬움 간절하다네.

細石縈流動　高林傍陼淸
尋煙停馺騎　啜茗話朋情
露菊迎秋氣　風蘆戰暮聲
客程眞取次　已復別心生

• 取于筒水煎茶 / 우통수로 차를 끓이며

성스러운 물 인성도 바꾸나니
능히 탁한 것을 맑게 한다네
찻사발 멈추고 마시고 싶지 않음은
내 원래 총명함을 싫어하기 때문이라네.

聖水移人性　能令濁者淸
停甌不欲飮　我自厭聰明

• 穀雨日始雨 / 곡우에 비로소 비가 오다

집으로 부는 동북풍이 좋고
순첨엔 곡우가 방해된다네.
차 끓여 마시면 속병에 좋고
술은 근심 어린 마음을 적셔준다네.

拓戶條風好　巡簷穀雨妨
煎茶蘇病肺　漉酒浣愁腸

- 擬徙東村 / 동쪽 마을로 이사를 하며

예부터 성현들은 편한 자리 없었는데
지금은 온 세상이 못 할 일이 없다네.
차 화로 술그릇도 몸에 편한 물건이니
이사할 때 언제나 종들 보기 부끄럽다네.

自古聖賢無煖席　卽今天地盡窮途
茶爐酒榼關身物　每到移居愧僕夫

- 次許惟善 / 허유선의 시에 차운하다

남쪽 나라 차나무 속잎이 트고
동쪽 나라 고장 풀, 싹을 토하네.
산에 걸린 구름은 가다가 멈추고
들에 있는 나무들 아직 멍청하구나.

南國茶含舌　東津蔣吐牙
山雲浮更住　野樹缺邊遮

다. 유재(游齋) 이현석(李玄錫)

① 생애(生涯)

　이현석(李玄錫: 1647~1703)의 자는 하서(夏瑞), 호는 유재(游齋). 이수광(李睟光)의 증손이다.
　1667년(현종 8) 진사가 되고, 1675년(숙종 1) 증광문과에 을과로 급제, 이듬해 예문관검열에 보직된 뒤 삼사의 여러 벼슬을 역임하였다. 1682년 우승지가 되었으나 송시열(宋時烈) 등 서인의 예론(禮論)을 반대하다가 철원에 부처 되었다.
　1688년 다시 동래 부사에 임명되었고, 이듬해 경상도 관찰사, 1691년 동지중추부사, 1693년 춘천 부사를 지냈다. 이듬해 청풍 현감을 자원하였고 『명사강목(明史綱目)』을 저술했으며, 그 뒤 한성부판윤 · 우참찬 · 형조판서 등을 역임하였다.
　성리학에도 조예가 깊었는데, 이론보다는 존심양성(存心養性) 등 실천적인 덕목에 치중하였다. 저서로 『명사강목(明史綱目)』 24권, 『역의규반(易義窺斑)』 1권, 『유재집(游齋集)』 24권 등이 있다.

② 차시(茶詩)

• 寄湖南伯朴休卿 / 호남백 박휴경에 부침

산골 늙은이 호수와 바다의 구분에 놀라고
편지통 보고 길 멀다는 걸 알았네

창을 향해 읊으니 더위 속에 갈증 심하여
모름지기 맑은 바람에 눈차 띄워 보내네

峽老遙驚湖海別　郵筒偏覺道途賖
吟窓肺渴當炎劇　須遺淸風帶雪茶

• 普德窟次 / 보덕굴 운을 빌려

파도에 쓰러진 구리기둥 옮겨 난간 부축하고
보덕굴 향단에는 저절로 꽃이 만발하였네.
살랑살랑 스미는 맑은 바람 뱃속까지 시원하고
정신이 깨끗하니 술도 잊고 차도 잊었다네.

伏波銅柱移扶檻　聚窟香檀自放花
習習淸風神骨冷　淡然忘酒又妄茶

19. 월사(月沙) 이정구(李廷龜)와 이명한(李明漢), 이단상(李端相)

가. 월사(月沙) 이정구(李廷龜)

① 생애(生涯)

 이정구(李廷龜 :15643~1635)는 조선 중기의 문신이며 학자로 한문사대가(漢文四大家)의 한 분이다. 본관은 연안(延安)이고, 자는 성징(聖徵)이이며 호는 월사(月沙) 또는 보만당(保晚堂)·분암(癡菴)·추애(秋崖)·습정(習靜)이다. 세조 때의 명신인 석형(石亨)의 현손이며, 문장으로 이름이 있던 현령 계(啓)의 아들로 윤근수(尹根壽)의 문인이다. 문장가문에서 출생, 가학을 통하여 성장하였다.
 14세 때에는 승보시(陞補試)〉에 장원하여 명성을 떨치게 되었으며, 22세에 진사, 5년 뒤인 1590년(선조 23)에는 증광문과에 병과로 급제하였다 1592년 임진왜란을 만나 왕의 행재소(行在所)에 나c-가 설서가 되었는데, 1593년 명나라의 사신 송응창(宋應昌)을 만나 《대학》을 강론하여 높은 평가를 받았고, 이것이 《대학강어(大學講語)》로 간행되었다.
 1604년 세자책봉 주청사로 명나라에 다녀오는 등 여러 차례에 걸쳐 중국을 내왕하였고, 중국 문인들의 요청으로 100

여 장(章)의 《조천기행록(朝天紀行錄)》을 간행하기도 하였다. 이와 같은 그의 능력이 왕의 신임을 받아, 그 뒤 병조판서·예조판서와 우의정·좌의정을 지냈다. 그의 생애는 어디까지나 조정의 관리로서 소임을 다하는 것이었으므로 치군택민(致君澤民)의 이상과 이문화국(以文華國)의 관인 문학을 성실히 전개해갔다. 이점 에서 그는 정통적인 사대부 문학의 전범(典範)을 보인 셈이다. 때문에, 그의 문장은 장유(張維)·이식(李植)·신흠(申欽)과 더불어 이른바 한문사대가로 일컬어지게 되었다.

그의 문장에 대해서 명나라의 양지원(梁之垣)은 호탕, 표일하면서도 지나치게 화려하지 않아 미적인 효과를 잘 보여 주고 있다고 평하였으며, 장유도 그의 재기(才氣)를 격찬함과 아울러 고문 대책(高文大册)의 신속한 창작능력을 높이 평가하였다. 또한 정조도 그의 문장을 높게 평가한 바가 있다.

이러한 평가들은 그가 집권층의 순정문학(醇正文學)을 대변하면서 변무주를 계기로 이름이 널리 알려지게 된 상황과 직접적으로 연관되어 나온 것들이다. 그의 문학은 한편으로 선린외교에 있어서 문학이 가지는 공용성을 십분발휘 한 것으로 일단의 의의를 갖추지만, 문학 자체의 독자적 영역을 넓히고 진실한 감정과 사상을 처리한다는 면에서는 다소간 미흡한 점이 있을 것이다.

문집으로 《월사집》 68권 22책이 전한다. 그밖에 《서연강의(書筵講義)·대학강의(大學講義)·남궁록(南宮錄)》 등의 편서(編書)가 있다.

② 차시(茶詩)

• 登角山寺題壁上二首 / 등각산사에 올라 벽에 제함

성 첩을 보니 진시황 때 노역을 알겠고
강하를 보고 우임금의 공로를 생각한다.
차 한 사발 다 마시니
흡사 선계에 이른 듯하구나.

城堞看秦役　江河想禹功
一甌茶夢罷　彷佛到瀛蓬

• 過鳳凰山 / 봉황산을 지나며

절 문에 눈이 쌓이니 차 솥을 매만지고
구름 덮인 찻상에서 향기 맡으며 도서(圖書)를 읽는다네.
내 그 내용을 따르고 싶으나 얻을 수 없어
바람맞으며 차 한 잔 마시고 공연히 머뭇거리네.

松關積雪擁茶鼎　雲榻淸香看圖書
我欲從之不可得　臨風一挹空躊躇

• 玉下館 / 옥하관

용단의 좋은 것은 송라를 일컬으니
옥 같은 푸른 새싹 봄비에 돋아나네.

소갈증 없애라고 얼마 주기에
고기 눈 다음에 잔물결 이는 것 보고 있다네.

龍團佳品說松蘿　春雨新抽碧玉芽
乞與文園醒渴夢　臥看魚眼細生波

• 江村曉起 / 강촌에서 새벽에 일어나

어린 여종이 샘물 길어서
차 끓이고 그릇 씻고 빨래하네.
안상에 『남화경』 펼쳐놓고
의관을 바로하고 공들여 읽는다네.

小婢汲淸泉　烹茶仍盥濯
案上南華經　整冠聊一讀

• 月先亭 / 월선정

거듭된 봉우리 사이 눈 내리는 산길 좁고
차 연기 나는 곳에 절집이 있다네.
맑은 한 줄기 풍경소리 하늘 밖으로 퍼지고
살고 있는 스님은 날 저물자 돌아오네.

雪暗重峯山逕微　茶煙生處是禪扉
一聲淸磬諸天外　遙想居僧日暮歸

• 仍送詩扇及新茶 次其韻以謝之 / 시를 적은 부채와 차를
　　　　　　　　　　　　　보내왔기에 차운하여 사례함

용단의 좋은 차 푸른 싹 신선하고
장군이 문 두드려 옥천자를 깨웠다네.
작은 솥에 솔바람 소리 늦잠에 놀라고
새 물로 달인 찻사발엔 봄빛 가득하네.
마른 창자 씻어내고 근심까지 없애주며
목마른 폐부 되살리니 장수 할 수 있다네.
차 향기에 시정(詩情)은 더 많아져
두 주련에 붓놀림 더욱 빨라진다네.

龍團佳茗碧芽鮮　軍將敲門起玉川
小鼎松風驚晚睡　一甌春色試新泉
枯腸滌盡聊排悶　渴肺蘇來可引年
詩箋淸香兼勝覘　雙珠多荷倏聯翩

나. 백주(白洲) 이명한(李明漢)

① 생애(生涯)

　이명한(李明漢: 1595~1645)의 자는 천장(天章), 호는 백주(白洲)로 좌의정 이정구(廷龜)의 아들이다. 1616년 증광문과에 을과로 급제한 뒤 승문원권지정자(承文院權知正字)·전적·공조 좌랑에 이르렀다.

1623년 인조반정 후 경연시독관(經筵侍讀官)에 제수되었다. 이어 이조 좌랑이 되어 어사로 관동(關東)에 나가 서리들의 정치와 백성들의 폐해를 살폈다. 다시 옥당(玉堂)에서 근무하다가 이조로 옮겨 호당(湖堂)에 들어갔다. 사가독서(賜暇讀書)했다. 이곳에서 승문원제술관(承文院製述官)·한학교수(漢學敎授)·교리·사국수찬(史局修撰) 등을 겸대 하다가 이조정랑이 되었다.

이괄(李适)의 난 때 왕을 공주로 모시고 가서 이식(李植)과 함께 팔도에 보내는 교서를 지었다. 이어 응교·사간에 승진된 뒤 검상(檢詳)·사인(舍人)·집의·이조참의로 승진했다. 다시 사가독서를 허락받고 호당에 들어갔고 승문원부제조가 되었다.

그 뒤 병조참의·우승지·형조참의·좌승지·남양 부사·대사간·대사성·부제학 등을 역임하였다. 1639년(인조 17) 도승지를 거쳐 1641년 한성부 우윤·대사헌이 되었다. 이 해 도승지로서 홍문관·예문관의 양관 대제학, 이조판서 등을 역임했다. 1643년 이경여(李敬輿)·신익성(申翊聖) 등과 함께 척화파로 지목되어 심양(瀋陽)에 잡혀갔었다.

이듬해 세자이사(世子貳師)가 되어 심양에 가서 볼모로 잡혀간 소현세자를 모시고 왔다. 1645년에 명나라와 밀통한 자문(咨文)을 썼다고 하여 다시 청나라에 잡혀갔다가 풀려나와 예조판서가 되었다.

아버지 정구, 아들 일상(一相)과 더불어 3대가 대제학을 지낸 것으로 유명하다. 병자호란 때 심양까지 잡혀갔던 의분을 노래한 시조 6수가 전하고 저서로 ≪백주집≫ 20권이 있다. 시호는 문정(文靖)이다.

② 차시(茶詩)

• 次題高峯僧卷 / 승려 고봉의 시권에 차운함

절집에서 취해 자면서 갈증 심했는데
한 사발 햇차는 선장보다 낫구려.
스님 불러 제(題)를 보고 시흥이 이는데
바다와 산에 비 그치고 구름 걷히니 서늘하구나.

醉睡林齋渴夢長　一甌新茗敵仙漿
逢僧喚起題詩興　海雨山雲滿卷凉

• 禁直 / 대궐에서 숙직하다

대궐의 찬 우물로 차 달여 마시고
옥 화로에 불 지펴 향을 피우네.
그 시원함은 상소 올린 때와 같으니
신선의 무리와 함께 한바탕 취한 듯하네.

金井水寒初啜茗　玉爐煙盡更燒香
時淸敢擬投封事　且共仙曹醉一場

• 直廬夜坐 / 숙직하는 방에서 밤에 앉아

금반 위에 벼룻물 붓고
눈물로 차를 달이네.

밤 깊어 온 장안 고요한데
때 마침 발 내리는 소리 들린다네.

硯借金盤滴　茶宜雪水烹
沈沈萬戶靜　時有下簾聲

• 俊師軸 / 준 스님의 시축에 씀

손님이 이르면 다만 기보를 평하고
몸이 한가로울 때 『茶經』을 주석하네.
두드리는 작은 소리 듣고 잠 깨니
산승이 시 쓰라고 뜰에서 기다리네.

客至但評棊譜　身閑欲註茶經
睡起微聞剝啄　山僧乞句在庭

• 政廳夜吟 / 정청에서 밤중에 읊음

가는 눈 펄펄 내려 달빛 가리고
궁궐이 하 넓어서 시간을 잊었다네.
모시는 신하는 차 달이는 흥에 젖어
한밤의 정청에서 시를 읊고 있다네.

微雪疏疏翳月光　九門如海漏籌忙
侍臣自有煎茶興　夜半題詩政事堂

• 夜過樂全 / 밤에 낙전을 지나며

은하수 처음 돌고 북두가 기울어지니
등불 밝힌 그윽한 방엔 웃고 얘기하는 소리라네.
햇차 사발 드니 추위 좀 가시는데
좋은 손님 못 가시게 차를 권한다네.

銀漢初回玉斗斜   曲房燈燭笑聲譁
捧甌春筍寒多少   莫遺佳人勸客茶

• 口號走筆 / 입으로 부르고 붓으로 적다

서석 산 남쪽 기슭
쓸쓸하기 절간 같구려
부슬비 속에 차 달이니
대소리에 꽃이 진다네.

瑞石山南縣   蕭然似梵宮
煎茶疏雨裏   鳴筍落花中

• 奉呈北渚案下 / 북저 안하에게 삼가드리다

깊은 밤 갈증으로 꿈에서 강물 실컷 마셨더니
깬 후엔 항아리의 햇차 마시고 싶어라.
사그라진 재 속에 불씨 다시 일으켜
약한 불 쬐며 희미한 등불 마주하네.
어둠 속 종소리 바람결에 들려오고
발그림자 따라서 달빛 창에 비치네.
취중의 말 깨고 나서 기억 못 하지만

다만 아름다운 시구는 마음속에 있다네.

深宵渴夢劇吞江　欲啜新茶凍玉缸
趣撥寒灰煬宿火　輕挑微焰對殘釭
鐘聲暗帶風傳枕　簾影偏隨月入窓
醉語醒來渾不記　但將佳句寸心降

• 題白鹿草堂 / 백록 초당에 적다

종일토록 온 집이 조용한데
강으로 가는 돌길 빗겨 있다네.
짧은 옷으로 화로 옆에 앉아서
대밭 너머 향하여 햇차 가져오라네.
사람들 떠나니 거문고 어찌 켜며
손님들 향하여 시 자랑하리
사립에서 이제 막 작별하려는데
이미 산 너머 저녁 새들 날아든다네.

盡日茅簷靜　綠江石路斜
擁로披短褐　隔竹喚新茶
琴豈因人罷　詩堪向客誇
柴門欲相別　山外已昏鴉

• 次趙學士韻書簡尾 / 조 학사의 운으로 편지 끝에

문 두드리는 소리에 한가로운 잠 깨니
감단의 조 학사 글 도착해 있네.

늦바람에 술이 깬 다음
부슬비 내리는데 이제 막 차 다리려 하네.

剝啄驚閑枕　邯鄲學士書
晩風醒酒後　微雨點茶初

다. 정관재(靜觀齋) 이단상(李端相)

① 생애(生涯)

이단상(李端相: 1628～1669)의 자는 유능(幼能)이며 호는 정관재(靜觀齋)·서호(西湖)이고, 할아버지는 이정구(李廷龜)이며, 아버지는 대제학 이명한(李明漢)이다.

1648년(인조 26) 진사시에 장원, 다음해 정시 문과에 병과로 급제, 설서·대교·봉교·부수찬·교리 등을 역임하면서, 서연(書筵)에 나아갔다.

여러 차례 이조·병조의 정랑을 지내고 의정부 사인으로 지제교(知製敎)를 겸하였다. 1655년(효종 6) 사가독서(賜暇讀書)를 한 뒤 대간에 들어가 구애됨이 없이 정론(正論)을 밝혔다.

전라도 지방을 두루 살펴 기근이 심한 고을을 구제하게 했다. 효종이 죽고 정국이 변하자 두문불출하고 학문에만 전념하다가 잠시 청풍 부사를 지냈다. 이어 응교를 거쳐 인천 부사가 되었다. 1664년(현종 5) 집의가 되어 입지권학(立志勸

學)에 관한 다섯 조목을 상소하고 스스로 관직을 떠났다.
　1680년(숙종 6) 민정중(閔鼎重)의 건의로 이조참판 겸 경연, 양관제학(兩館提學)이 추증되고, 다시 이조판서로 추증되었다. 저서로는 『대학집람(大學集覽)』·『사례비요(四禮備要)』·『성현통기(聖賢通紀)』·『정관재집』 등이 있다.

② 차시(茶詩)

• 嘉陵溪堂 / 가릉계당

쓸쓸한 석양에 나그네 돌아오니
예처럼 거문고와 책으로 한가롭다네.
세속의 다단한 교유는 모두 심드렁하고
남은 세월은 자연에 맡기고 살려 하네
외진 마을 비지나니 벼꽃 젖고
가을 깊어지니 먼 숲이 은은히 단풍 드네.
낚시하고 돌아오니 아무 일 없고
차 달이는 저녁까지 사립은 닫혀 있네.

蕭條斜日客初還　依舊琴書自在閑
末路交遊皆白眼　殘年活計有靑山
孤村雨過稻花濕　遠樹秋深楓葉殷
罷釣歸來無一事　煎茶終日閉柴關

• 口占遣懷 / 입으로 읊어 회포를 달래 보내다

고요 속에 책 읽으니 그 맛 더욱 좋고
문 닫고 혼자 앉아 차를 달인다.
대 그림자 진 곳 평상 옮기니 시 더욱 산뜻하고
머리맡에 매화 둘렀으니 꿈까지 향기롭네.
몸 박의 공명은 별 의미 없고
속세의 복잡한 길 몹시 험하다네.
어쩌면 다시 얻은 벼슬살이 떠날 수 있으리
세속의 한가운데라 바쁘기도 하여라.

靜裏看書味自長　掩門孤坐點茶鐺
床移竹影詩偏爽　枕繞梅花夢亦香
身外功名等鷄肋　世間岐路劇羊腸
如何又着朝衣去　十丈塵中竟日忙

• 南宮陪從後鎖直口占 / 남궁으로 배종한 뒤 숙직하며 읊음

향 한 대 피우니 옅은 노을처럼 흩어지고
잠깨어 밝은 창 앞에 앉아 차를 달인다.
해는 높이 솟은 집 사이로 간간이 보이고
작은 뜰의 꽃들은 봄볕에 다 진다네.

鑪香一炷散輕霞　睡起晴窓坐點茶
日影報稀高閣漏　春光落盡小庭花

라. 상와 이민보(常窩 李敏輔)

① 생애(生涯)

이민보(李敏輔: 1720~1799)의 본관 연안(延安)이고, 자는 백눌(伯訥).이며 호는 상와(常窩)·풍서(豊墅)로 시호는 정효(貞孝)이다. 진사시에 합격한 뒤 음보(蔭補)로 군수(郡守)가 되고 장악원정(掌樂院正)·동부승지(同副承旨)·호조참판(戶曹參判)을 역임했다. 1791년(정조 15) 공조판서가 되어 장악원제조(掌樂院提調)를 겸했으며, 그 후 형조판서에 전임되었다.

황수신 이후 처음으로 노인직으로 보국숭록대부(輔國崇祿大夫)의 위계에 올랐다. 이단상(李端相)의 증손이다. 음보로 벼슬길에 올라 드물게 보국숭록대부(輔國崇祿大夫)의 위계에 올랐다.

1796년 노인직(老人職)으로 보국숭록대부(輔國崇祿大夫)의 위계(位階)에 올라 돈령부판사(敦寧府判事)가 되었는데, 음보로 보국숭록대부에 오른 것은 황수신(黃守身) 이후 처음이다. 노론(老論)에 속하였다. 저서에 《충역변(忠逆辨)》《풍서집(豊墅集)》 등이 있다.

② 차시(茶詩)

· 示府伯權道以 / 부사 권도이에게 보이다

죽로의 불로 차 달이는데
집에는 석류꽃이 피었다네.
서책들은 몸을 따라 정해지고
구름 낀 산은 눈 가득 펼쳐지네.

烹茶竹爐火　當戶石榴花
書卷隨身定　雲山滿眼斜

• 夜坐 / 밤중에 앉아서

창에 달 밝아 청려장 짚고 나서니
산 그림자 뜰 가득하나 나 혼자라네.
부뚜막 열어 자순차 달이니 아주 좋고
전어 안주로 개울가에서 술 마신다네.
게으른 나그네 코 골다 술동이 보고 일어나고
기생의 노래는 힘없어 촛불만 졸고 있네.
멋스럽고 아름다움은 없고 아이들 멀리 있으니
집에 편지 보내고 뜬구름만 하염없이 바라보네.

窓昇皓月欲扶藜　山影盈庭孰共携
紫葚和茶開藥竈　黃魚左酒擲烟溪
客慵眠鼾樽前起　妓老歌喉燭下低
風味儘佳兒輩遠　家書緘送望雲梯

• 夜泛舟設笠鐺 / 밤에 배를 띄우고 입당을 설치하다

강 가운데 배는 집과 같고
풍로 위의 솥은 삿갓과 흡사하네.
요리사는 나물과 고기 갖추었고
다희는 술 그릇 내어놓고 따르네.

江中舫如屋　爐上鼎似笠
庖人具蔬肉　茶姬進酒榼

20. 상촌 신흠(象村 申欽)과
아들 신익성(申翊聖)

가. 상촌 신흠(象村 申欽)

① 생애(生涯)

　신흠(申欽: 1566~1628)의 본관은 평산, 자는 경숙(敬叔)이며 호는 상촌(象村)이고 시호는 문정(文貞)이다. 1585년(선조 18)에 진사시와 생원시에 차례로 합격하고, 이듬해 별시 문과(別試文科)에 병과(丙科)로 급제한 후 관료 생활을 계속했다. 광해군 즉위 후 집권층과 대립이 되어 1613년 계축옥사가 일어나자 선조로부터 영창대군(永昌大君)의 보필을 부탁받은, 유교칠신(遺敎七臣)으로서 이 사건에 연루되어 파직됐다.
　1623년 3월 인조의 즉위로 이조판서 겸 예문관, 홍문관의 대제학에 중용이 되었으며 7월에 우의정. 1627년 좌의정이 되고 같은 해 9월 영의정에 올랐다.
　장중하고 간결한 성품과 뛰어난 문장으로 인하여 항상 문한직(文翰職)을 겸대하고 대명 외교문서의 제작, 시문의 정리, 각종 의례 문서의 제작에 참여하는 등 문운의 진흥에 크게 기여하였다. 또한, 사림의 신망을 받음은 물론, 이정구(李廷龜), 장유(張維), 이식(李植) 등과 한문사대가(漢文四大家)의 한사람으로 조선 중기 한문학의 정종(正宗) 또는 상월계택(象月谿澤)으로 칭송되었다. 한문학의 높은 경지에 이른 신흠은 시조에서도 표현의 격조를 존중했다.

한시로 나타내지 못하는 심정은 시조에 담아야 한다면서, 시조는 기존의 관념을 확인하기 위해서 소용되는 것이 아니기에 직설적인 술회에 머무를 수 없다고 생각했으므로, 자기 시대의 문제를 다루는 데서 물러나 관심을 내면으로 돌렸다. 그는 문학의 근본 문제에 대하여 차분히 생각을 가다듬고자 한 사람이다. 문학과 도학의 관계에 관한 오랜 논란을 다시 벌여, 문학은 작은 재주이므로 도학에 미치지 못하지만, 지극한 도가 있어도 글이 아니면 전해질 수 없다는 논리로 문학을 옹호했다. 6권 20책을 남길 만큼 그는 한문으로 많은 저술을 남겼다.

그는 또한 시조 작가로도 많이 알려진 문학인이다. 시조에 깊은 관심을 가져, 한시로 읊지 못하는 것을 시조로 노래한다고 자기 스스로 시조를 30여 수 지었다. 시조 창작은 개인별 작품 수효로 보아 일곱 번째로 많은 창작에 해당한다. 그의 시관(詩觀)은 서정의 형상화에 중점을 두었는데, 자율성을 찾음으로써 시의 폭을 넓혔고, 내실을 주장함으로써 시의 속을 다졌다는 데 그 특징이 있다. 그 결과, 그의 시조는 주자학적 도덕주의의 도식화에서 벗어나 규범화된 덕목들에 얽매이지 않고, 시인의 서정으로 이루어낼 수 있는 다양한 경지를 적절히 형상화했다는 점에서 문학사적 의의를 부여받을 수 있다.

② 차시(茶詩)

• 池上 / 못 가에서

한 가닥 오솔길이 숲을 뚫었고
산비탈에 오두막이 놓여 있다네.
난초를 심어볼까 밭을 일구고
달을 담아보자 못을 파보고.
대집 속에 오히려 비파를 타고
향등8) 아래 도리어 바둑 대하네.
산 가에 청아한 일 많기도 하니
차 달이고 오히려 시를 쓰노라.

一逕穿蒙密　懸崖有少茨
藝蘭仍作畝　貯月欲或池
竹塢還聽琵　香燈却對棋
山家淸事足　煮茗又題詩

• 次東皐牛家庄 / 동고의 우가장 운을 차하다

숯불에다 차 끓이던 파선처럼 할 것 없네.
천연의 특이한 산물 너무나도 맑고 맑아
정말로 황금 솥에서 나왔는지 의심되고
아울러 백옥병에 담을 만도 하구나.

---

8) 향등 : 안방 안의 등불

진품이라 진실로 상계에 바칠 만하니
경장이 어찌 꽃다운 명예를 독차지하랴.
양주의 한 말 술을 부러워하지 마소
넋과 뼈 상쾌한 기운 오경까지 미쳐가네.

不待坡仙活火烹　天然奇種十分淸
直疑出自黃金鼎　且可盛之白玉甁
珍品端宜供上界　瓊漿那許占芳聲
涼州一斗休須羨　魂骨冷冷到五更

• 至日寄芝峯 / 동짓날 지봉에게 부침

처마에 뚝뚝 떨어지는 소리 들릴락 말락
소춘의 하늘 기운 아직 차지 않는데
수압에서 피어나는 용연 향기 맴돌고
풍로에 끓는 차 거품 해안이 둥글둥글
이 생애를 세속사에 이끌리게 하지 말자
뜬세상에 맑은 기쁨 항상 시름해
남쪽 향한 매화 가지 꽃소식이 있을 텐데
세밑에 어느 누가 나와 함께 구경할꼬.

簷溜冷冷響欲殘　小春天氣未全寒
香添睡鴨龍涎逗　茗潑風爐蟹眼團
休遺此生牽俗累　每愁浮世少淸歡
南枝定有花消息　歲暮何人共我看

• 示全兒 / 전아에게 보임

등불 아래서 바둑을 놓고
눈 녹은 물로 차를 다린다.
객은 떠나고 주위 모두 심심한데
얼긴 소나무 사이로 달이 노을에 비친다.

宵燈棋落子　雪水茗燒芽
客去渾無賴　松又月映霞

• 壽春書事 / 수춘에게 즉흥을 쓰다

메마른 시사(詩思)를 찻물이 적셔주고
아픈 다리 청려장을 의지해 걸어본다.
헛된 세상 한평생이 이와 같을지니
짧은 오리 긴 학의 다리 같을 수야 없겠지.

詩腸易渴頻澆茗　病脚難扶試杖藜
浮世百年聊爾耳　短鳧長鶴不求齊

• 經筵罷後 / 경연을 마치고

강하던 입을 적시는 것은 좋은 봄 차이고
경연청 잠시 물러날 때 정오의 종이 울리네.
지난밤 꿈에는 좋은 일 많았는데
맑은 물결 출렁이는데 물새들이 퍼덕였지.

講舌乍澆春茗細　花甀纔退午鍾遲
前宵作夢多淸事　鷗鷺晴波漾綠猗

오동나무는 천년이 되어도 항상 곡조를 간직하고 있고
매화는 일생동안 춥게 살아도 향기를 팔지 않는다.
달은 천 번을 이지러져도 그 본질이 변함이 없고,
버드나무는 백번을 꺾여도 다시 새 가지가 자란다.

桐千年老恒藏曲　梅一生寒不賣香
月到천虧餘本質　柳經百別又新枝

나. 낙전당(樂全堂) 신익성(申翊聖)

① 생애(生涯)

　신익성(신익성: 1588~1644)은 병자호란 때의 척화오신(斥和五臣) 중의 한 사람이다. 자는 군석(君奭), 호는 낙전당(樂全堂)·동회거사(東淮居士)이다. 신흠(申欽)의 아들이고, 선조의 부마(駙馬)이다.
　임진왜란 때는 선무원종공신(宣武原從功臣) 1등에 올랐으며, 1606년(선조 39) 오위도총부부총관(五衛都摠府副摠管)이 되었다. 1623년(인조 1) 인조반정 후 이괄(李适)의 난이 일어나자 왕명으로 3궁(宮)을 호위(扈衛)하였다. 1627년 정묘호란 때는 세자를 모시고 전주로 피난하였으며, 병자호란 때는 인조를 호종하여 끝까지 성을 지켜 청군과 싸울 것을 주장하다가 청에 잡혀갔다.

 소현세자(昭顯世子)의 주선으로 풀려나와 귀국한 뒤 시·서와 차로써 세월을 보냈다. 시호는 문충(文忠)이다. 저서로는 『낙전당집(樂全堂集)』, 『낙전당귀전록(樂全堂歸田錄)』, 『청백당일기(靑白堂日記)』 등이 있다.

② 차시(茶詩)

• 病中次間齋書懷寄友韻 / 병중에 간재(陳與義)의 서회기우
           시에 차운하다

높은 자리는 근심하는데 도움이 안 되니
늦게야 농사짓고 누에 칠 생각한다네.
『우경』과 『다보』를 익으며
시와 글씨로 편안히 살겠노라.

軒冕不足憂　　晚計農桑圖
牛經如茶譜　　安事詩與書

• 村居雜興 / 마을에 거처하며 여러 가지 흥이 일다

베개에 누우니 푸른 하늘 가깝고
몸에는 밝은 햇살 비추어주네
봄새는 안개 밖에서 지저귀고
들나물은 눈 속에서 싹 트네.

물건 이외에 무엇이 누가 되는지
그윽하게 사니 자랑스레 만족하네.
몇 잔에 조금 취하고
새 차로 목마름을 축인다네.

枕上靑天近　身邊白日斜
春禽煙外語　野蕨雪中芽
外物那爲累　幽居此足誇
數杯成小醉　沃渴瀉新茶

• 山中書事 / 산중 서사

세속의 먼지 누(累)가 되고 힘들어
늙음에 전원으로 돌아왔다네.
헛되이 살아가는 이치 문득 깨우치니
바야흐로 오늘이 한가로운 줄 알겠네.
회수의 물 길어 차 달이고
미산에 올라 약초를 캔다오.
온갖 흥이 시시로 일어서
그윽한 회포를 막을 수 없다네.
자그마한 집 뒤로는 물이 흐르고
성긴 울타리엔 흰 구름 둘렸네.
조용하고 떳떳이 숨어 사는 것은
여럿이 어울린 시끄러움 싫어서라네.
화전 조금 일구어 씨앗 뿌리고
돌 틈 갈라진 곳에 차샘 있네.
조그만 티끌도 물들지 않는 곳에

종일 마음 가꿀 일단 생각한다네.

紅塵苦多累　白首臥田間
頗悟浮生理　方知此日閒
烹茶汲淮水　採藥上眉山
雜興時時作　幽懷不可刪
小屋背流水　疏籬帶白雲
靜宜隨豹隱　喧厭與人群
火種山田薄　茶泉石竇分
一塵無染處　終日事天君

• 村興 / 시골 흥취

찬 구름 내린 들판 저녁이 추워지고
거리 향한 문은 숙연한데 새소리 어지럽네.
앓고 있는 병을 핑계로 다화 따뜻하게 하고
시혼은 섣달 매화의 맑음에 넘쳐난다네.

凍雲垂野夕寒生　門巷肅然亂雀鳴
羸病秖憑茶火暖　詩魂剩帶臘梅清

• 自陵下歸家病尤劇 / 능 아래에서 집으로 돌아오고 난 뒤로 병이 더욱 깊어졌다

돌아오니 집안이 선방같이 조용하고
몸은 흡사 유마가 병상에 있는 듯하네.
모이고 흩어짐 본래 꿈과 같은 것이니

죽고 사는 것을 어찌 슬퍼만 하리오.
훈기 가시니 전서 같던 연기 하늘거리고
새물 길어 달인 차 맛 향기롭다네.
만나고 헤어짐이 이제부터 담담하고
남은 생애는 자연 속에 살고 싶네.

歸來一室類禪房　身似維摩病在床
聚散本來如夢幻　死生那得謾悲傷
薰消古篆煙猶裊　茶試新泉味自香
契活從今甘淡泊　餘年欲占水雲鄕

• 贈通上人 / 통상인에게 보냄

옛날 차 달여 마셨던 운수암에
네 스님 진영이 청사초롱 둘러 있네.
밝은 등 맑은 물 영원할 이 절간은
만 송이 연꽃으로 싸인 신선의 세계라네.

雲水庵中昔點茶　四禪眞影護靑紗
明燈淸水長齋地　萬朶芙蓉擁紫霞

• 雪後 / 눈 온 뒤에

눈 온 뒤의 산 집 사립은 고요에 잠겨있고
질화로에는 새 차 달이는 연기 피어오르네.
반에 차린 이 집 음식 아주 맛있고
평상에 놓인 책들은 보기 드문 것

세금 위한 다듬이소리 바람결에 들리고
얼음 깨고 잡던 고기잡이 밤늦게 돌아오네.
이제껏 뒤섞였던 어지러움 모두 사라지고
참선도 필요 없이 스스로 기틀을 쉬네.

雪後山家靜掩扉　土爐新試茗煙霏
盤中宿味嘗偏美　床上陳編看却稀
供稅村砧風外響　叩氷漁火夜深歸
從來頡滑全消歇　不必參禪自息機

차를 마시는 선비의 집안에서 태어나 부마가 되었으니 우아하고 품격 있는 차 생활을 영위하고 품위 있는 다풍을 유지할 수 있었을 것이다. 차는 번뇌를 소멸할 수 있다고 한다. 평소에 『다경』을 읽고 절에 가서 선(禪)의 경지에 몰입하기도 하였다.

21. 교산 허균(蛟山 許筠)

① 생애(生涯)

　허균(許筠: 1569~1618)의 본관은 양천(陽川), 자는 단보(端甫), 호는 교산(蛟山)·성소(惺所)·백월거사(白月居士)이다. 1589년(선조 22) 생원이 되고, 1594년 정시 문과에 급제, 검열(檢閱), 세자시강원 설서(世子侍講院說書)를 지냈다. 1597년 문과중시에 장원급제, 이듬해 황해도 도사가 되었다가 서울 기생을 끌어들였다는 탄핵을 받아 파직되었다. 뒤에 춘추관기주관(春秋館記注官), 형조정랑(刑曹正郎)을 지내고 1602년 사예(司藝)·사복시정(司僕寺正)을 거쳐 전적(典籍), 수안군수(遂安郡守)를 역임하였다.
　1606년 원접사(遠接使) 종사관(從事官)이 되어 명나라 사신 주지번(朱之蕃)을 영접하여 명문장으로 명성을 떨쳤다. 1610년(광해군 2) 진주부사(陳奏副使)로 명나라에 가서 한국 최초의 천주교 신도가 되었고, 천주교 12단(端)을 얻어왔다. 같은 해 시관(試官)이 되었으나 친척을 참방(參榜)했다는 탄핵을 받고 파직 후 태인(泰仁)으로 물러났다. 당대 권신이었던 이이첨(李爾瞻)과 결탁하여 폐모론을 주장하였으며 예조참의·호조참의·승문원부제조(承文院副提調)를 지냈다. 1617년 폐모론(廢母論)을 적극적으로 주장하는 등 대북파의 일원으로 왕의 신임을 얻었으며 같은 해 좌참찬(左參贊)으로 승진하였다.

허균은 시문이 뛰어난 천재로, 여류시인 허난설헌(許蘭雪軒)의 동생이며, 소설《홍길동전(洪吉童傳)》은 사회모순을 비판한 조선시대 대표적 걸작이다. 작품으로 《교산시화(蛟山詩話)》《성소부부고(惺所覆瓿藁)》《성수시화(惺叟詩話)》《학산초담(鶴山樵談)》《도문대작(屠門大嚼)》《한년참기(旱年讖記)》《한정록(閑情錄)》 등이 있다.

② 차시(茶詩)

• 午窓用靑州韻 / 낮 창에 청주의 운을 씀

비야의 거사는 지금 입을 굳게 막고
다만 고이 앉아 묘향만을 불태우네.
짙은 그늘 뜰에 깔려 백일이 고요하고
꾀꼬리 한 번 울자 그윽한 꿈 길군그래.
차 솥과 경권은 이야말로 살림살이
여장 납극은 출행하는 보따리일세.
조만간 그대의 은혜로 돌아간다면
호숫가서 맨머리로 목을 놓아 노래하리.

毗耶居士今杜口　只許宴坐焚妙香
濃陰滿庭白日靜　黃鳥一聲幽夢長
茶鐺經卷是生活　藜杖蠟屐惟行裝
早晚君恩許歸去　放歌科頭湖水傍

• 書懷用答邵資政韻 / 소회를 쓰며 소자정의 운에 답함

물러나고 싶어도 해마다 못 물러나고
늘그막에 귀양살이할 줄 뉘 알았으리.
원수 놈들 제멋대로 훼방 참소 날조해라
마음 행동 돌아보면 우리 무린 알아주리.
봄 뒤에 핀 꽃은 병든 눈을 닦아주고
비지나니 산새는 그윽한 잠 부르는 듯.
기와 솥에 차를 달여 갈증을 없애자니
어쩌면 우통(于筒)의 제 일천을 얻어 오지.

欲退銜恩歲屢延　誰知遷謫在衰年
謗讒自任仇人造　心跡纔容我輩憐
春後林花揩病眼　雨餘山鳥喚幽眠
茶甌淪茗鐲消渴　安得于筒第一泉

• 海陽記懷 / 해양에서 소회를 기록함

소원 주랑에 해가 이미 비꼈으니
은 사발에 갓 달인 햇차 맛을 보네.
못에 핀 연은 잎 막 피려고 하고
비가 그치자 붉은 장미 피었구려.
시름 병 노상 얽혀 사람은 술에 빠지고
봄빛이 거의 가서 나그네는 집 그리네.
시 이뤄라, 스스로 장엄의 한을 쓰니
새벽 놀 읊조리는 풍류와 같질 않네.

小院週廊日已斜　銀甌初淪試新茶
點池菌莟將浮葉　經雨薔薇已發花
愁病每嬰人滯酒　韶光垂盡客思家
詩成自寫江淹恨　不比風流詠曉霞

• 飮新茶 / 햇차를 마심

용단을 새로 쪼개 속 립을 펴 놓으니
아름다운 품종은 밀운 차보다 낫겠는걸.
의연한 설 수 한가르운 풍미 일진데
모든 사람 낙노(酪奴)라 부르지 말아다오.

목이 말라 거뜬히 일곱 잔을 마시니
답답증을 없애 주니 제호보다 낫고말고.
호남에서 따온 것이 유달리 좋다고 하니
이로부터 천지는 상전과 종이로세.

新劈龍團粟粒鋪　品佳能似密雲無
依然雪水閑風味　遮莫諸儉號酪奴

消渴能呑七盌無　屛除煩痞勝醍醐
湖南採摘嘗偏美　從此天池口僕奴

• 賦事用答子履韻 / 부사하여 자리에게 답한 운을 씀

깨끗이 솥을 씻고 새물로 차 달이니

바람결에 각건 쳐져 그림자 너울너울.
들 늙은이 곧장 와서 점심을 재촉하는데
문득 보니 마을 아낙 뽕을 따러 가네그려.
봄 일은 고향에도 알괘라 늦었으니
나그네 가고픈 흥 유달리 길기만 해.
어느 해에 시어 타고 홀로 돌아가서
한원이라 대숲 깊은 벽강(임금)을 찾을거나.

茶淪新泉鼎已湘　角巾風墊影央央
纔聞野老來催飯　却見村姬去採桑
春事故鄕知又晚　客居歸興覺偏長
何年獨駕柴車返　深竹閑園訪辟彊

· 陋室銘 / 누실명

방 너비는 십 홀쯤인데
남으로 지게문 둘을 내니.
한낮 볕 쬐어
하마 맑고도 따사롭네.
집이라야 벽만 섰으나
책은 그래도 갖추갖추
쇠 코 잠방이 입은 이 몸
탁문군 짝이라네.
반 사발 차 기울이고
한 심지 향을 피우며
묻혀 살면서

천지의 고금을 가늠하노라.
사람들이 누실이라 말하며
누추하여 어찌 사노 하지만
내가 보기에는
신선의 세계란다.
마음과 몸이 편안하니
그 뉘라서 누추하다 하는고.
내 누추하다고 여기는 것은
몸과 명성 함께 이룸이니
원헌은 봉호에 살았고
도잠도 집안이 떼 담 집에
군자가 산다면
누추한들 어떠하리.

房闊十笏　南開二戶
午日來烘　旣明且照
家雖立壁　書則四部
餘一犢鼻　唯文君伍
酌茶半甌　燒香一炷
偃仰棲遲　乾坤今古
人謂陋室　陋不可處
我則視之　淸都王府
心安身便　孰謂之陋
吾所陋者　身名竝朽
憲也編蓬　潛亦環堵
君子居之　何陋之有

• 卽事 / 바로 이루다

비 온 뒤에 물이 불으니 물가는 다 묻히고
한 줄기 차 연기는 대 바람에 푸르구나.
비낀 해 발에 걸리니 사람들은 흩어지고
종이창 밝은 아래서「황정경(黃庭經)」을 읽는다네.

雨餘晴漲沒廻汀　一帶茶煙勅竹靑
斜日在簾人吏散　紙窓明處讀黃庭

• 書懷 / 회포를 씀

찻사발에 차 달여서 목마름 없애려니
어찌하면 우통수의 좋은 샘물 얻어 올까.

茶甌탕茗촉消渴　安得于筒第一泉

• 崔正言家小酌 / 최정언 집에서 조금 마심

새 울음 속에 꽃은 바람에 늘어지고
대숲에 비 내리니 차 연기 젖는다네.
맑은 바람 구경하며 반일을 보내고서
평지에도 신선 있음을 이제야 알겠구나.

風嚲晚花縈鳥語　雨留浸竹濕茶煙
脩然半日拚淸賞　平地方知有上仙

• 撝客獨坐 / 손님을 물리치고 홀로 앉아서

붓을 던졌으니 업 성의 기와 벼루 마른 지 오래고
초강이 이제 막 익었으니 용 다라도 달여 보세
궁벽한 땅이라고 오가는 이 없다 마오
산 벌이 제 마음대로 하루 두 번 아참(衙參) 하네.

鄴瓦久乾拋冕翰　焦坑方熟試龍茶
休言地僻無來往　自有山蜂趁兩衙

22. 경정(敬亭) 이민성(李民宬)

① 생애(生涯)

　이민성(李民宬: 1570~1629)의 본관은 영천(永川)이며 자는 관보(寬甫), 호는 경정(敬亭)이다. 아버지는 관찰사 이광준(李光俊)이며, 어머니는 평산 신씨(平山申氏)로 인의(引儀) 권(權)의 딸이다.
　1597년(선조 30) 정시 문과에 갑과로 급제하고, 승문원 정자에 임명되었다. 1601년 승정원 주서를 거쳐 이듬해 시강원 설서에 제수되고 사서로 승진되었으며, 서장관(書狀官)으로 차출되어 명나라에 다녀왔다. 1603년 예조좌랑을 거쳐 병조 좌랑에 전임되고, 이어서 병조정랑으로 승진되었다.
　1605년 이조정랑에 천거되었으나 정인홍(鄭仁弘) 일당의 반대로 제주점마어사(濟州點馬御史)가 되었다. 그 뒤 얼마간 일을 보다가 시사(時事)의 동향이 심상치 않아 벼슬을 사직하고 고향에 돌아갔다. 1608년 사헌부지평에 제수되었으며, 문학(文學)으로 옮겨 사가독서(賜暇讀書)하였다. 이듬해 옥당(玉堂)에 선출되었으나 아버지의 상을 당하여 여묘(廬墓) 3년을 마치고 홍문관수찬에 다시 임명되었으며, 이어서 교리·세자시강원 겸 문학 등을 역임하였다.
　1617년(광해군 9) 정조(鄭造)·윤인(尹訒) 등이 폐모론을 발의하자 윤리와 기강에 죄를 얻음이 심하다는 내용의 차자

(箚子)를 올렸다가 이이첨(李爾瞻) 등의 모함받아 삭직 되고, 고향에 내려가서 글씨와 그림으로 소일하다가 1623년 인조반정 때 사헌부장령에 복직하였다. 주청사(奏請使)의 서장관으로 명나라에 다녀와 그 공로로 성균관 사성으로 통정대부(通政大夫)의 가자(加資: 정삼품 통정대부 이상의 품계)를 받았다. 이어서 동부승지를 거쳐 좌승지로 승진되었다.

1627년(인조 5) 정묘호란이 일어나자 영남호소사(嶺南號召使) 장현광(張顯光)의 추천으로 경상좌도 의병대장이 되어 전주에 있던 왕세자를 보호하였다. 1629년 형조참의에 제수되었으나 병으로 사직하였고, 그해에 별세하였다.

그는 직언을 잘하기로 이름 높았으며, 의리가 강해 광해군의 난정 때 간당(奸黨)들로부터 모함받은 이덕형(李德馨) · 이원익(李元翼) · 영창대군(永昌大君)을 구출하려고 힘썼다. 시문과 글씨에 뛰어났으며, 명나라에 갔을 때 그곳의 학사·대부들과 수창(酬唱)한 시는 사람들에게 애송되어 중국 사람들이 그를 이적선(李謫仙: 이백을 이름)이라 불렀다고 한다. 저서로는 『경정집(敬亭集)』 · 『조천록(朝天錄)』 등이 있다.

② 차시(茶詩)

· 奉次石樓相公 / 삼가 석루 상공의 시에 차운하다

연산의 나그네로 오랜 세월 지냈더니
거울 속의 구 밑머리 희끗희끗하네.
향 피우고 주역 읽으며 현묘함에 빠져들고
차 마시고 시 읊으며 마음대로 지낸다네.

作客燕山歲月多　鏡中霜鬢奈吾何
焚香讀易恁麽坐　啜茗談詩隨意過

• 自怡 / 스스로 기뻐하며

포단에 오래 앉았으니 송홧가루 날리고
오지 사발에 햇차 받쳐 들고 오네.

蒲團坐久松花落　瓦鉢擎來茗粥新

• 齋居卽事 / 재계하며 있었던 일을 지음

추운 창 앞에서 손을 붙여 흩어진 바둑 거두고
손님 떠나자 대문을 굳게 닫았네.
늙은이 한가해서 매일 할 일 없다 묻지 마라
차 마시고 그림 보고 또 시평까지 해야 하네.

寒窓呵手斂殘棋　牢掩松關客去時
莫問老夫閑日用　啜茶觀畵又評詩

　송홧가루 날리는 솔숲 아래서 차를 마시며, 시를 읊는 주인공은 어쩌면 별천지의 인간 같다. 좋아하는 것을 구애받지 않고 할 수 있는 것은 우리 모두의 염원이다. 더구나 그 일이 그림을 감상하고 주역을 읽는 것이라면 차인으로서 더 이상 고상한 일이요 멋진 차인 이다.

23. 동악(東岳) 이안눌(李安訥)

① 생애(生涯)

이안눌(李安訥: 1571~1637)의 본관은 덕수(德水). 자는 자민(子敏), 호는 동악(東岳). 좌의정 이행(李荇)의 증손이다. 아버지는 진사 이형(李泂)이며, 어머니는 경주 이씨로 대호군(大護軍) 이양(李暘)의 딸이다. 재종 숙부인 사헌부감찰 이필(李泌)에게 입양됐다.
이안눌은 18세에 진사시에 수석합격 한다. 그러나 동료들의 모함을 받자 관직에 나갈 생각을 버리고 오직 문학 공부에 열중했다. 이 시기에 동년배인 권필(權韠)과 선배인 윤근수(尹根壽)·이호민(李好閔) 등과 교우를 맺었다. 이들의 모임을 동악시단(東岳詩壇)이라고 한다.
  29세 되던 해인 1599년(선조 32) 다시 과거시험을 봐 문과에 급제했으며 이후 여러 언관직(言官職)을 거쳐 예조와 이조의 정랑으로 있었다. 1601년(선조 34) 서장관(書狀官)으로 명나라에 다녀온 뒤에 성균직강(成均直講)으로 옮겨 봉조하(奉朝賀)를 겸했다. 공조로 옮겼다가 주시관(主試官)으로 호서와 관서 지방에 나갔다가 다시 예조에 들어온 후 단천 군수가 됐다.
  607년 홍주목사·등래부사를 거쳐 1610년 담양 부사가 됐다. 부사가 된 지 1년 만에 병을 이유로 관직을 버리고 고향으로 돌아왔다. 3년 후에 경주 부윤이 됐고 호조참의 겸 승문원부제조로 임명됐다. 그 후에 다시 동부승지에서 좌부승지가 됐으나 사직한다. 이후에 강화부사가 된다.

1631년에는 함경도 관찰사가 됐고 다음 해에 예조판서 겸 예문관제학을 거쳐 충청도 순찰사에 제수됐다.

조정에서 청렴하며 근면한 관리를 뽑혀 숭정대부(崇政大夫)가 되어 형조판서 겸 홍문관 제학에 제수됐다. 같은 해(1636년) 겨울에 병자호란이 일어나자 병든 몸을 이끌고 왕을 호종하여 남한산성으로 갔다. 전쟁이 끝나고 서울로 돌아온 후에 병세가 악화돼 사망했다.

작품 창작에 최선을 다하여 문집에 4,379수라는 방대한 양의 시를 남겼다. 두보(杜甫)의 시를 만 번이나 읽었다고 하며 시를 지을 때 하나의 글자도 가볍게 쓰지 않았다고 전한다. 특히, 당시(唐詩)에 뛰어나 이태백(李太白)과 비유됐고 서예 또한 뛰어났다.

정철(鄭澈)의 「사미인곡」을 듣고 지은 「문가(聞歌)」가 특히 뛰어난 작품으로 평가받는다. 또한 고답적 표현을 버리고 절실한 주제를 기발한 생각으로 표현한 점에서 높이 평가된다. 한편, 임진왜란이 끝난 다음에 동래부사로 부임하여 지은 「동래사월십오일(東萊四月十五日)」은 전쟁의 상처를 형상화한 내용으로 사실적 표현이 돋보이는 작품이다.

저서로는 『동악집(東岳集)』 26권이 있다. 그의 문집에 실린 시는 자신이 옮겨 다닌 지방을 중심으로 묶여 있다. 지방의 민중생활사와 사회사 연구에 필요한 자료를 담고 있다.

숭록대부 의정부좌찬성 겸 홍문관대제학·예문관대제학에 추증됐다. 담양의 구산서원(龜山書院)과 면천의 향사에 제향되었다.

② 차시(茶詩)

• 降仙臺下作 / 강선대에서 지음

밝고 푸른 구름 머무르는 숲속에
아직 단약(丹藥) 만드는 솥이 있네.
원하건대 내 선적(仙跡)을 따라가
꽃다운 차 마시며 숲에서 살려 하네.

蔥龍雲水間　尙有燒丹鼎
願吾躡高躅　林捿啜芳茗

• 八月十五夜 / 팔월 십 오 일 밤에

푸른 하늘 깨끗한 냇물로 씻은 것 같은데
황혼에 어렵게 옛 누각에 오르네.
시골 중들과 세속의 벗이 보이는데
중추의 강에서 둥근달 떠오르네.
시를 지어 화답하니 새들이 놀라 날고
차를 마시며 다투어 감상하니 북두가 기울었네.
홀연히 옛 음산의 시구가 생각나서
이 몸은 곧 임금님의 은혜에 감격했네.

碧空如洗玉河流　力疾黃昏上古樓
兩箇野僧留外友　十分江月出中秋
詩成遞和驚烏鵲　茗度爭嘗轉斗牛

忽記陰山舊題句　此身逾覺聖恩優

• 定平府館復用板上月沙李相國韻 / 정평부에서 다시 시판에
　　　　　　있는 월사 이상국이 지은 시의 운자를 써서

한 점 구름 넘어 무성한 숲 이어졌고
수많은 봉우리엔 흰 눈 덮였네.
성안에는 높은 집들 서 있는데
역마 길은 왜 그렇게 더웠을까.
차를 마시니 솔바람 소리 운치 있고
시를 읊으니 달이 공중에 떠오르네.
오늘 밤 그림 속에 듦을 감내하리니
누가 붓으로 그려 붙일 것인가.

平楚孤雲外　郡巒積雪中
官城有高閣　驛路幾炎風
啜茗松生韻　哦詩月轉空
今宵堪入畵　舐筆問誰工

• 瓶梅初發敬祖上人忽袖詩來訪 / 병의 매화가 막피다, 경조
　　　　　　상인이 갑자기 소매에 시를 지니고 찾아오다

瓶裏疏英夜忽開　門童又報老僧來
小齋相對還多事　手煮新茶共一杯

• 潭州錄 / 담주록

들 물가 미풍에도 버들가지 춤을 추고
울 밑에 살구꽃 지는데 제비는 못을 들락날락
촌로와 잠농에 관한 얘기 주고받는데
한 줄기 차 연기가 낮 경치 더디게 하네.

野岸微風颶柳絲　杏花籬落燕差池
村翁共話農桑事　一縷茶煙午景遲

• 寄題蘇湖亭 / 소호정에 제하여 부치다

낚싯배에 비지나니 온 섬은 꽃밭이고
차 화로에 연기이니 달빛 창에 비치네.

釣艇雨過花繞嶼　茶爐煙起月侵窓

• 次韻贈惠熙上人 / 차운하여 혜희상인에게 주다

차 연기 오르는 너더 푸른 산 있고
꽃향기 속에 새들 재잘거리네.
스님 옴에 낮잠에서 깨어나
소나무에 함께 기대앉았네.

岳翠茶煙外　花香鳥語中
僧來午夢覺　共倚一株松

• 眞一上人在南漢山城開元寺 / 진일상인 계신 남한산성 개원사

어쩐 일로 서 창에 다시 불 밝혔나?
언제나 함께 북원 차 달이던 생각이었다네
헤어진 후 벼슬살이 묻지 말게나
거친 세월이 시골살이보다 못 하다네.

何由更秉西窓燭　每憶同煎北苑茶
別後官居君莫問　荒年不及臥田家

・何處元宵好 / 어느 곳의 정월 보름이 좋은가

어느 곳 원소절이 좋다고 했는가?
산 집에 사노라니 중과 같다네
향기로운 차가 술보다 좋고
밝은 달이 화려한 등보다 낫다네.

何處元宵好　山齋淡似僧
茶香勝薄酒　月皎當華燈

・東園卽事 / 동원에서 즉사

바둑 손님 안 오니 잠자기 편안하고
처음 이는 차 향기 형체를 못 만드네.
차 끓이는 소리는 술 깨는데 제일이고
범과 용의 울부짖음 온 골짜기 가득하네.

棋客不來眠更穩　茶煙初起畫難工
酒醒最愛松聲近　虎嘯龍吟滿壑風

그는 꽤나 여러 편의 차시를 남겼다. 찻 사발에 뜨는 유화를 흰 파도에 비유하고(玉甌新茗雪飜濤 石鐺煮茗翻素漚), 심기가 불편하면 절에 가서 열흘씩이나 스님과 얘기하며 차를 마시곤 했다(茶甌十日與僧談). 차를 대하면 언제나 마음이 경건해 진다고(坐對茶煙境正深) 했으니 오직 차만은 무심 할 수 없었다(千事無心一椀茶). 과거 우리들의 찻그릇이 보통 사람들에게 찻잔으로 정해져 있기보다는 술그릇도 되고 국그릇으로도 되었다고(茶甌當酒杯) 읊었다.

24. 다산(茶山) 목대흠(睦大欽)

① 생애(生涯)

목대흠(睦大欽: 1575~1638)의 본관은 사천(泗川). 자는 탕경(湯卿), 호는 다산(茶山) 또는 죽오(竹塢). 할아버지는 세칭(世稱)이고, 아버지는 이조참판 첨(詹)이며, 어머니는 증병조참판 정건(鄭謇)의 딸이다.

1601년(선조 34) 진사가 되고, 1605년 별시문과에 병과로 급제하였다. 1607년 성균관직강(成均館直講)·세자시강원(世子侍講院)을 거쳐 사가독서(賜暇讀書)하였다. 부응교(副應敎)·집의(執義)를 거쳐, 1612년 광주목사(廣州牧使)를 지내고 공조참판·부승지를 역임하였다.

1624년(인조 2) 이괄(李适)의 난이 일어나자 영의정 이원익(李元翼)의 종사관으로 종군하여 난을 평정하는 데 공을 세웠다. 1632년 예조참의가 되고 이듬해 강릉부사가 되었는데, 민심을 얻어 나중에 유애비(遺愛碑)가 세워졌다.

천성이 고결하고 시문에 뛰어났다. 통훈대부(通訓大夫)·홍문관교리(弘文館校里)·지제교 겸 경연시독관(知製敎兼經筵侍讀官)에 추증되었다. 저서로는 『다산집(茶山集)』이 있다.

② 차시(茶詩)

목대흠은 호를 '다산(茶山)'과 '죽오(竹塢)'를 썼다. '다산'이라는 호를 정약용보다 먼저 쓴 인물인데도 세인들은 그의 호를 잘 모른다. 그만큼 차를 일찍이 즐겼고 당시 여러 차인으로부터 존경받았다.

• 月精寺 / 월정사

곤하게 잠든 아이 깨워서
차 끓이라고 노승은 재촉하네.
깊이 반성하는 마음이 생겨 새벽 종소리 들으니
장한 마음 꺾을 생각 없어지네.

困睡頑僮倦　烹茶老釋催
晨鍾發深省　不用壯心摧

• 次辛士毅韻 / 신사의 시를 차운하다

텅 빈 창에 대 그림자 일렁이고
개울물 소리에 잠을 뒤척이네.
달빛 밝은데 거문고 소리 청아하고
차 다 마신 스님 절로 돌아갔네.

虛窓竹影薄　高枕灘聲轉
琴淸月照席　茶罷僧歸院

• 登角山寺 / 각산사를 오름

대지팡이 짚고 외로운 나그네 이르니
한 중이 합장하고 맞이하네
갈증을 없애려고 차 빨리 달이고
물 흐르는 쪽 평평한 곳에 자리를 펼치네.

投筇孤客到　叉手一僧迎
慰渴煎茶速　臨流展席平

・桐葉坐題詩 / 앉아서 오동잎에 시를 쓰다

사양 많이 해도 주인은 손에게 권해
함께 찻잔 들고 봄 풍경 감상하네.

多謝主人能勸客　共携茶椀賞春風

밝은 달이 내리비치는데 거문고 소리 들으며 차 마시는 사람들, 그것은 어쩌면 신선 같은 사람이요 그 풍경은 바로 선경이다. 절에서 차 마시며 객을 맞는 것은 예나 지금이나 한결같이 정겹고, 평화로운 한 폭의 풍경이다.

25. 죽음(竹陰) 조희일(趙希逸)

① 생애(生涯)

　조희일(趙希逸: 1838~?)본관 임천(林川). 자 이숙(怡叔). 호 죽음(竹陰)·팔봉(八峰). 1601년(선조 34) 진사가 되고, 이듬해 별시문과(別試文科)에 병과로 급제, 주서(注書)·감찰(監察)을 거쳐 예조좌랑(禮曹佐郞)에 특진이 되었다. 설서(說書)·정언(正言)이 되고, 1608년 문과중시(文科重試)에 을과로 급제, 사서(司書)·문학(文學)을 거쳐 1613년(광해군 5) 이조정랑(吏曹正郞)으로 계축옥사(癸丑獄事)에 관련되어 쫓겨났다.
　1623년 인조반정으로 재기용되어 교리가 되고, 부응교 겸 경연관(副應敎兼經筵官) 때 왕이 붕당을 타파하려는데 반대하고, 대북의 처벌을 주장하였다. 1627년(인조 5) 정묘호란 때 왕을 강화(江華)로 호종하고 후에 예조참판에 오르고, 1636년 강릉부사(江陵府使)가 되었다가 병으로 사직하였다. 시문이 뛰어나고, 서화에도 능하였다. 문집 《죽음집》 외에 저서에 《경사질의(經史質疑)》가 있다.

② 차시(茶詩)

• 雪水煎茶 / 눈을 녹여 차를 달임

맑은 새벽 정화수 길어오는 번거로움 피하려
벽돌 화로에 눈을 녹여 햇차 달이네.
깊은 탕관에서 물결 일어 처음 넘치고
찬 소나무에 바람 소리 나더니 다시 멀어지네.
여린 손으로 유화 뜬 찻사발 들고 오니
메마른 창자 모두 씻어 붓으로 꽃을 그리네.
글 하는 이 오랫동안 소갈증을 지녔으니
노동의 차 노래는 정말 사치가 아니구려.

清曉無煩汲井華　磚爐貯雪試新茶
浪鷺幽竇看初漲　風人寒松聽更賒
纖手捧來甌潑乳　枯腸搜盡筆生花
詞人久抱文園渴　苦愛盧郞詠不奢

• 四次 / 사차

바람 끝 차가운 서울의 봄은
따뜻하고 차가움이 고르지 않고
시 과제 술 샘 대는 도(道) 공부에 방해되고
약화로 차 호박은 마음 편케 한다네.

東風料峭禁城春　輕暖輕寒乍未均
詩課酒籌妨學道　藥爐茶臼可安神

• 陶井 / 도정

푸른 벽돌 이끼 무늬 부서지고
난간의 돌 조각도 한편으로 기울었네.
옛 샘은 물도 적고 흐렸는데
새 샘은 맑은 물 가득 담고 있다네.
두레박 당겨 은병에 빨리 붓고
동이에도 부어서 둥근달 채우네.
끓인 물과 차 향기 잘 어울려
유화 뜬 따끈한 차 부어준다네.

碧甃苔紋碎　彫欄石角傾
舊泉疏濁溦　新溴貯澄淸
引綆銀瓶捷　添盆璧月盈
粥香和液煮　茶煖瀉華烹

26. 택당 이식(澤堂 李植)과 아들 이단하(李端夏)

가. 택당 이식(澤堂 李植)

① 생애(生涯)

이식(李植: 1584~1647)조선 중기의 문신이자 서예가이다. 자는 여고(汝固), 호는 택당(澤堂) · 택풍당(澤風堂) · 남궁외사(南宮外史) · 택구거사(澤癯居士), 본관은 덕수(德水)이다. 좌의정을 지냈던 이행(李荇)의 현손이며, 부친은 이안성(李安性), 모친은 무송윤씨(茂松尹氏) 윤옥(尹玉)의 딸이다.

1610년 별시문과에 급제하여 시강원 설서를 거쳐 북평사 · 선전관을 지냈으나 1618년 인목대비(仁穆大妃) 폐모론이 일어나자 사직하고 낙향했다. 이때 택풍당(澤風堂)이라는 당호를 짓고 학문에 전념하였는데 주위에서 택당이라 부르기 시작한 것이 호가 되었다.

1623년 인조반정(仁祖反正) 후 지평으로 재기용되었고 대사간 · 대사헌 · 형조판서 · 예조판서 · 이조판서 등 요직에 올랐다.

당대의 문장가로 불려 상당한 양의 저작을 남겼으며, 특히 한문학에 정통하여 신흠(申欽) · 이정구(李廷龜) · 장유(張維)와 더불어 조선 4대 문장가로 불리었다. 현전하는 필적을 통해 글씨에도 조예가 깊었음을 알 수 있는데 행서 작품이 주를 이룬다. 1625년에 쓴 <송박학사대관좌임함평(送朴學士大觀左任咸平)>은 행서 작품이나 빠른 속도로 글씨를 쓸 때 글자와 글자 사이가 자연스럽게 연결되는 형태의 이른바 유사(遊絲)'의 처리가 절제되어 해서와 같은 단정함을 보여주고 있다. 기필(起筆) 시 원필세를 취하고 비백(飛白)의 필력을 보이면서도 진중함을 드러내고 있다.

② 차시(茶詩)

• 寄題趙敏之雨溪草堂 / 조민지의 우계초당에 재하여 붙이다

우리 상사 처음부터 영화로움을 사양하더니
그윽한 곳 차지하여 새로 정자 지었다네.
원래 호남은 절승으로 이름난 곳
더구나 우리 멋스러움 더 있다네.
불현듯 매화 찾아 훌쩍 떠나서
차 끓이는 수고 끼치며 머무르고 싶지마는
저무는 한강에서 흰머리 날리면서
사람 일로 머뭇머뭇 그냥 세월만 보내노라.

上舍辭榮早　新亭占地幽
湖南元勝絶　吾黨更風流
便欲尋梅去　應煩煮茗留
白頭江漢暮　人事坐悠悠

- 舟下漢陽過大灘 / 배를 타고 한강으로 내려오는 길에 대탄에 들르다

십년의 한가로운 생활 어느 날 거두고 나니
송죽 그윽한 속에 사립문만 공연히 걸려 잇네.
업후의 책꽂이엔 아직 천 권 남아 있고
육우의 차화로 실어도 작은 배가 넓다네.

十載閑蹤一日收　柴門空鎖竹松幽
鄴侯書架留千軸　陸子茶爐曠小舟

- 追次蔥秀山唱和韻 / 총수산에서 창화한 시에 뒤따라 차운하다

늙으면 자연으로 돌아간다 약속했으니
산 계곡 길 걸으니 발길 머뭇거리네.
깊은 숲속 어딘가 귀신 만날 듯
계곡의 물소리가 바람 소리처럼 들리네.
이 물로 차 끓이면 누가 당하리
석수(石髓)를 구해 먹고 오래 산 이 누구인가
누런 먼지 먼 길에 눈도 침침하니
좋은 샘물로 씻어 청명함을 얻고 싶네.

老向煙霞契已成　溪山迎路且留行
森沈似與鬼神會　浙瀝疑聞風雨聲
試使瀹茶誰第一　便求飡髓熟長生
黃塵百里昏昏眼　暫借靈源細得明

• 郡宰賞雪 / 군수가 눈을 완상하며

서헌의 열 분 손님 가장 기이해
따뜻한 화롯가에 머리가 희끗희끗
눈물을 끓여서 작설을 달이고
단판을 두드리는 미인의 노래도 있다네.

十客西軒最幽奇　薰爐自煖雙鬢絲
試煎雪水點雀舌　亦有檀板低蛾眉

• 省中新火煮茶 / 성중에서 새로 불을 피워 차를 달임

한낮의 그늘 드리운 고요한 붉은 대문엔
늦게 핀 꽃 헤치며 어린 제비 들쭉날쭉
홀연히 부엌에서 새 불 피운 소식 듣고
새 물 길어 햇차 달이라 재촉했네.

彤扉岑寂午陰遮　乳燕參差掠晩花
忽聽廚人新火報　便催汲水煮新茶

햇차 한 잔에 모든 근심 씻어내니
어젯밤 꿈꾼 동강이 홀연히 떠오르네.
양안의 복사꽃 비친 봄 강물 넘쳐흐르고
풍로와 죽연을 싣고 돌아가는 배에 잇다네.

新茶一椀浣新愁　忽憶東江昨夢遊
兩岸挑紅春漲闊　風爐竹硯倚歸舟

잠자던 몽롱한 눈으로 아침 해 보냈는데
산들바람 성긴 발에 제비 날기 시작하네.
어디서 오지사발에 옥 같은 싹을 보냈는가?
맑은 노래 한 곡조는 완랑귀 라네.

朧朧睡睫送朝暉　風軟疏簾燕習飛
何處花甌傳筍玉　淸歌一曲阮郞歸

· 同諸人遊石嵎 采艾午飯 / 여러 사람과 함께 석우에서 노닐며 약
쑥을 뜯다가 점심을 들다

시냇가에 어린 쑥 나물 삶아 밥 먹고
눈 녹인 맑은 물로 차를 달여 마시네.
어디서 오지 사발에 옥 같은 싹 보냈는가?
맑은 노래 한 곡조는 완랑귀 라네.

飯煮溪毛嫩　茶煎雪水淸
登盤有鮮膾　較勝五侯鯖

· 次錦陽君 / 금양군의 시를 차운하다

녹주에게 차를 달이게 하고
소파에게 술 붓게 하여 시 읊겠노라.
화청지의 목욕보다 더욱 좋으리니
촉의 잔도 생각에 괴로울 테니까.

茶從綠珠點　詩遣小坡酬

大勝華淸浴　翻懷蜀棧愁

• 謝長城韓太守 振溟 寄茶筍 / 장성의 한 태우 진영이 차와 죽순을
　　　　　　　　　　　　　　　　부쳐줌에 사례하다

대사에서 칼 퉁기며 노래 부르고
상여처럼 심히 목말라 할 때
옛 친구가 편지 보내왔으니
그 새로운 맛, 술과 음식보다 낫다네.
죽순 넣고 끓인 국 맛이 좋고
작설로 달인 차 부드럽기도 하네.
부채까지 번거롭게 보낼 필요 없지요
금년 여름 시원하기 가을 같으니.

代舍方彈鋏　文園正漲喉
故人傳札翰　新味壓醪羞
羹煮龍孫美　茶煎雀舌柔
不須煩寄扇　今夏冷如秋

나. 외재 이단하(畏齋 李端夏)

① 생애(生涯)

　이단하(李端夏: 1625~1689)의 자는 계주(季周). 호는 외

재(畏齋)·송간(松磵)이다. 판서 이식(李植)의 아들이다.
　1662년(현종 3) 증광문과에 을과로 급제했다. 그 뒤 정언·부교리·용안현감·헌납 등을 역임하였다. 부교리로 있을 때는 귀양 중인 대신들을 속히 사면할 것을 주청하기도 했다. 1669년 이조정랑이 되어 각 사(司) 노비의 공안(貢案)을 정리할 것을 청하여 신공(身貢)을 반 필씩 줄이게 했다. 이어 교리로 경서교정청(經書校正廳)의 교정관이 되었다.
　1671년 동부승지가 되었다. 이듬해 이조참의가 되어 중종의 폐비 신씨(愼氏)의 신주를 신씨 본 손의 집으로 옮기게 했다. 1674년 대사성으로 대제학을 겸임하였다. 1681년(숙종 7) 홍문관 제학이 되어 ≪현종개수실록≫ 편찬에 참여했다.
　1684년 예조판서가 되어 <사창절목 社倉節目>과 ≪선묘보감 宣廟寶鑑≫을 지어 올렸다. 1686년 우의정이 되어 사창 설치의 다섯 가지 이익을 건의했다. 그리고 죽을 죄인에게 삼복(三覆: 三審制)을 실시할 것을 청했다. 이듬해 좌의정에 올랐으나 병으로 사직하고, 행판돈녕부사로 있다가 죽었다.
　이단하는 무력해진 의정부의 기능을 회복하기 위해 비변사를 의정부의 직방(直房)으로 만들고, 그 곁에 한 방(房)을 비변사로 만들어 의정부와 통하게 했다. 또 좌우찬성의 자리를 비워두지 말고 참찬과 함께 삼공을 도와 정치를 의논하게 할 것을 주장하였다.
　송시열의 문하에서 자라나 조선 후기 경학을 대표할 만한 학자이다. 용안(龍安)에 영당이 있다. 저서로는 문집인 ≪외재집≫과 편서로 ≪북관지 北關誌≫가 있다. 시호는 문충(文忠)이다.

② 차시(茶詩)

• 伏次家君題僧軸韻 / 삼가 가군이 스님의 시축에 제한 시를 차운하다

돌 사이 샘물 아주 사랑하고
소나무 아래 대(臺)를 아낀다네.
산봉우리엔 구름이 걸려 있고
뜰의 눈은 쓸어 쌓아두었네.
불경은 새로 상자에서 꺼내 들고
찻사발은 사그라진 재(灰) 위에 있다네.
그윽한 심경은 묘경에 이르는데
밤 종소리는 어이 시끄럽게 들리는가.
봉우리 쭉 둘러진 속에 사찰 하나
참으로 아름다운 세계로다.
밥반찬의 나물은 겨울 나물이고
자정에 따온 샘물로 차를 달이네.

最愛石間溜　重憐松下臺
岫雲留不去　庭雪掃仍堆
梵筴開新匣　茶甌在宿灰
悠然心境妙　莫遣暮鐘催
列岫環孤刹　依然小洞天
飯芼冬日菜　茶點子時泉

• 壺谷又次南澗絶句韻 / 호곡에서 또 남간 절구시에 차운하다

시(詩)로 겨루고 술 많이 마시는 것 옳지 않으니
흥이 지나면 병폐가 되니 어이하리.
제일 좋은 것은 문 닫고 한가로이 앉아
눈물로 차 달이고 물 끓는 소리 듣는 것일세.

詩無較勝酌無多　興盡其如病作何
最好閉門閒坐處　茶煎雪水聽濤波

시를 사랑하는 정도가 범상치 않다. 자정에 맑은 샘물을 길어 차를 달이는 정성은 지극하다고 하지 않을 수 없다. 덕수(德水)이씨 가문에 대대로 내려오는 차 정신은 이행·이식·이단하를 통해 읽을 수 있다. 이들 이외에도 우리나라 선비 가문에는 대대로 차를 이어온 가문이 적지 않았음을 미루어 짐작할 수 있다.

• 飮茶 / 차를 마시고

어두워지는 찬 하늘 눈 올 뜻이 강한데
창틈으로 스며드는 거센 바람은 칼날인 듯.
이 다완(茶盌)으로 병 많은 이에 이바지하려 하니
두어라, 장안의 높은 주가(酒價).

薄暮寒空雪意豪　透窓風力利如刀
且將茶盌供多病　一任長安酒價高
　　　　　　　　　(大東詩選)

27. 지천 최명길(遲川 崔鳴吉)과
손자 최석정(崔錫鼎)

가. 지천 최명길(遲川 崔鳴吉)

① 생애(生涯)

 최명길(최명길: 1586~1647)의 본관은 전주(全州). 자는 자겸(子謙), 호는 지천(遲川)·창랑(滄浪). 아버지는 영흥 부사 기남(起南)이다. 정묘호란과 병자호란 때에는 청나라를 배척하는 여론에 맞서 주화론(主和論)을 펼친 인물로 현실적인 외교정책을 추진, 국란을 타개한 인물이다. 청나라에 항복문서를 초안한 인물이다. 그는 심양에 다녀와서 영으정이 되었다.
 일찍이 이항복(李恒福) 문하에서 이시백(李時白)·장유(張維) 등과 함께 수학한 바 있다. 1605년(선조 38) 생원시에서 장원하고, 그 해 증등문과에 병과로 급제하여 승문원을 거쳐 성균관 전적이 되었다. 1627년(인조 5) 정묘호란 때, 강화(江華)의 수비조차 박약한 위험 속에서도 조정에서는 강화 문제가 거론되지 못하였다. 그러나 그는 대세로 보아 강화가 불가피함을 역설하여 이로부터 강화가 논의되었다. 이 때문에 화의가 성립되어 후금이 돌아간 뒤에도 많은 지탄을 받았다.

또 계운궁 신주(神主)의 흥경원(興慶園) 합부(合祔)에 따른 문제로 옥당(玉堂)의 배척을 받았으나 인조의 배려로 외직인 경기도 관찰사로 나갔다. 다시 우참찬·부제학·예조판서 등을 거쳐 1632년부터는 이조판서에 양관(兩館) 대제학을 겸임하였다.

　1636년 병자호란 때, 일찍부터 척화론 일색의 조정에서 홀로 강화론을 펴 극렬한 비난을 받았으나, 난전(亂前)에 이미 적극적인 대책을 펴지 못한다면 현실적으로 대처할 수밖에 없다는 식의 강화론을 계속 주장하고 나섰다. 이해 겨울 다시 이조판서가 되었는데, 12월 청군(淸軍)의 침입으로 인조를 따라 남한산성으로 들어갔다. 주전론 일색 가운데 계속 주화론으로 일관하였다. 결국 정세가 결정적으로 기울어져 다음 해 정월 인조가 직접 나가 청태종에게 항복하였다.

　청군이 물러간 뒤, 그는 우의정으로서 흩어진 정사를 수습하는 데 힘을 쏟았다. 이에 국내가 점점 안정되었으며, 가을에 좌의정이 되고 다음 해 영의정에 올랐는데, 그 사이 청나라에 사신으로 가서 세폐(歲幣)를 줄이고 명나라를 치기 위한 징병 요구를 막았다. 1640년 사임했다가 1642년 가을에 다시 영의정이 되었다.

성리학과 문장에 뛰어나 일가를 이루었으며, 글씨에 있어서는 동기창체(董其昌體)로 이름이 있었다. 저서로 ≪지천집≫ 19권과 ≪지천주차 遲川奏箚≫ 2책 등이 있다.

② 차시(茶詩)

・宣川 / 선천

깊은 밤 외로운 객사에 촛불 켜니
차 끓인 화로엔 아직 온기 남아 있네.
아름다운 시구 제목을 만나면 고치지만
봄 막걸리 처음 익으면 누구와 함께할꼬.

夜闌孤館燭華催　煎罷茶爐有暖灰
佳句偶題還自改　春醪初熟共誰開

• 蔥秀山 / 총수산

바위 아래 감천 물 길어와
강남의 늦은 차 달이네.
한 잔에 병이 놀라 달아나고
청려장 짚고 들판을 거닐고 싶네.
석양에 산촌 객점에 들어
이끼 쓸고 솥 걸어 차 달이네.
바위 사이 눈 쌓여 깊은 골 덮었는데
얼음 아래 찬물 흘러 모래 위로 나오네.

汲來岩下甘泉水　煮取江南晚採茶
一椀頓驚蘇病脚　欲將藜杖試平沙
山店投來日欲斜　掃苔安鼎自煎茶
岩間積雪藏深壑　氷底寒流瀉淺沙

• 次張陽川韻 / 장 양천의 운을 따라
샘물로 세속의 소리에 찌든 귀 씻고
차로써 익힌 음식 먹은 창자 축이네.

남은 생애 이로써 만족하거늘
어찌 도를 굽혀서 상하게 하리오.

泉洗塵囂耳　茶澆火食腸
餘生此已足　道屈亦何傷

• 憶山莊 / 산장을 생각하며

구름을 재단해서 시구를 얻고
월단을 깨뜨려 차를 달이네.
소나무로 초가의 처마를 만들어도
족히 붉은 칠한 좋은 집만 하다네.

得句裁雲片　烹茶破月團
茅簷松作架　足以當朱欄

　차를 너무 좋아했기에 객점에서도 차를 마셨다. 그러면서도 지향하는 진리의 길은 절대 물러서지 않았고, 안빈낙도의 정신이 살아 있다. 그가 그리는 생활은 봄을 맞아 밭에 나가 약 씨 뿌리고, 새벽에 우물물 길어 차를 달이는 것이었다(種藥疏春圃　煎茶汲曉泉). 그리고 "구름을 재단해서 시구를 얻고"라는 구절은 착상의 비범(非凡)이다.

나. 명곡 최석정(明谷 崔錫鼎)

① 생애(生涯)

　최석정(崔錫鼎; 1646~1715)의 자는 여화(汝和)이고 호는 명곡(明谷)이며, 영의정 최명길(崔鳴吉)의 손자이고, 남구만, 박세채의 문인이다. 급제하여 이조판서를 지냈고 우의정으로 주청사(奏請使)가 되어 청나라에 다녀왔다. 영의정으로 소론의 영수가 되어 파란을 겪었으며, 전후 여덟 차례나 영의정에 있었다. 문장과 글씨에 능했고 양명학(陽明學)을 연구했다. 차인의 집에서 태어나 어려서부터 차를 마셨다.

② 차시(茶詩)

- 次水村柳台贈文伯韻 / 수촌유태가 문백에게 준 시를 차운하다

문 닫고서 신선의 글 쓰지 않아도
호수 위의 청산은 뜻밖의 그림이라네.
봄 잠 깨면 언덕 가득 차 연기 일고
발에 걸린 소나무 사이 달 보며 시 읊는다네.
근심 지우려 새 술 항아리 뚜껑 열고
상 위에 올린 나물들 고기 못지않다네.
그대 응당 나 먼저 이 즐거움 알았으니
이전부터 이웃에 살지 못한 것 한스럽네.

閉門非著子雲書　湖上靑山畵不知
滿塢茶煙春睡後　一簾松月夜吟餘

消憂缸面開新釀　當肉盤中薦晩蔬
此樂君應先我識　從前恨未卜隣居

• 雪詩用前韻 / 눈 시, 앞 시의 운자를 써서

속세에 옥황상제의 집 흔연히 이루어졌으니
뭇 신선들 두건 쓰고 상(尙)의 미옥(美玉)들을 찼다네.
누대 있는 곳에 성벽이 이어졌고
정원은 때아닌 꽃나무로 가득하다네.
차 달일 때 물 더하면 따뜻하지 않고
남은 불빛 비추면 비뚠 글자 얻는다네.
슬프게도 선가(仙家)엔 땔감이 계수나무이리니
초부(樵夫)들 까마귀 좇아 돌아올 걸 기다려야겠네.

塵界渾成玉帝家　衆仙巾佩尙瓊華
樓臺在處連城璧　庭院非時滿樹花
取水煎添茶冷冽　分光照得字橫斜
可憐白屋薪如桂　惟待歸樵趁暝鴉

• 甛水站 / 첨수의 역참

맑은 해 피는 연기 천장(千嶂)의 밖이려니
우마(牛馬)가 오고 가는 마을 앞이라네.
누가 좋은 물 얻어 햇차 달여서
얽힌 근심 함께 씻고 개운해질까.

淡日孤煙千嶂外　來牛去馬一村前
誰將活水烹新茗　共滌羈愁爲醒然

• 二道井 / 이도정

슬피 우는 기러기 스리 하늘 끝에 사라지고
성안 버드나무에 나는 까마귀는 보이지도 않네.
이곳에 맑은 샘 있어 마실 만하다는데
햇차에 잘 어울려 메마른 창자 씻어주겠지.

塞天斷雁鳴啾軋　城柳翻鴉尾畢逋
此地有泉淸可歠　擬和新茗沃腸枯

　자연에 노니는 것이 이토록 좋은데 왜 일찍 누리지 못했는가를 한탄했다. 눈 내린 지상의 풍경을 천상의 옥황상제의 세상으로 바꾸어보지만 결국 현실에 돌아오고 마는 인간의 한계를 절감한다. 사행(使行) 길의 험한 여정에 마실 물까지 맞지 않아 고생스러우니, 그때 차로서 독을 축이고 근심과 피로를 풀어낸다.

28. 계곡(谿谷) 장유(張維)

① 생애(生涯)

　장유(張維: 1587~1638)의 본관은 덕수(德水)이고 자(字)는 지국(持國)이며 호는 계곡(谿谷)이다. 선계(先系)는 원(元)나라 때에 장순룡(張舜龍)이라는 사람이 고려에 와서 벼슬하여 찬성사(贊成事)에 이르고 덕성부원군(德城府院君)에 봉(封)해진 때부터 비롯되었다.
　우의정 김상용(金尙容)의 사위로, 효종비 인선왕후(仁宣王后)의 아버지이고, 김장생(金長生)의 문인이다.
1624년(인조 2) 이괄(李适)의 난 때 왕을 공주로 호종한 공으로 이듬해 신풍군(新豊君)에 책봉되어 이조참판·부제학·대사헌 등을 지냈다. 1627년 정묘호란이 일어나자 강화로 왕을 호종하였다.
　1630년 대사헌·좌부빈객(左副賓客)·예조판서·이조판서 등을 역임했으며, 1631년 원종추숭론(元宗追崇論)이 대두하자 반대하고 전례문답(典禮問答) 8조를 지어 왕에게 바쳤다. 1636년 병자호란 때 공조판서로 최명길(崔鳴吉)과 더불어 강화론을 주장하였다.
　이듬해 예조판서를 거쳐 우의정으로 임명되었으나 어머니의 부음(訃音)으로 18차례나 사직 소를 올려 끝내 사퇴했고, 장례후 과로로 병사했다.

천문 지리・의술・병서 등 각종 학문에 능통했고, 서화와 특히 문장에 뛰어나 이정구(李廷龜)・신흠(申欽)・이식(李植) 등과 더불어 조선 문학의 사대가(四大家)라는 칭호를 받았다.
　현재 ≪계곡만필≫・≪계곡집≫・≪음부경주해(陰符經注解)≫가 전한다. 신풍부원군(新豊府院君)에 봉해졌으며 영의정에 추증되었고 시호는 문충(文忠)이다.

② 차시(茶詩)

・次韻題戒敏卷 / 차-운하여 계민의 시권에 제함

산승(山僧) 찾아간 호남의 절간
그때 선방(禪房)에서 차를 달여 마셨었지.
그 산천 어느 땐가 다시 가려 하였는데
마치도 잊은 듯 세월만 홀연히 흘렀어라.
운수(雲水) 납자(衲子) 수고롭게 나를 찾아와서
시권(詩卷)에 시 써너라 닦달하는데
추위에 웅크린 병든 이 내 몸
꾀꼬리 소리 들리면 나들이 한번 떠나리라.

湖寺尋僧地　禪窓煮茗時
江山應有待　歲月忽如遺
雲衲勤來訪　華牋强素詩
病羸寒政蟄　游屐趁黃鸝

• 次韻維楊崔使君大容遊西澗有題 / 유양 최사군 대용이 서
                              간에서 노닐며 지은 시에 차운함

어슴푸레 연이은 숲의 그림자
차디찬 시냇물 여기가 근원일세.
거문고 손에 들고 걷는 오솔길
두건 위로 젖히고서 소나무에 기대보네.
물고기 회 치자 은실처럼 떨어지고
차를 끓이니 눈 같은 거품 보글보글.
누가 알리요 공무 바삐 처리하며
시끄러운 와중에서 높은 흥취 나는 것을

翳翳長林影　冷冷古澗源
携琴踏蘿逕　岸幘凭松根
斫膾銀絲落　煎茶雪乳翻
誰知簿領裏　高興出塵喧

• 秋懷 / 가을날의 감회

필운동(弼雲洞) 서쪽 기슭 그곳이 바로 내 집
문간은 의연히 중울의 집과 같으리라
삼 년 전인가 단풍나무 심으면서
국화꽃 십여 떨기 자리를 옮겼었지
차디찬 샘물 새벽에 길어 차를 끓여 먹고
맑은 날 창문 열고 책 보기 좋은 서재
이 가을의 그윽한 흥취 기막힐 텐데
가련타 외로운 객 돌아가지 못하누나.

弼雲西麓是吾廬　門巷依然仲蔚居
曾植晚楓三歲許　爲移時菊十叢餘
寒泉曉汲宜烹茗　小閤晴開好展書
秋日相應幽賞足　可憐孤客未歸歟

• 雨中寄畸庵子 / 비 오는 날 기암자9)에게 부침.

책상 하나에 바둑판 하나
약 달이는 화로와 차 따르는 그릇 몇 개
이거면 한평생 충분하리니
안달복달할 것이 뭐가 있겠소.
도성 서쪽에서 사는 기암자
그야말로 뜻이 맞는 나의 벗인데
똑같이 병든 몸 서로들 동정할 뿐
자주 회포 나눌 길 바이없구나.

詩牀及棊局　藥爐兼茶盌
自足了生涯　無爲强怨懟
城西畸庵子　實我同志伴
同病但相憐　無由數吐款

• 灼艾後齋居漫筆 / 쑥뜸 뜨고 나서 서재에 앉아 되는 대로
　　　　　　　　　　짓다

약봉지며 서책들 너저분한 거사의 집

───────────────
9) 기암자 : 정홍명(鄭弘溟)의 호이다.

비야10)에 병문안 오는 이 하나 없네.
야윈 몸에 시험 삼아 선고의 쑥11)뜸 떠봤는데
입이 쩍쩍 달라붙어 육우의 차 생각나네.
게을러진 뒤끝이라 시문의 실력은 줄었어도
조용해서 선정(禪定) 공부 더욱이 재미나네.
이 몸으로 중추절(仲秋節)을 어떻게 맞으리오
적막하게 싸늘한 방 달빛도 하나 없이.

藥裹書籤居士家 　無人問疾到毗耶
贏軀乍試仙姑艾 　燥吻頻思陸子茶
筆底波瀾慵後減 　蒲團功課靜來加
何堪更値中秋夕 　寂歷寒房閉月華

• 次韻酬天章將遊金今陵見寄之作 / 천장이 장차 금릉12)에
　　　　　노닐려고 하면서 부쳐 온 시에 차운하여 수답 하다.

병 많은 옛 한림을 누가 동정할까?
옛날의 멋진 모임 다시 찾기 어려워라.
아내에게 늘 상 찻물 끓여 대게하고
가끔 촌로(村老)들과 보리술 마신다오.
듣건대 거룻배 타고 바닷가 노닌다니
산음의 높은 흥취13) 없을 수가 있으리오.

---

10) 비야(毗耶) : 석가모니 당시에 유마거사(維摩居士)가 병을 핑계대고 불이법문(不二法門)을 설했던 성(城) 이름
11) 선고의 쑥 : 서왕모(西王母)의 선약(仙藥) 가운데 영총애(靈叢艾)가 있었다고 한다.
12) 금릉(金陵) : 김포(金浦)의 옛 이름
13) 산음의 높은 흥취 : 배를 타고 불현듯 친구를 찾아가는 정취를 말한다.

눈에 보듯 훤히 오연(傲然)하게 시 읊을 때
자색 비단 오사모(烏紗帽) 푸른 물에 비칠 것을
多病誰憐舊翰林　向來歡會杳難尋
茶湯每遣山妻煮　麥酒時同野老斟
聞說扁舟遊海浦　可無高興訪山陰
遙知嘯傲詩成處　紫綺烏紗暎碧潯

• 次韻酬趙叔溫 / 차운하여 조 숙온에게 수답 함

차 한 잔에 졸음 귀신 완전히 항복받고
산들바람 북창 가에 두건 쓰고 앉았노라.
장유14)가 어떻게 궁정에 머물 수 있으리오
계응15)처럼 오강에서 늙고 싶어라.
헛된 명성 천수의 시 달랑 남았을 뿐
술 한 병도 못 사는 박봉의 생활
손님 돌아간 뒤에 바둑판을 치우고서
처마에 쌍으로 날아드는 제비 새끼 쳐다보네.

茶甌贏得睡魔降　白拾風輕坐北窓
長儒豈堪留禁闥　季鷹眞欲老吳江
虛名漫有詩千首　薄俸難供酒一缸
斂却殘棋客散後　閑看乳燕入簷雙

---

14) 장유(長儒) : 한 나라의 급암(汲黯)의 자다. 무제(武帝)가 그를 보기를 꺼릴 정도로 직간하기로 유명했다.
15) 계응(季鷹) : 진(晉)나라 사람. 낙양에 돌아와서 동조연(東曹掾)의 벼슬을 하다가 가을바람이 이는 것을 보고, 고향인 오중(吳中)의 순채국과 농어회가 생각나 곧바로 돌아갔다는 고사가 있다.

• 復用前韻奉酬畸翁 / 다시 앞의 운을 써서 기옹에게 수답 함

번지(樊遲)16)처럼 농사 기술 배웠어도 무방한데
한창때에 충분히 생각 못한 게 유감이오.
조정에서 반악(潘岳)17)처럼 일찍 센 귀밑머리
만년에 부질없이 두릉(杜陵)18)의 시만 읽고 있소
책보기도 귀찮아서 던져버리고
잠 깬 뒤엔 그저 쓴 차만 입에 대오
서쪽 시내 궁벽 진 그대의 집 빼고 나면
말 타고 찾아갈 곳 그 어디에 있으리오.

何妨農圃學樊遲　恨不當年爛熟思
雲閣早彫潘岳鬢　暮途空詠杜陵詩
殘書總向慵時卷　苦茗偏於睡後宜
際却西街幽僻處　出門騎馬與誰期

• 夜坐無憀 用畸翁韻 / 밤에 앉았다가 무료하여 기옹의 운
　　　　　　　　　　을 써서 지음

병중에 놀랄 만큼 부쩍 는 하얀 머리
약봉지에 찻주전자 벗하며 지낸다오.
언제나 날 새려나 일 년처럼 느껴지고
세밑 다가오는데도 봄 날씨처럼 푸근하네.
궤장에 홀로 의지하여 거사로 지내다가

---
16) 공자의 제자로 농사일을 배우기를 청하였다.
17) 진(晉)나라의 문장가
18) 당나라 시인 두보(杜甫)를 말함

의관 차리고 나서면 여전히 벼슬하지.
지금 관심 두는 것은 그저 안심결
빈번하게 시 짖는 것 그것도 번뇌라오.

病裏偏驚白髮新　茶鐺藥裹自相親
殘宵鍾漏長如歲　近臘風煙暖似春
几杖獨依居士室　衣冠仍現宰官身
而今只愛安心訣　詩汁頻繁亦惱人

• 次韻 淸陰錄示 閑居漫詠 / 청음이 '한거만영'을 기록해 부
　　　　　　　　　　여 주어 차운하다

낙목(落木)이 귀근[19]하듯 동(動)에서 정(靜)으로
바쁠 땐 열나다가 지금은 한가해 설렁설렁.
오월달[20] 맑은 바람 북창의 단잠
정신 나게 차를 마실 필요도 없소이다.

木落歸根動復靜　忙時熱過閑時冷
淸風五月北窓眠　不要茶甌爲喚醒

---

19) 귀근(歸根) :『道德經』에 만물이 무성하다가도 각자 그 뿌리에 복귀하
　　나니, 그것을 일러 고요함이라 한다.〈夫物芸芸 各復歸其根 歸根曰靜
　　〉하였다.
20) 단잠 : 한가로운 여름날 북창 가에 높이 눕자 맑은 바람이 삽상하게
　　불어오더라〈夏月虛閑 高臥北窓之下 淸風颯至〉는 도연명(陶淵明)의
　　고사가 전한다.

29. 청봉 심동귀(晴峰 沈東龜)

1. 생애(生涯)

  심동귀(沈東龜: 1594~1660)의 자(字)는 문징(文徵)이며, 청송(靑松) 사람이다. 시조인 심홍부(沈洪孚)는 고려조(高麗朝)에서 위위승(衛尉丞)을 지냈다. 조선조에 들어 휘 덕부(德符)와 휘 온(溫)·휘 회(澮) 3세가 모두 영의정을 지냈으며, 연이어 사록(沙麓, 왕비(王妃)의 탄생을 이름)에 경사스러움이 있었으므로 그 빛남은 다른 가문[他族]에서 기대할 수 없었다. 판교(判校)를 지낸 휘 달원(達源)은 기묘사화(己卯士禍) 당시 명류(名流)였는데, 이분이 공의 고조부이다. 그 아들 휘 자(鎡)는 첨정(僉正)을 지냈다. 첨정의 아들 휘 우정(友正)은 목사(牧使)를 지냈으며, 이분이 휘 집(諿)을 낳았는데, 예조판서(禮曹判書)를 지냈고, 직제학(直提學) 홍종록(洪宗祿)의 딸과 혼인하여 공이 태어났다.
  인조반정(仁祖反正) 후, 공은 성균관 유생으로 이름이 났었기 때문에 추천으로 태릉 참봉(泰陵參奉)이 되었다. 1624년에 대과에 급제하여 괴원(槐院, 승문원(承文院))에 속하게 되었다. 주서(注書)를 거쳐 한림(翰林)이 되었고, 설서(說書)를 경유하고 전적(典籍)에 올랐다. 이로부터 40여 관직을 역임했는데, 대체로 삼사(三司)와 강원(講院)에 있었고 겸직은 춘추관(春秋館) 지제교(知製敎)였다.

1632년)에 경기도 도사(京畿道都事)가 되었고, 1634년 두어 관직을 거쳐, 헌납(獻納)과 성지(聖旨)를 거쳐 청하 현감(淸河縣監)으로 폄직(貶職)되었다.

1641년에 서용(敍用)되어 다시 삼사(三司)에 되돌아오게 되었고 지제교(知製敎)로 선별되어 장차 호당(湖堂)으로 선임된다.

공에게는 부모를 섬김에 있어 효성이 머우 돈독하였다. 공이 장흥(長興)으로 유배 간 지 다섯 달이 되었을 때, 그 아버지 판서 공이 병에 걸려 말을 못 한 채 장손의 손을 잡고 '사(思)'자 하나를 써 주고 눈물을 줄줄 흘렸는데, 이는 대개 공을 위해서였다.

1649년 인조(仁祖)가 승하하자 공은 임종하지 못한 것을 안타까워하며 통곡하였는데, 그 슬피 울부짖는 간절함이 부모님에게 하는 것과 같았다.

1652년 4월에 연신(筵臣) 임담(林墰)이 공을 서용(敍用)하도록 청하였으므로 공은 곧 직첩을 돌려받았다. 그해 가을에는 이후원(李厚源)이 전임 강도 유수(江都留守)로서 등대(登對)하여 재직 당시 강도의 일을 고하면서, "심공(沈公)의 조부(祖父: 심우정(沈友正))가 목사로 있을 당시 공적이 가장 현저했습니다."라고 하였다. 임금이 그 자손이 누구인지 묻자, 공과 그 부친 판서공이라 대답하였다. 홍무적(洪茂績)은 이와 관련하여 옛날의 상소에서처럼 공을 칭찬하였고, 이공 역시 홍공의 말이 옳다고 하며 자신이 직접 본 바로 이를 증거 하였다.

공은 가문을 받들 미덕(美德)과 나라를 빛낼 재주가 뛰어나게 일찍 성취하였다. 어버이 곁에 있을 때는 일찍이 게으른 얼굴과 잠자리나 봉양하는 음식을 반드시 좋은 얼굴로 하였고, 어버이가 좋아하는 뜻이 있으면 반드시 주식(酒食)을 장만하여 어버이가 즐겁도록 힘썼다. 인조(仁祖) 초년에 많은 어진 이들이 봉황(鳳凰)의 용의와 붕새[鵬]의 높이 날아오르는 기상으로 임금을 도왔는데 공은 몸소 풍재(風裁)를 맡아 화현직(華顯職)을 두루 겸으면서 성대하게 청론(淸論)에서 소중하게 여기는 바가 되었다. 좋고 나쁜 것을 가리어 사사로운 것에 치우치지 않았고, 옳고 그름을 가리어 친근한 이에 따르지 않으면서 공평하게 처리하고 바른 것을 지켜 확연(確然)하여서 꺾이지 않았다. 사람을 볼 때는 반드시 질박하고 곧은 이를 취하였고, 벗을 고를 때에는 실상을 속이어 겉을 꾸미는 이는 좋아하지 않았으므로 사우(士友)들은 대부분 그 지조를 숭상하였으나 그를 좋아하지 않는 이도 또한 매우 많았다.

공은 용산(龍山)의 강변에서 오래 살았고 더러는 검양(黔陽) 별장에서도 지냈는데, 샘 물을 끌어 연못을 만들었고 나무를 심어 숲을 만들었으며 한가롭게 지내는 것을 즐기어서 세상일은 잊고 지냈다.

공의 부인인 숙인(淑人) 김씨(金氏)는 경주 사람으로 증 영의정 김수렴(金守濂)의 딸이며, 좌의정 김명원(金命元)의 손녀이다. 어질며 효도하며, 엄숙하고 삼가는 성품은 하늘에서 내린 것이었다. 그 조모 안부인(安夫人)이 늘 말하기를, "이 손부(孫婦)는 진정 우리 집의 종사(宗事)를 이을 것이다."라고 하였다. 1674년 겨울에 예론(禮論)이 일어났을 때, 둘째 아들이 간관(諫官)을 장차 인피(引避)하려고 먼저 그 사유를 아뢰자 김씨 부인이 말하기를, "너는 대간(臺諫)으로 있으면서 화복(禍福) 때문에 그 자리를 그만두거나 지키거나 해서는 안 된다."고 하였다. 부인은 1680년 4월에 86세로 생을 마쳤다.

 아들 넷을 두었는데, 맏아들 심창(沈敞)은 먼저 죽었고, 둘째 아들은 심유(沈伆)로 일찍이 사간(司諫)이 되었으며, 셋째 아들은 심철(沈轍), 넷째 아들은 심경(沈儆)인데 모두 음사(蔭仕)로 출사(出仕)하였다. 사간 심유는 심한주(沈漢柱)·심한장(沈漢章)·심한서(沈漢瑞)·심한규(沈漢規)를 낳았는데, 맏아들 심한주는 진사이고 둘째 아들 심한장은 큰집으로 출후(出後)하여 심창의 뒤를 이었다. 심유의 세 딸은 이홍정(李弘廷)·정도진(丁道晋)·이세정(李世禎)과 각각 혼인하였다. 심한웅(沈漢雄)과 심한필(沈漢弼), 황명석(黃命錫)의 처가 된 딸은 끝 집 심경의 소생이다. 그리고 내외 손과 증손 약간 명이 있다.

② 차시(茶詩)

• 次蘇東坡煎茶韻 / 소동파의 煎茶 운에 차운함

새벽에 길어온 물, 눈 넣어 달이니
건계차(建谿茶)는 색·향·미가 십분 맑아라.
화로에는 가는 연기, 금 주발 받드니
동그란 도리옥 달이 옥 단지에 떨어졌네.
떨어져 온 영액은 눈물에 어린 구슬이요
거센 물결 끓이고 가는 대숲 바람 소리.
가련타 늙은이 오랫동안 목말랐으니
입술과 목을 밤새워 축이기 편의하도다.

汲曉仍添雪水烹　健豁香味十分淸
鑪煙細細承金盌　璧月團團落玉瓶
靈液滴來珠淚影　驚濤沸去竹風聲
自憐白首多年渴　喉吻偏宜潤五更
　　　　　　　(晴峰集 卷二)

• 雪水煎茶 / 설수로 차를 달임

인간의 좋은 풍미는
그 묘법 도가에서 나왔지.
한 단월(團月)을 잡아 시음하려
육출화(눈: 雪)로 진하게 달이네.
맑기는 분에 넘치도록 좋고
목마름에 마시니 더욱 시원하다.
따뜻한 장막에 고아주(美酒)로
사치 화려함 부질없이 자랑치 말라.

人間好風味　妙法自陶家
試把一團月　濃煎六出花
淸宜分外勝　爽入渴中加
暖帳羔兒酒　奢華莫漫誇
　　　　　(晴峰集 卷二)

30. 백헌(白軒) 이경석(李景奭)과 이진망(李眞望), 이광덕(李匡德)

가. 백헌(白軒) 이경석(李景奭)

① 생애(生涯)

 이경석(李景奭: 1595~1671)의 자는 상보(尙輔), 호는 백헌(白軒). 할아버지는 수광(秀光)이고, 김장생(金長生)의 문인으로, 1613년(광해군 5) 진사가 되고 1617년 증광 별시에 급제했으나, 인조반정 이후 알성문과(謁聖文科)에 병과로 급제, 승문원 부정자를 시작으로 선비의 청직으로 일컫는 검열·봉교로 승진했고 동시에 춘추관사관(春秋館史官)도 겸임하였다.
 이듬해 이괄(李适)의 난으로 인조가 공주로 몽진하자 승문원 주서로 왕을 호종해 조정의 신임을 두텁게 하였다. 이어 봉교(奉敎)·전적·예조좌랑·정언·교리 등을 두루 거친 뒤 호당(湖堂: 독서당)에 선발되어 들어갔다. 1626년(인조 4) 말에는 이조 좌랑·이조정랑에 올라 인사 행정의 실무를 맡게 되었다.
 1629년 자청 양주목사로 나가 목민관으로서의 실적을 올렸고 승지를 거쳐 1632년 가선대부(嘉善大夫)에 오르고 대사간에 제수되었다.

　1636년 병자호란 때 대사헌·부제학에 연달아 제수되어 인조를 호종해 남한산성에 들어갔다. 이듬해 인조가 항복하고 산성을 나온 뒤에는 도승지에 발탁되어 예문관제학을 겸임하며 <삼전도비문 三田渡碑文>을 지었다. 이듬해 홍문관·예문관 양관의 대제학이 되었고, 이조참판을 거쳐 이조판서에 발탁되어 조정 인사를 주관하였다.

　평생 ≪소학≫과 ≪논어≫로 수양했고, 노년에는 ≪근사록≫을 탐독했다. 문장과 글씨에 뛰어났고 시문은 경학(經學)에 근본 한 것이 주류를 이루었다. 저서로는 ≪백헌집≫이 있고, 남원의 방산서원(方山書院)에 제향 되었다.

② 차시(茶詩)

・玉溜泉偶吟 / 옥류천에서 우연히 읊음

개울에선 옥 굴리는 물소리 들렸는데
꽁꽁 언 얼음 아래 아직 그 소리 남았네
차 달여 마셔보니 옛 맛 그대로고
취한 술이 곧 깨어 한기 스미네.

泉流曾聽玉琤潺　氷底重尋響欲殘
舊味試憑茶椀吸　醉魂初醒骨全寒

・敬次玄洲寄來韻 / 삼기 현주가 부쳐 온 시에 차운함

차솥엔 솔밭 개울의 달 떠다 채우고
처마엔 골짜기 구름 빌어 왔다네.
등 넝쿨 모자에 짚신 신고 오가는 곳은
익숙한 삼호의 호수가 길이라네

茶鼎盛將松磵月　茅簷乞與洞天雲
藤冠草履來環去　路熟三湖湖水濆

• 次龍門 / 용문의 운을 이어

한낮 창엔 나무 그늘져서 시원하고
발 드리운 연못에는 제비 스쳐 지나가네
병 때문에 오랫동안 술 마시는 재미없고
때때로 한가하면 『다경』을 읽는다네
뜰 가득한 솔바람 스리 꿈에서도 듣기 좋고
차 연기 가늘게 피어 바람에 흔들리네.

午窓涼動樹陰淸　簾畔差池燕子輕
愁病久無杯酒興　靜中時復閱茶經
滿院松濤夢亦淸　茶煙細逐晩風輕

• 在交莊誧仙舟 / 저교장에서 선주에 답하다

다정에 차 달일 때 솔밭에 눈 내리고
이른 나물 씹으니 데마른 땅에도 봄이 왔다네
정녕 같은 마음 가진 이에게 알려주려니
골짜기 가득한 연하가 아직 걷히지 않네.

茶鼎時煎松䃐雪　蔬飯早嚼石田春
丁寧爲報同心子　萬壑煙霞未是貧

• 酬安承旨 / 안 승지에 수답 함.

종남산의 보슬비 처마를 적시고
화악의 바람 찻잔에 길이 머금었네.
세속에선 산속 아취를 겸할 수 없어
그대 불러 산옹과 같아지고 싶었다네.

茅簷細濕終南雨　茗椀長含華嶽風
城市却兼丘壑趣　喚君端合作山翁

• 又 / 또

갈증을 없애려 차솥에 눈 빨리 끓이고
추위 막으려 몇 잔술 들이키네
소금장 안에 따뜻한 고아주가 있다면
대머리에 이 빠진 늙은이는 아닐 태지만.

澆渴催煎茶鼎雪　排寒數借麴生風
銷金帳裏羔兒暖　不到頭童齒豁翁

• 次子範韻 / 자범의 운을 이어

비 그친 뒤 남쪽 개울가 모래를 걸으니
습기 찬 구름 흩어지고 새싹 돋아나네

향기로운 나물은 고기 먹는 기분보다 좋고
봄술을 어찌 눈물로 달인 차와 논하리

行踏南溪雨後沙　濕雲初散草新芽
香蔬絶勝屠門嚼　春酒寧論雪水茶

• 贈墳庵長老樞解 / 분암장로 추해에게 드리다

밤 탑상의 불 등은 세속 마음 씻어주고
새벽 창의 염불 소리 맑은 기를 자아내네
때때로 앞 개울물 길어다가
달빛 내린 사립에서 나를 위해 차 달이네.

夜榻佛燈消世念　曉窓仙梵發淸機
時時汲取前溪水　爲我煎茶月照扉

• 寒松亭 / 한송정

신선들의 차 부뚜막 아직도 남아 있고
차 달이던 샘물은 아직도 솟아나네.
오늘의 한송정은 적각 속에 쌓여있는데
바다 위의 달만은 변함없이 비치네.

尙有燒丹竈　猶流煮茗泉
寒松今寂寞　海月自千年

나. 도운(陶雲) 이진망(李眞望)

① 생애(生涯)

　이진망(李眞望: 1672~1737)의 자는 구숙(久叔), 호는 도운(陶雲)·퇴운(退雲). 영의정 이경석(李景奭)의 증손이다.
　1696년(숙종 22)에 생원이 되고, 1711년(숙종 37)에 식년문과에 장원급제하여, 지평(持平)·정언(正言)을 거쳐 1725년(영조 1) 대사성으로 소론(少論)인 이광좌(李光佐)의 신원을 상소하였다.
　1730년 형조판서가 되고, 1732년에는 동지사(冬至使)로 청나라에 다녀와 예조판서가 되어 대제학을 겸하였다. 1735년에 좌참찬으로 빈객(賓客)을 겸하였으며, 지중추부사(知中樞府事)로 죽었다. 저서로는 『도운유집』이 있다.

② 차시(茶詩)

· 乙巳二月 來石雲舊棲 夜題/ 을사년 2월 석운동 옛집에 들어와 밤에 쓰다

내 고향을 떠난 것이 그 얼마만 인가
지금 돌아와 보니 봄풀만이 돋아 있네
흰 돌 위의 맑은 물 옛날과 같고
책상과 차 화로엔 먼지 가득 쌓였네.

別去故山曾幾日　今來新卉又春生
淸流白石猶呈態　書几茶爐惣暗塵

· 上元夜 / 정월 대보름 밤에

집에는 차 화로 약봉지 내 있고
이 병은 봄 되어도 좋아지질 않네.
늦게 온 성 밖의 형제들과 만나니
옛날 오던 사람들 드물어 외롭다네.

茶爐藥裏閑深廬　一病逢春未肯除
郭外尙遲昆弟飮　門前孤恨故人踈

다. 관양 이광덕(冠陽 李匡德)

① 생애(生涯)

　이광덕(李匡德; 1690~1748)의 본관은 전주(全州). 자는 성뢰(聖賴, 聖賚), 호는 관양(冠陽). 이경석(李景奭)의 현손이고, 아버지는 대제학 이진망(李眞望)이다. 어머니는 탕평론을 최초로 주창했던 박세채(朴世采)의 손녀이다. 경석(景奭)의 후손으로 진망(眞望)의 아들이다. 급제하여 영조의 신임을 받고 교리, 전(與書壯遊大德寺大仙院)라도 관찰사를 역임하고, 청에 부사로 다녀왔다. 여러 대를 걸친 차인의 집이다.
　진사로서 1722년(경종 2) 정시 문과에 을과로 급제, 이듬해 시강원설서로 임명되어 왕세제(王世弟: 뒤의 영조)를 보도(輔導)하였다. 소론 중 완소계열(緩少系列)의 일원으로서 송인명(宋寅明)·조문명(趙文命)·정석삼(鄭錫三) 등과 함께 탕평론을 주장해, 경종 연간의 노, 소 분쟁의 와중에서 조태구(趙泰耉)·유봉휘(柳鳳輝)·김일경(金一鏡) 등 급소계열(急少系列)로부터 특히 심한 배척을 받았다.

1724년 정언·부교리를 거쳐 지평에 임명되었으나, 민진원(閔鎭遠)을 구하려다가 사간원의 탄핵으로 체직(遞職)되었다. 영조가 즉위하자 수찬·교리에 임명되었다가, 1727년(영조 3) 호남에 기근이 심해 별견어사(別遣御史)로 파견되었고, 돌아와 이조 좌랑을 지냈다.

1728년 1월 호남의 감진어사(監賑御史)로 파견되었다가, 그해 3월 이인좌(李麟佐)의 난 때 일당인 박필현(朴弼顯)이 전라도 태인에서 반란을 일으키자, 파직된 정사효(鄭思孝) 대신 전라감사로 부임해 반란군을 토벌하였다. 감사로 부임한 뒤 지방재정·부세제도(賦稅制度) 등에 일대 개혁을 일으켜 크게 원성을 들었다.

1729년 부수찬 이양신(李亮臣)이 이인좌의 난을 계기로, 소론을 몰아내기 위해 이광좌(李光佐)를 탄핵할 때 이광덕도 연류 시켜 호남 어사로서 역모를 미리 알았으면서도 묵인했다는 혐의를 씌워 무고했으나 무사하였다.

이듬해 이조참의를 지내던 중 전라감사 시절의 사소한 잘못으로 파직되었고, 1731년 승지를 거쳐 다시 이조참의에 임명되었다. 그러나 이듬해 호남 어사로 임명되었음에도 병을 핑계로 부임하지 않아 파직되었다.

1732년 다시 호남의 강진 어사로 파견되었다. 1733년 강화유수로 임명되었으나 끝내 부임하지 않아 갑산부사로 좌천

되었다가, 대신들이 너무 심하다고 주청해 형조참의에 제수되었다. 그 뒤 예문관저학·대사헌을 거쳐 1739년 동지 겸 사은부사(冬至兼謝恩副使)로 청나라에 다녀왔고 대제학·예조참판을 지냈다.

1741년 이른바 위시사건(僞詩事件)이 일어났을 때 아우인 지평 이광의(李匡誼)가 김복택(金福澤)을 논죄를 하다가 국문을 받자, 이광의를 구하려고 변론해 정주에 유배된 뒤 다시 친국을 받고 해남으로 유배지를 옮기게 됐다.

이듬해 풀려나와 과천에 은거하던 중, 1744년 서용(敍用)하도록 명이 내려 한성부 우윤·좌윤 등에 임명되었으나 관직을 사양하였다. 만년에는 급소계열로 노선을 바꾸었으나 쓰이지 못한 채 사망했다. 저서로는 『관양집』이 있다

② 차시(茶詩)

· 芙蓉堂漫興 / 부용당의 흥취

바다 멀리 산들은 푸른 안개 싸여 있고
못가의 집들은 흡사 신성의 마을인 듯
소 염통 구워서 아침상을 홀로 받고
늦은 시간 언제나 작설을 달인다네.
안뜰의 종에겐 두루미 다루는 것 가르치고
작은 누에 기생 불러 벚꽃을 감상하네.
가련하게 이 좋은 것 별천지로 느껴지고
더구나 서풍에 세월은 흘러만 가네.

海上諸山碧似霞　池臺彷拂列仙家
晨盤獨食牛心炙　晚時常烹雀舌茶
內院敎奴調野鶴　小樓邀妓賞甁花
可憐信美非吾上　況復西風減歲華

• 敬次家大人 / 집안 존장 어른의 운을 빌려서

솥 아래 물에서 모시고 마시려는데
날씨 말고 잘 걸으시니 기쁘다네.
술 실은 배가 내를 따라 굽이 흐르고
다구와 돌 부뚜막은 가운데 있네.
봄이 따뜻하니 새소리 느려지고
꽃이 많이 피니 물에 향기 배었다네.
바로 써낸 떡에 연한 나물이며
때에 맞는 반찬은 다 먹을 만하네.

侍飮澗松下　新晴杖履康
酒船溪曲折　茶具石中央
春燠禽聲慢　花繁水氣香
煖餻兼嫩菜　時膳총堪嘗

• 閑居 / 한거

만 번 죽어도 넋은 예의 활 쏘는 것 따르고
오랜 세월 서쪽 물머리의 문을 걸었다네.
옳고 그름의 세속 시비 모두 잊고서
술 익고 차 맑으니 온갖 근심 없다네.

萬死魂從羿彀收　十年門閉澗西頭
桀非堯是雨相忘　酒熟茶淸百不憂

• 晚飯 / 늦은 밥

늦은 밥 배불리 먹고 차 마시며
지팡이 끌고 한가롭게 세속을 가고 잇다네.
소나무 늘어진 처마의 달 사립문 옆 비추고
돌아가는 기러기 떼 다 간 후 또 까마귀라네.

晚飯飽餘吃草茶　悠年曳杖起婆娑
松簷落月柴門側　數盡歸鴻又數鴉

• 初夏 / 초여름

추위 가고 따뜻해지니 잠간 여름인데
달은 맑고 안개 속에 상현은 아니라네.
찻잎 반 근을 솥 걸고 달이는데
배꽃 한 그루가 문을 막고 잠들었네.

暖多寒少纔初夏　月淡烟籠未上弦
茗葉半斤支鼎煮　梨花一樹閉門眠

31. 태계 하진(台溪 河溍)

① 생애(生涯)

하진(河溍: 1597~1658)은 문신으로 자는 진백(晉伯)이고 호는 태계(台溪)이다. 급제하여 벼슬길에 올랐으나 효성이 지극하여 여러 번 사임과 출사(出仕)를 거듭하여 지평(持平)을 지냈다.

② 차시(茶詩)

• 待友不至 / 친구를 기다려도 오지 않네

백 리 떨어진 의춘현에
삼 년이나 병으로 사는 사람이라네.
친한 벗은 길이 눈에 남아 있고
차 솥은 언제나 함께 다닌다네.
산에는 서리에 아름답던 잎 다 지고
하늘은 맑고 달빛 한결 새롭구나.
수심으로 밤잠 이루지 못하는데
서쪽 집에서 방아 찧는 소리 들리네.

百里宜春縣　三秋抱病人
親朋長入眼　茶鼎動隨身
霜落山光淨　天淸月色新
夜囱愁不寐　寒杵響西隣

• 飮茶 / 음다

선방의 오늘 저녁 몸 편안하고
음식 맛 쓴 세속을 아주 잊었네.
다탕 한 잔 마시니 호기가 발하는데
아침저녁 바쁜 저 사람은 누구인가.

禪房今作靜中身　塵世都忘蓼味辛
一啜瓊漿豪氣發　卯巳奔走彼何人

　차를 무척 좋아한 것 같다. 친구를 기다리다 오지 않자 여러 생각에 잠을 설치고 있을 때, 옆집에서 방아 찧는 소리가 잠을 깨운다. 차를 마시며 석양을 맞을 때도 있었고(藥竈茶煙歇 前峯日已曛). 가끔 여유 없고 분주히 살아가는 자신을 찻잔을 대하며 되돌아보곤 한다.

32. 만랑 황호(漫浪 黃㦿)

① 생애(生涯)

문신으로 자는 자유(自由)이고, 호는 만랑(漫浪)이다. 성리학자로 관은 간의대부(諫議大夫)에 올랐었다. 일본과 중국에 사행으로 다녀왔기 때문에 그 나라의 차에 관한 시를 많이 남겼다. 『만랑집』과 『동사록(東槎錄)』이 있다.

② 차시(茶詩)

• 過松廣寺 / 송광사를 지나며

절 골엔 은은히 물레방아 돌아가고
짚신 신고 취미까지 힘겹게 올랐네.
구름에 싸인 소나무 등걸은 호랑이 엎드린 듯
벽을 타고 오동나무는 용이 다 되었네.
긴 세월 회랑엔 온 세상 들어 있고
수많은 부처님의 참모습 보인다네.
고승은 나와 작별하며 별다른 말도 없이
직접 따서 만든 선차 한 봉지 선물하네.

寺洞陰陰水碓舂　芒鞋踏盡翠微重
倚雲松骨疑僵虎　掛壁藤枝欲化龍
萬劫回廊藏世界　億身諸佛見眞容
高僧別我無佗話　偶采仙茶贈一封

• 九連城 / 구연성

얼음 깨어 찻물 끓이고
후후 불어 솔 불 켠다네.
길 위에서 이제껏 늙으니
이번 길에 고생 실컷 한다네.

敲氷煮茶水　吹火斫松明
道路吾今老　艱辛飽此行

• 泊鞱浦 / 도포에 배를 대다

옥 잔에 차 부으니 맑은 향기 별다르고
금쟁반에 올린 음식 맛 또한 뛰어나네.
높은 벼슬아치 포구 밖에 맞이하네.
대군의 새 명성이 극히 엄정했나 보군.

盛茶玉椀淸香別　薦食金盤雋味兼
見說高官迎浦外　大君新令極明嚴

33. 백곡 김득신(栢谷 金得臣)

① 생애(生涯)

　김득신(金得臣; 1604~1684)의 본관은 안동(安東). 자는 자공(子公), 호는 백곡(栢谷). 할아버지는 김시민(金時敏)이고, 아버지는 경상도 관찰사를 지낸 김치(金緻)이며, 어머니는 사천 목씨(泗川睦氏)로 목첨(睦詹)의 딸이고, 부인은 경주 김씨이다.
　어릴 때 천연두를 앓아 노둔한 편이었으나, 아버지의 가르침과 훈도를 받아 서서히 문명을 떨친 인물이다. 당시 한문사대가인 이식(李植)으로부터 "그대의 시문이 현재는 제일"이라는 평을 들음으로써 이름이 세상에 알려지게 되었다.
　공부할 때 옛 선현과 문인들이 남겨놓은 글들을 많이 읽는 데 주력하였는데, 그 중 「백이전(伯夷傳)」은 1억 1만 8천 번(1억 번은 현재의 10만 번에 해당)이나 읽었다고 하여 자기의 서재를 '억만재(億萬齋)'라 이름하였다. 저술이 병자호란 때 많이 타 없어졌으나, 문집인『백곡집』에는 많은 시문이 전하고 있다.
　그중 시가 반 이상을 차지하고 있는 것으로 보아 그가 문보다는 시에 능했음을 알 수 있다. 특히, 오언·칠언절구를 잘 지었다. 「용호(龍湖)」·「구정(龜亭)」·「전가(田家)」 등은 어촌이나 산촌과 농가의 정경을 그림같이 묘사하고 있는 작품들이다.
　시를 잘 지었을 뿐만 아니라 시를 보는 안목도 높아,『종남총지(終南叢志)』같은 시화도 남겼다. 이에는 어무적(魚無迹)·이행(李

荇) · 정사룡(鄭士龍) · 정철(鄭澈) · 권필(權韠) 같은 앞 세대 유명 시인 등과 남용익(南龍翼) · 김석주(金錫胄) · 홍만종(洪萬宗) 같은 당대 문사들의 시를 뽑아, 거기에 자기 나름대로 비평을 덧붙였다. 그리고 그는 술과 부채를 의인화한 가전소설 「환백장군전(歡伯將軍傳)」과 「청풍선생전(清風先生傳)」을 남겼다.

② 차시(茶詩)

· 次報恩寺僧法心詩軸韻 / 보은사 법심스님의 시축에 차운하다

남쪽 성에서 낮잠 깨니 산뜻하고
차 부뚜막에선 가는 연기 피어오르네.
스님 만나 선가의 얘기 듣고
조사로부터 내려오는 밝은 도를 비로소 알겠네.

南郭初醒午夢淸　坐間茶竈細煙輕
逢師聽說禪家事　始識傳燈祖道明

· 贈申大吾洪元九 / 신대오와 홍원구에게 주다

먼 데서 온 손이 외로운 여관에 드니
앞 개울에 비치던 해마저 기우는구나.
강남의 술로써 근심 지우고
산승의 차로써 잠을 쫓는다네.

遠客投孤館　前溪日脚斜
排愁江市酒　罷睡岳僧茶

• 淸平寺次朴仲久韻 / 청평사에서 박중구의 시에 차운하다

강을 건너 골짜기에 들어오니
이 선경 어찌 지난날 보았으리.
비록 술이 없어도 흥이 일고
다행히 벗이 있어 시를 논한다네.
가을 지나니 오동잎 쌓이고
저녁이 가까우니 물소리 커지네.
마침 목이 심히 마르니
산승에게 향 차 한 잔 부탁하네.

渡江入洞府　仙境見何僧
引興雖無酒　論詩幸有朋
經秋楓葉積　向夕水聲增
消渴今方甚　香茶乞岳僧

• 馬上前次韻 / 말 위에서 앞의 시를 차운하다

시는 능히 명을 궁하게 하니 붓을 던지고
술은 사람을 상하게 하니 차를 마시네.
지난날 벼슬한 것이 지금 후회스럽고
세간의 명리라는 것이 도무지 헛된 것이라네.

詩能窮命將投筆　酒本傷人强飮茶
昨者應官今侮懊　世間名利等炊沙

• 到槐峽次前韻 / 괴협에 이르러 앞의 시를 차운하다

봄아 오면 고을 윈은 세금독촉 빈번한데
술로 목이 마른 시객은 두어 잔 차 마시네.
마침내 무릎 안고 말없이 앉아서
외로운 따오기 모래벌에 내리는 것만 본다네.

春來縣宰頻催稅　酒渴詩翁數啜茶
抱膝終朝無與語　只看孤鶩下平沙

　가을이 지나 낙엽이 쌓이는 것은 자연의 이치이고, 저녁이 되어 물소리가 들리는 것은 마음의 소산이다. 백성들의 고통이 바로 목민관의 아픔으로 고뇌에 빠진 안타까운 현실에 몸담아 벼슬살이 하는 자신에게 회의를 느낀다.
　"칼에는 푸른 무지개 서려 있고 차 달이는 데는 센 불이 발갛구나(看劍長虹碧　煎茶武火丹)"이라던가 "옥잔에 황아주를 자주 기울이고 매양 금노구에 백록차를 마신다네(頻傾玉斝黃鵝酒　每啜金鐺白鹿茶) 등은 멋진 구절이다.

34. 창주(滄洲) 김익희(金益熙)

① 생애(生涯)

  김익희(金益熙; 1610~1656)의 본관은 광산(光山). 자는 중문(仲文), 호는 창주(滄洲). 할아버지는 장생(長生)이고, 아버지는 반(槃)이며, 어머니는 서주(徐澍)의 딸이다.
  1633년(인조 11) 증광문과에 병과로 급제하여 부정자(副正字)에 등용되었다. 같은 해 검열을 거쳐 홍문록(弘文錄)에 올랐다. 1635년 수찬(修撰) · 사서(司書)를 거쳐, 이듬해 병자호란이 일어나자 척화론자로서 청나라와의 화평을 반대하며, 왕을 남한산성에 모시고 가서 독전어사(督戰御使)가 되었다.
  1637년 교리(校理)·집의(執義)를 거쳐 1639년 이조 좌랑이 되고, 1642년 사간이 되었다. 1653년 부제학으로서 오랫동안 버려두었던 노산군(魯山君)의 묘소에 제사 올릴 것을 청하여 시행하게 하였다.
  이듬해 그의 주장으로 사학(四學)에 교수 각 1인을 겸교수라 일컫고 시종으로 임명하게 하였다. 1655년 대사성 · 대사헌이 되고, 이듬해 대제학이 되었다. 1708년(숙종 34) 손자 진옥(鎭玉)이 그의 글을 모아 『창주유고』를 간행하였다. 시호는 문정(文貞)이다.

② 차시(茶詩)

• 次蘇東坡煎茶韻 / 소동파의 전다운 시의 운자를 써서

학원의 정배(正焙)를 달이는 그 진귀함
새벽에 갓 길어 온 물기가 맑기도 해라
달처럼 둥근 덩이차 옥연에서 갈아
좋은 구름 같이 다스려 은병에 담았네.
아두로 점하니 유화가 일고
게 눈 올라 물 끓으며 소리를 내네
막힌 창자 뚫어주고 잠도 안 오는데
산성 멀리 밤 시각 알리는 쌀쌀한 소리

壑源官焙試珍烹　孝汲新泉活水淸
明月乍團分玉碾　霱雲纔撥貯銀甁
鵝頭點乳微飜脚　蟹眼揚波細有聲
搜潤枯腸仍不寐　山城遙夜聽寒更

• 幽居春事 / 은거하면서 봄 일을 읊다

마음에 드는 시구 얻으면 자주 붓 잡고
벼슬 않고 몸 편하니 글 쓰는 일 해야겠네
서암의 늙은이 속기가 아주 없어
새순 볶아 차 달이는 일 몇 번이나 지났던가.

詩篇得意頻拈筆　夜服安身欲製荷
西崦老人多不俗　煮茶燒筍許相過

• 謝靑湖使君饋茶惠詩 / 청호사군께서 보내주신 것에 감사
하는 시

세발 노구 급히 씻어 푸른 차 달이니
강남의 풍류 호사스럽기도 하구나.
봉함을 떼니 접힌 시편 더욱 반갑고
시사(詩思)가 드높아 일가를 이루었네.
펄럭이는 편지에 차 싹이 함께 오니
그 먼 남쪽이 가깝게만 느껴지네.
이렇게 소중한 때가 바로 세모(歲暮)이니
바다와 산 어느 곳인들 내 집 아니리오.

急洗鎗鐺煮碧芽　江南風味便能賒
開緘更喜詩篇枉　句法飄飄自一家
翩翩書信帶茶芽　千里南州未覺賒

이 밖에도 차의 절구가 더 있다.

밀납 칠 한 나막신 신고 단풍 숲 지나
푸른 개울물 길어 차 솥에 붓는다.

蠟履穿紅葉　茶鐺汲碧溪

조용한 집 삿자리에서 낮잠 깨니
맑은 차 한 잔은 큰 잔치의 값어치네.

小簟閑齋初睡覺　淸茶一椀當深巵

35. 구당 박장원(久堂 朴長遠)

① 생애(生涯)

박장원(朴長遠; 1612~1671)은 문신으로 자는 중구(仲九), 호는 구당(久堂)이다. 강원도 관찰사, 이조·공조·예조 등의 판서를 역임하고 개성 유수로 재직 중 사망했다.

② 차시(茶詩)

• 終南草堂 / 종남초당

그대 종남의 한 초당 사랑하니
앞은 그윽한 내이고 뒤는 높은 산이라네.
가까이 푸른 봉우리엔 언제나 이내 서렸고
해 짧아지면 이른 서리에 단풍 붉게 든다네.
난간에 서면 제일 먼저 달빛을 맞이하고
창을 들면 가을빛 가득 든다네.
약그릇과 차솥 외에 할 일이 없고
때때로 상머리에 옛 책을 뒤적이네.
愛汝終南一草堂　前臨幽澗後高岡
近人靑嶂恒生靄　背日丹楓早着霜

憑檻最先邀月色　拓窓偏自納秋光
藥瓢茶鼎無餘事　時向床頭檢古方

• 淸平僧文玉來訪 / 청평의 스님 문옥이 내방함

강을 타고 반날을 소양으로 내리니
다병 함께 표연히 초당에 이르렀네.
학의 모양 대하니 정신이 왕성해지고
다품을 자세히 평하려니 향기 먼저 나는구나.
성긴 발의 달빛은 심한 더위 거두고
작은 뜰 솔바람은 저녁의 서늘함 몰아오네.
전에 썻던 방에 자리 잡고 앉으니
오늘 저녁 텅 빈 상엔 흰 구름과 함께 자리.

半輪江日下昭陽　缾錫飄然到草堂
乍對鶴形神始旺　細評茶品口先香
疏簾月彩收炎毒　小院松濤進夕涼
應念舊房棲定處　白雲今夜宿空床

• 樓上吟 / 누에 올라 읊다

영주루에서 꿩들 바삐 나는 것을 보고
날마다 올라 넘어가는 해 보낸다네.
금정물 길어 달인 차 벌써 잔이 식고
선서(仙書) 펼친 곳에 차 연기 피고 비 펄펄 날리네.
瀛洲棲觀劇翠飛　日日登臨送落暉
金井汲來茶盌凍　玉書披處篆煙霏

"작은 창에 뜻 그윽해지면 항상 차 달이고 새소리마저 없는 긴 날이 저물어 가네(小窓幽意稱煎茶 啼鳥無聲遲日斜)"는 마음이 그려진 그림이다. 그의 시는 이처럼 아름답다. 그것은 아마 그 자신의 쉼 없는 노력에서 나온 것이리라. "차 끓이다 시사 깊어지면 마른 벼루에 다탕 몇 방울 떨어뜨려, 평생의 칠자 시를 모두 쓴다네(茶湯取滴沾枯硯 强寫平生七字詩)" 이는 그의 수련을 말한다.

• 縣齋書懷示子公 / 현재에서 회포를 써서 자공에게 보이다

평상을 옮겨 송창에 티친 달을 갈무리하고
차 달이는 돌솥에 유화 뜨는 것 보이네.

移床野貯 松窓月　煮茗朝浮石鼎漚

36. 분애(汾厓) 신정(申晸)

① 생애(生涯)

자는 백동(白東)이고, 분애(汾厓)는 그의 호(號)이며 신익전(申翊全)의 아들로, 1628년 인조 6년에 태어났다. 호남(湖南)에 흉년이 들자 공을 발탁하여 방백(方伯)을 삼아 이를 다스리게 하였으며, 내직(內職)으로 들어와 병조(兵曹)와 호조(戶曹)의 참의(參議)가 되었다가 승지(承旨)로 전임(轉任)되었다. 공이 세 차례 대사간이 되고 두 차례 대사성(大司成)이 되었으며, 예조참의도 지냈었다.
　양관(兩舘: 홍문관, 예문관)의 제학(提學)을 거쳐 지경연의금부사(知經筵義禁府事)·지춘추관사(知春秋館事)·도총관(都摠管)과 판의금부사(判義禁府事)를 지냈다.

② 차시(茶詩)

· 題友人家 / 우인가를 제함

대밭 길에 오는 이 없고
벌들은 아직 드나들지 않는다네.
꽃그늘에서 술 깨려고
불을 피워 새 차 달인다네.

竹逕人來少　蜂窠穀晚衙
酒醒花影下　敲火煮新茶

• 睡起 / 잠에서 깨어나

해가 중천에 뜬 후 봄 잠 깨니
까마귀와 까치의 지저귐에 흥이 없다네.
발 걷으니 꽃 그림자 굽은 난간에 있고
누워서 보니 뜰에서 차 연기 피어오르네.

日高三丈破春眠　語鵲飛鳥正悄然
簾捲曲欄花影轉　臥看庭宇起茶煙

• 閉門 / 문을 닫다

후미진 막다른 골목에 문 닫고서
푸른 산 바라보고 앉았으니 해가 기우네.
작년보다 흰 머리 많아지고
금년 여름 지나니 눈도 흐릿해
분분한 세속의 연고 한이 없고
홀홀하고 허무한 삶은 끝이 있다네.
오히려 고요하고 그윽한 흥에 만족하고
돌샘의 흐르는 물 길어 새 차 달이네.

閉門窮巷斷經過　坐對靑山日又斜
頭比去年增素雪　眼從今夏轉昏花

紛紛世故看無盡　忽忽浮生覺有涯
猶喜靜中幽興足　石泉流水試新茶

• 獨夜 / 밤에 홀로

섣달의 매화가 사람 향해 웃으니
등불과 함께하여 내 마음 곡진(曲盡)하네.
추운 집에 눈물로 차 달이는 흥취
값비싼 장막 속의 따뜻함에 비교가 되리.

近臘梅花咲向人　盡情燈火共相親
寒齋雪水烹茶興　何似銷金帳裏春

• 曉吟 / 새벽에 일어나 읊다

시끄러운 닭 소리에 일찍 일어나
창살은 아직도 밝을 기색 없다네.
허물어진 성에는 이지러진 달 비치고
옛 수루엔 새벽 별 사라지네.
촛불 아래 새로운 시구 생각하며
차를 달여 어젯밤 취기를 푼다네.
허무한 생애 온갖 회포가 서려
나도 모르게 두 줄기 눈물이 지네.

曉起鷄聲亂　窓櫳未向明
荒城低缺月　古戍落殘星

秉燭題新句　煎茶解夙醒
浮生多少感　不覺淚雙零

• 訪湖中古寺贈僧 / 호남의 옛 절을 방문하여 스님에게 줌

절의 빽빽한 건물들 높기도 한데
험한 길 등 넝쿨 잡고 몇 구비나 올랐는가.
황폐한 뜰 노송엔 황새와 학이 집 짓고
비 내리는 애잔한 골짜기엔 교룡이 있다네.
스님 와서 전에 올타 가을 차 드리고
나그네 등불 앞에 누워 새벽 종소리 듣네.
다행스럽게 불문에 과연 인연이 있다면
오늘부터 호계에서 처럼 서로 좇아 즐기리.

梵宮飛構鬱穹崇　鳥道攀藤過幾重
松老廢庭巢鸛鶴　雨深哀壑蟄蛟龍
僧來殿上供秋茗　客臥燈前聽曉鐘
却喜空門緣果在　虎溪從此好相從

　분애 신정은 차시를 많이 남긴 신익전의 아들로 무애(無碍)의 활달한 시를 구사하였다. 차시를 보면 종횡무진이다. 차의 정신을 체득한 차인으로서의 자연스레 우러나는 시상으로 차시를 썼다.

37. 서석 김만기(瑞石 金萬基)와 서포 김만중(西浦 金萬重) 형제

가. 서석 김만기(瑞石 金萬基)

① 생애(生涯)

김만기(金萬基; 1633~1687)는 숙종의 장인으로 자는 영숙(永淑), 호는 서석(瑞石)이다. 증조부는 사계 김장생 이고, 조부는 참판 반(槃)이며, 아버지 익겸(益兼)은 병자호란 때 강화에서 자폭하였다. 송시열의 문인이고 딸은 인경왕후(仁敬王后)로 국구(國舅)가 되어 광성부원군(光城府院君)에 봉해졌으며, 대제학을 지냈다. 백부(伯父)인 익희(益熙)가 이름난 차인 이었고, 집안에서 차를 많이 마셨기 때문에 차에 대한 조예가 깊었다.

② 차시(茶詩)

- 孟夏晦日 對雨有作 / 맹하(음 4월) 그믐날에 비를 마주하고 짓다

꿈 깨니 솥에서 막 차 끓는 소리 들리고
일어나 보니 해당화 늦게 비 맞고 피었네.
늦게까지 읊조려도 좋은 구절 못 얻으니
날씨의 흐리고 갬은 작은 해낭에 넣어두네.

夢廻茶鼎聞初沸　起看棠花洗晚粧
竟夕沈吟無好語　陰晴聊付小奚囊

• 再疊 / 재차 운자를 써서

향 연기 가늘게 하늘하늘 전서를 쓱
틈으로 온 먼지는 책상에 앉았다네.
차 솥에는 고기눈 방울 생기고 끓고
어지럽게 비 내리는 소리 들린다네.

香篆細裊煙　隙塵橫射案
茶鼎沸魚眼　如聞雨聲亂

• 夢會西齋 / 꿈에 서재에서 모이다

잠에 이끌려 찻잔 들고 안 마시고
그대 차아 꿈속에 서재에 이르렀네.
이에 하현을 보니 봄기운 가득하고
어찌 동양에서 길 잃은 것을 한하리.

引睡新停茶椀提　尋君夢到小齋西
剩看河縣春方滿　寧恨東陽路易迷

- 起夢 / 꿈에서 깨어나

맑은 그늘 미풍은 기분 좋게 불어오고
청려장 짚고서 남쪽 개울 이르렀네.
숲 건너엔 한 줄기 차연기 일고
구부러진 개의 끝자락 작은 암지 있었네.

清樾微風吹半酣　靑藜扶我過溪南
隔林一縷茶煙起　行盡灣崎得小菴

- 次正平從兄韻 / 정평의 종형 시를 차운하다

새소리에 눈떠 보니 날이 벌써 밝았는데
일어나 화악을 보니 푸른 기운 높이 떴네.
산 집에 눈이 개어서 시 한 수 쓱 나니
작은 집 훈훈한 화로에 차기 끓고 있다네.

啼鳥呼人日已紅　起看華嶽翠浮空
疏籬霽雪題詩後　小屋熏爐瀹茗中

　서석은 누구보다 선계(仙界)에 대한 동경이 짙다. 여기서 말하는 꿈은 바로 초월적인 세계, 곧 자신이 그리워하는 세계다. 옛사람들이 겨울에는 눈물로 차 끓이고, 여름에는 연잎에 고인 이슬 받아 차를 마신다고 했으니 그도 눈물에 차를 끓여 마시는 것을 좋아했다(還燐雪水點茶溫 仍思瀹雪煎茶時).
　신정(申晸)이 동래에서 일본 사신을 맞을 때 보낸 글에서 "와서 배에서 내릴 때도 연회가 있고, 가려고 배에 탈 때도 연회를 하며,

차를 낼 때 먼저 국서를 받고, 반드시 예로서 맞아야 하네(來有下宴 去有上船宴 設茶先受書 必也以禮見)"라고 깨우쳤다.

나. 서포 김만중(西浦 金萬重)

① 생애(生涯)

김만중(金萬重; 1637~1692)은 만기의 아우로 익겸의 유복자다. 자는 중숙(重淑), 호는 서포(西浦)로 급제하여 삼남(三南)의 어사를 지내고, 공조판서, 대사헌을 지냈다. 정쟁 속에서 여러 번의 유배와 등용을 반복하며 다난한 벼슬살이를 하였다. 그가 남해에 유배되었을 때 어머니를 위해 『구운몽(九雲夢)』을 쓰고 배소에서 병사했다. 그는 『사씨남정기(謝氏南征記)』도 써서 우리 소설 문학의 새로운 지평을 열었다.

② 차시(茶詩)

• 樂府 / 악부

그대는 삼장의 경(經)을 펼쳤고
첩은 천상의 꽃을 뿌렸다네.
하늘 꽃 어지러움 다 끝내지 못했는데
우물 위의 오동나무엔 아침 까치 우네.
밖의 사람들 이런저런 얘기에 상관치 않고

사미에게 차를 전해 일가를 이루었다네.

君演三藏經　　妾散諸天花
天花撩亂殊未央　井上梧桐啼鳥鴉
不愁外人說長短　傳茶沙彌是一家

• 遭亂始知昇平樂 / 난을 만나 비로소 태평성대의 즐거움을 알다

그냥 살 때는 태평한 세월 느끼지 못하고
늙어서야 지난 반생을 부끄러워한다네.
차와 제니의 맛도 이제야 알게 되고
지나간 세월이 감개무량하다네.
중선은 나그네 되어 부(賻)만을 생각했고
두보는 슬플 때 옛날을 떠올렸다네.
오교에서 맛던 술잔 잊을 수 없고
꽃그늘 아래 피리 소리 젖어 날 새는 줄 몰랐네.

平居未解樂昇平　投老追惟槐半生
茶薺備嘗方識味　春秋迭代自傷情
仲宣作客思歸賦　子美哀時憶昔行
難忘午橋橋上飮　笛聲花影到天明

　앞의 것은 삼장법사에 얽힌 전설을 모델로 쓴 글이고, 뒤의 것은 태평스러운 좋은 시절 다 지나고 회고하니 그때가 평화로웠음을 실감하는 내용이다.

　이 집안의 다풍은 사계(沙溪) 때 풍성해져 손자 익희(益熙)와 증

손 만중, 만기에 와서 꽃피고, 만기의 손자 춘택(春澤: 1670~1717)에까지 이어진다.

　김춘택(金春澤; 1670~1717)은 자는 백우(伯雨), 호는 북헌(北軒)으로 서인의 집안이었기에 당쟁의 소용돌이 속에서 여러 번의 귀양살이를 했다. 증조부인 만중의 『구운몽』과 『사씨남정기』를 한역해서 전한다.

· 晝眠 / 낮잠

백발 드리우고 대베개 높이 베고 누우니
작은 차 솥에서 푸른 연기 하늘하늘 오르네.
손에 든 책은 때때로 아물거리고
자획이 사라졌다 보였다 하여 보일 듯 말듯.

白髮垂垂高竹枕　靑煙裊裊小茶罐
手中書卷時遮眼　字畵微茫半欲無

38. 염헌(恬軒) 임상원(任相元)

① 생애(生涯)

　본관은 풍천(豊川). 자는 공보(公輔), 호는 염헌(恬軒). 장(章)의 증손으로, 할아버지는 선(善)이고, 아버지는 이조참판에 증직이 된 중(重)이다. 1660년(현종 1) 사마시에 합격하였고, 1665년 별시문과에 장원급제하여 평안도 도사를 지냈으며, 1671년 정언을 거쳐 용강 현령이 되었다가 1673년 교리로 승진되었다.
　1676년(숙종 2) 청풍 부사로 있을 때 문과중시에 병과로 급제한 뒤 1680년 동부승지가 되었다. 이듬해에 공조참판을 지냈으며, 1684년 대사간이 되고 이듬해 대사성이 되었다. 1686년 대사헌을 지내고, 1687년 도승지를 역임했으며, 사은부사(謝恩副使)가 되어 청나라에 다녀왔다. 공조판서와 우참찬·한성부판윤 등을 지냈다.
　문명이 있었으며 송시열(宋時烈)을 유배시킬 때 전야(田野)에 방면할 것을 주장하였다. 저서로 『염헌집』 10책과 『교거쇄편(郊居瑣篇)』이 있다. 시호는 효문(孝文)이다.

② 차시(茶詩)

· 遇雪 / 눈을 맞으며

서창에 눈보라에 치는 밤 놀랐으나
개고 나니 앞산이 산뜻도 하구나.
차 달이며 냉담함을 더하고 싶고
도리어 술 마시던 기억 아련하네.

書窓驟雪夜驚人　坐對前山霽色新
剩欲煎茶添冷淡　還催賖酒憶逡巡

• 晩坐寒碧 / 저녁에 한벽에 앉아

농사짓는 불은 산 위까지 보이고
고기잡이 불은 먼 마을 향한다네.
차 달이니 그 맛 아주 좋고
세속의 먼지 씻어 기쁘기도 하네.

耕火侵遙岫　漁燈向遠村
烹茶味更絶　喜得洗塵煩

• 煎茶卽事 / 차를 달이며 지음

얼음 깨고 강물 길어다
가죽나무 숲에 차 달이네.
푸른 연기 다시 피어나고
흰 유화 엉겨 흩어지지 않네.
두 가지 아름다움 다 있어 기뻐
유쾌히 한 잔 가득 따른다네.
깨끗하고 연한 산나물 곁들여서

마음 놓고 실컷 먹는다네.
찬 바람 불어 땅을 가르는데
깊은 밤 동로(銅爐) 따뜻하다네.
산속의 고을이 깊이 없다 말하지 마오
이 같은 즐거움 세상에 드문 일이라네.

敲氷汲江水　烹茗燒擽炭
靑煙撥更起　白花吹不散
喜得兩美具　快不盡一椀
淸脆佐山蔬　信口卽飽飯
北風吹地裂　深室銅爐暖
莫道山郡薄　此樂世應罕

• 歲晩書懷 / 해가 저물 때 회포를 쓰다

산골의 관리되어 한 해를 지나니
고요하고 한가로이 근심 없어 좋다네
합문을 닫고 술과 차를 마시고
푸른 강 쓸쓸한 돌길로 혼자 누에 오르네

峽中爲吏度春秋　寂寞寬閑好遣愁
茶嫩酒香時閉閤　石寒江碧獨登樓

• 風雪 / 풍설

봄바람 휩쓸어 눈 무더기 만들고
물위의 백로와 왜가리 다시 날아드네.

깊은 골짜기엔 얼음 속에 나물 돋아
작년에 피었던 고향 집 매화 생각하네.
내 강물 따라 차 달이기 즐기니
시구 찾으려 어찌 번잡스럽게 촛불 켜랴.
녹을 훔치고 일 소홀함이 아주 부끄러워
지팡이 짚고 이끼 낀 동헌 뜰을 거닌다네.

春風浩蕩雪成堆　欲鶯沈鳧去却廻
深峽已挑含凍菜　故園猶想隔年梅
勻江自愛煎茶熟　覓句何煩刻燭催
竊祿却慙疏懶甚　訟庭携杖步荒苔

• 次韻 / 차운

역아(易牙)의 혀로도 치수와 승수를 분별치 못하는데
얼음을 떠다 차 달이며 뿌듯이 생각하네.
굽은 난간에 앉아 나풀거리는 새 깃 보고
높은 집 창가에 누워 고깃배 불들을 바라보네.

不須牙舌辨淄澠　勻氷煎茶每自矜
曲檻坐看飄鳥毳　高窓臥見點漁燈

• 夏初 / 초여름

수레 앞의 어지러운 돌 관도를 막고
푸른 솔은 성난 말갈기처럼 동리 앞에 서 있네.

소년 시절 즐거움 지금 어디에 있나?
텅 빈 집에 발 드리우고 손수 차를 달이네.

亂石騈頭官道隘　蒼松奮발洞門斜
少年快樂今何在　空閣垂簾自煮茶

• 烹茶 / 차를 끓이다

옛날 배를 타고 먼바다 건너서
우리 이때부터 차를 알고 시작했네.
파리 소리 지나면서 푸른 잎 데치고
고기 눈 지나면서 흰 거품 넘친다네.
투다의 품수는 공다(貢茶) 충당 생각하고
공을 논하면 『다경』의 자랑 합당하네.
급히 한 잔 마셔 시 읊는 혀 적시니
어느새 해 돋아 푸른 세상 가득하네.

曾逐慈航涉海賒　三韓從此始如茶
蠅聲陟作飜蒼葉　魚眼才平漲白花
鬪品敢恩充貢計　論功固合著經誇
急傾一椀澆吟舌　不覺朝暾滿綠紗

• 偶成 / 우연히 지음

높은 곳 종일토록 겹겹 싸인 산을 대하고
사립문 저녁 빛이 새롭게 보인다네.
오는 손님 앉혀놓고 다품을 자랑하고

『주경(酒經)』을 초하여 집안사람 가르치네.

高齊終日對峰峋　又見柴門夕照新
茶品閱來誇座客　酒經鈔却敎家人

• 臥詠 / 누워거늘조리다.

새벽 추위 가장 견디기 힘들어
종이 병풍으로 가려 따뜻이 하네.
불씨는 언제나 화로에 있고
이지러진 등불은 홀연히 꽃처럼 변하네.
골짜기엔 구름 피어오르려 하고
달은 숲 너머 멀리 비추고 있네.
편안히 일어나 할 일이 없어
소나무 구해다 손수 차 달이네.

晨寒最可畏　被暖紙屛遮
宿火都成爐　殘燈忽作花
谷中雲欲出　林外月初斜
晏起營何事　樵松自煮茶

• 屛居 / 은거하다

몸의 굴레 벗으니 여유롭고 한가해
깊은 산에 은거하며 머리 희어졌네.
언제나 소나무 아래서 들밥 먹고
개울물 옆에서 한가로이 찻사발 씻네.

身無羈絆自悠悠　屛跡深山已白頭
每倚松林觀野饁　閑臨澗水洗茶甌

• 送潭陽府使李光夏 / 담양 부사 이광하를 보내며

남녘이 장기(瘴氣) 있는 고장이라 말하지 마오
담양은 맑고 시원한 고을이라 들었소.
대밭이 멀리 퍼져 구름 밖에 솟았고
이슬에 향기 젖은 쌍기의 차가 좋소.

莫道南方等瘴鄕　似聞潭府較淸涼
竹憐千畝連雲秀　茶愛雙旗浥露香

• 日暖 / 날씨가 따뜻함에

전원에 늙어가며 미투리 한 켤레에
관복 벗어버리고 두건 하나 썼다네.
마시고 난 찻사발 베개 삼아 누우니
훨훨 나는 새 그림자 창을 자주 지나네.

田園老去雙繩履　簪笏抛來一角巾
啜罷茶甌仍命枕　翩翻鳥影度窓頻

• 薄暮煎茶 / 초저녁에 차를 끓임

새 여름 더위 심해 반은 녹는 듯한데
한가로이 솔바람 소리 내며 익는 차를 보네.

탕이 뒤쳐 흰 물결 이는 소리 나고
물굽이 조용해지고 푸른 이내 피네.
잠에 취해 몽롱하던 정신 안개처럼 걷히고
아프던 것 저절로 덜해 하늘에 오르는 듯
신라 스님 진정 좋은 일 전하게 되어
차 씨를 품고 바다 건너 동쪽으로 왔다네.

新霄炎威覺半銷　閒看茶熟響松飆
湯飜白雪仍瀎潏　涨息靑煙轉寂寥
昏睡頓空如捲霧　微痾自遁欲凌霄
羅僧好事眞堪傳　挾子東來渡海遙

• 日晚 / 해가 저물다

강의 얼음소리 들으니 눈 내릴 듯하고
굶주린 매가 하늘에서 슬피 울고 있네.
산골의 관가는 한산해 적을 서류 없고
문밖의 솔바람은 흰 바위를 쓸어내네.
어부는 추위에 떨면서 낚싯배를 버티고
태수의 관아는 높은 누각 임했구려.
강물 조금 길어다가 홀로 차 달이니
고요히 지는 해가 앙상한 가지에 걸렸구나.

江氷有聲雪欲落　飢鶻悲鳴在蒼壁
峽中官冷簿書靜　門外松風掃白石
漁父侵寒撑釣艇　太守放衙臨高閣
小杓分江獨煎茗　寂歷頹陽掛疏木

가죽나무 숯으로 차를 달임은 나무의 특성을 알고 불의 가늠을 경험적으로 묘사하였다. 요즘에도 고집하는 일창이기(一槍二旗)의 찻잎 따는 것을 읊었고 이기를 쌍기라고 하였다. 차를 마시고 나 찻사발을 베고 누워 창에 비친 새의 그림자를 완상하는 것은 차인으로서 멋을 부릴 줄 아는 차인이었다.

  차시도 엄청나게 많이 썼다. 현재 남아 있는 차시의 숫자로도 손꼽을 만하다. 목은 이색이나 매월당 김시습, 사가 서거정 같은 분들과 같은 반열에 있는 다시(茶詩) 다작의 차인이다.

39. 서파 오도일(西坡 吳道一)

① 생애(生涯)

오도일(吳道一; 1645~1703)의 자는 관지(貫之), 호는 서파(西坡)이다. 영의정(領議政) 윤겸(允謙)의 손자다. 급제하여 지평, 대사간, 도승지, 병조판서를 역임하고 그사이 중국을 다녀왔다. 문장이 뛰어나고 술을 좋아한 진정한 다인이었다.

② 차시(茶詩)

· 脩然齋 / 소연재

낮잠 깨어나 꾀꼬리 소리 듣고
비단 두건 비뚤어진 채 앞 난간에 섰네.
골짜기 바람 안개 헤치니 산 기운 빛나고
강 위의 해는 구름을 뚫어 비 개었네.
바둑판 걷으니 물루 하나 없고
술 마신 후 찻사발 개운하기도 해라.
홀연 서쪽 바라보니 간절한 마음 더한데
머리카락은 근심 때문에 얼마나 희어졌는가.

畫夢初回黃鳥聲 絲巾不整倚前楹

峽風破霧嵐光薄　紅日穿雲雨脚明
碁局斂來無箇累　茶甌酌罷有餘淸
忽然西望丹心激　鬢髮緣憂白幾莖

· 贈晩溪主人 / 만계 주인에게 주다

관리가 오래 은거하면 속인과 통하니
대지팡이 짚고 한가로이 사는 산살이를 묻는다면
구담의 좋은 경치 맑기 이를 데 없고
한벽은 기발하나 맑기 한결같지 않다네.
kr은 언덕엔 차 끓인 남은 연기 피고
그윽한 숲속 새들은 첫잠 깨었다네.
외로운 배의 기적소리는 또 온다는 약속이니
봄 강물에 오르는 쏘가리 얻어놓고 기다리리.

吏殷三年女俗疏　一筇閒日問山居
龜潭縱勝淸堪讓　寒碧雖奇淡不知
小塢殘煙茶熟後　晩林幽鳥夢醒初
孤舟短笛重尋約　待得春流上鱖魚

· 碧樓 / 푸른 누각

계속 부는 바람 누 위의 더위 씻어 가고
걸어 놓은 발그림자 산안개를 감싸네.
박으로 만든 병에는 찬 찹쌀술 있고
질솥에는 돌샘 물로 맑은 차 달이네.
헝클어진 절터 높은 나무에선 학이 졸고

저무는 강 빗속에 중이 노를 젓는다네.

樓逈風多失署天　挂空簾影抱山煙
匏樽酒冽醑眭秋　瓦鼎多淸煮石泉
廢寺鶴眠雲際樹　暮江僧棹雨中船

• 宣化堂雨□ / 우중에 선화당에서

비 내리는 마을 터엔 버들잎만 푸르고
물 깊은 관가 못엔 연꽃 막 피려 하네.
속병으로 술 끊은 것 싫지 않으며
쇠솥에 새로이 눈차를 달인다네.

雨重村墟偏柳色　水深官沼欲荷花
不嫌病肺抛不酌　金鼎新煎雪茗茶

• 夜坐 / 밤에 앉아서 짓다

발과 휘장 그림자 옮겨지니 새벽 기운 짙고
뜰 나무엔 센 비바람 치니 급한 종소리라네.
단잠 자는 글 벗을 두드려 깨우고
다기(茶妓)를 부르니 할 수 없이 나오네.

簾䈴如水曉浪濃　庭樹風高雨急舂
蹴起詩朋酣寢熟　喚來茶妓出鷹慵

• 汝厚園亭 / 여후원 정자

온 성의 봄 경치 그대 집에 다 있고
날이 맑아 난간에서 멀리 다 보이네.
넓은 도성 많은 길엔 버들 빛이 짙고
조그만 담장 위에 뾰족이 내민 도화
술 그치고 차 마시니 맑은 정담 흐뭇하고.
돌로 된 이 산은 정취 아주 좋다네.
퇴근하고 나면 공무에서 벗어나니
돌아올 때 새 구경해도 말리지 않는다네.

滿城春事屬君家　晴日憑欄眺望賖
九陌徧濃渾柳色　小牆橫出或桃花
呼茶替酌歡情淡　累石成山勝趣誇
官山更無公務縛　未妨歸馬趁棲鴉

　서파(西坡)는 술과 차와 함께하는 일이 많았다. 그러다가 병이 생기면 금주하고 차만 마셨으니, 마음을 맑게 하고 몸을 보호하는 방법으로 삼았다(舊病將穌催換服 新方欲試更呼茶 茶功醒肺拋官酒). 그가 술을 마신 곳은 주로 이름난 정자나 경치 좋은 암자 등이 많았다. 그래서 좋은 경치와 어울리는 좋은 시구들이 나왔다.

40. 호곡 남용익(壺谷 南龍翼)

① 생애(生涯)

남용익(南龍翼; 1628~1692)은 학자로 자는 운경(雲卿), 호는 호곡(호곡)이다. 급제하여 여러 벼슬을 지내다가 일본 통신사의 종사관으로 다녀오면서 『부상록(扶桑錄)』을 쓰고 그 속에 당시의 일본 다속(茶俗)을 소개했다. 후에 양관 대제학, 이조판서를 역임하고 기사환국 때 명천으로 유배되어 그곳에서 사망했다. 문장과 글씨에 능한 차인이었다.

② 차시(茶詩)

• 翌日 更次聯句韻 / 다음날 다시 연구의 운을 써서 짓다

눈물로 차 달이는 흥취
북쪽 산 찾은 나그네 마음이라네.
우연히 선비 모임 이루어져
서로 꽃다운 얘기 토한다네.

雪水煎茶興　山陰訪客心
偶然成彦會　相與吐英音

• 遂旬移居戱吟 / 열흘만에 거처를 옮기고 장난삼아 짓다

술병과 서상은 버려두고
차 솥과 약봉지는 가지고 가네.
물 위의 마름처럼 의탁 할 곳 없이
어느 때나 이 생애 정착할 것이랴.

酒甕書床棄　茶鐺藥裹隨
萍蓬無處托　幾日定生涯

• 寒樓老仙會歌 / 한루의 노선회

첫 모임에 옥 잔으로 차 내니
새싹으로 만든 건계의 용단이라네.
신풍의 좋은 술은 너무 멀고
술 곧 경장이니 병 속의 맑은 물일세.

初筵先進玉椀茶　建溪龍團新摘芽
新豊美酒十千賖　酒是瓊漿樽是窪

• 茶屋進甌 / 찻집에서 찻잔을 올림

소 용단을 얻어 달이니
아침부터 길게 연기 피네.
고승들이 도복을 입고
오래 무릎 꿇고 금잔을 올리네.

烹得小龍團　朝煙生路畔
高僧披道衣　長跪進金椀

　일본에 갔을 때의 이야기로, 그들은 살 만한 정도면 당연히 다옥을 갖추고 저원을 손질해서 흰 담으로 치장했다(小有官爵者　稍有財産者　必有茶屋　以細石鋪庭內　白堊塗垣墻　曲曲均正.『문견별록(聞見別錄)』. 그리고 작설차를 많이 쓰고 우치(宇治: 우지)의 것이 제일 상품이며, 차 끓이는 기구는 극히 정교하고 누구나 차를 즐겨 마신다(茶勅通用雀舌靑稚者　而以宇治之産　爲第一品　烹茶之具　極其精巧　上下男女　無不嗜飲)고 했다.

41. 돈와 임수간(遯窩 任守幹)

① 생애(生涯)

임수간(任守幹: 1665~1721)은 상원의 아들로. 자를 용예(用譽), 호를 돈와(遯窩)라 하고, 급제하여 벼슬길로 나갔다. 1711년에 통신 부사로 일본에 다녀오면서『동사일기(東槎日記)』를 남겨서 당시 사행들의 일본 견문과 일본 차 문화를 소개했다. 우승지를 지냈으며 문장과 경사에 밝고 병법, 지리에 정통했다.

② 차시(茶詩)

• 차방옹시윤직경 / 방옹이 윤직경에게 보내준 시에 차운함

봄이 되어 바라보니 들의 정자 우두커니 섰고
산수의 아름다움은 그림 같질 못하다네.
좋은 물을 골라 양선차 손수 달이고
탑상 위에 쌓인 책은 진대 학자들 글이라네.
옛집 처마 아래엔 전부터 꽃 기르고
곡우 즈음엔 마땅히 망태기 짜야 한다네.
집 근처 무논엔 갈고 씨 뿌리는 일 급한데
한 무리 백로들은 스스로 갈고 찧어 먹네.

春來憑眺野亭虛　湖色山光畫不如
品水自煎陽羨茗　疊牋開榻晉賢書
栽花故近茅簷下　絓望宜須穀雨初
門外水田耕種急　一羣鷗鷺自春鋤

• 箱根 / 상근

가게마다 쓸쓸한 연기 피어 이어졌고
대밭에 보이는 절은 희미하구나.
고개 위 다옥 아래 말을 멈추고
향기로운 차 진정 좋아 마음 씻는다네.

人烟蕭瑟連茅店　梵宇依俙暎竹林
嶺上停驂茶屋下　茗香正好滌煩襟

• 次杜春遠 / 두춘원의 시에 차운함

나물 안주에 권하는 술맛 좋고
맑은 돌샘 물로 차 달이네.
앉아서 아이들 노는 것 구경하니
죽마를 각각 하나씩 가졌구나.

侑觴氷菜滑　煮茗石泉淸
坐看稚兒戱　篠驂各有營

• 次杜甫屏跡韻

나이 드니 마음 쓸 곳 없고
가난하니 그윽한 것이 좋다네.
시제를 찾아 먼 산 바라보고
찬 샘물 길어 차 달인다네.

衰至心無着　貧居興轉幽
覓詩看遠岫　煎茗試寒流

• 卽事 / 즉석에서 있었던 일을 읊다

강 위의 구름 아득하고 눈꽃 찬데
어촌의 집집은 일찍 문을 닫았네.
흰빛은 잠깐 보아다 먼 들에 묻히고
바람 소리 나면 드문 창살로 한기 드네.
켜놓은 붉은 등불 하염없이 바라보다가
차 마시니 푸른 연기 하늘하늘 피어오르네.
한 해 저무는데
마음 점점 답답해지니
어찌 한 병의 술 얻어 취해 잊어버릴까.

江雲漠漠雪花零　漁戶家家早掩扁
皓色俄看埋逈野　寒聲時聽襲疎櫺
剔來燈焰瞳瞳赤　吸罷茶烟裊裊靑
歲晏幽懷增悒怏　一罇安得醉無醒

42. 희암 채팽윤(希菴 蔡彭胤)

① 생애(生涯)

　채팽윤(蔡彭胤: 1669~1731)의 본관은 평강(平康). 자는 중기(仲耆), 호는 희암(希菴)·은와(恩窩). 채충연(蔡忠衍)의 증손으로, 할아버지는 채진후(蔡振後)이고, 아버지는 현감 채시상(蔡時祥)이다. 어머니는 권흥익(權興益)의 딸이다.
　급제하여 형조참판을 거쳤다. 시와 글씨에 능해서「대흥사 사적비문」을 찬했다.
　제하여 검열을 지낸 뒤, 그 해 사가독서(賜暇讀書: 문흥을 일으키기 위하여 유능한 젊은 관료들에게 휴가를 주어 독서에만 전념케 하던 제도)하였다. 그때 숙종의 명에 따라 오칠언(五七言)·십운율시(十韻律詩)를 지어 후일 나라를 빛낼 인재라는 찬사와 함께 사온(賜醞)의 영예를 입었다.
　그 뒤에도 호당(湖堂)에 선임된 자들과 은대(銀臺: 승정원의 다른 이름)에 나아가 시부를 지어 포상받았다. 그가 궐내에 노닐 때면 언제나 숙종이 보낸 내시가 뒤 따라다니며 그가 읊은 시를 몰래 베껴 바로 숙종에게 올리도록 할 만큼 시명(詩名)을 날렸다.
　1691년 세자시강원의 벼슬을 거쳐 1694년 정언(正言)에 있으면서 홍문록(弘文錄: 홍문관의 제학이나 교리를 선발하기 위한 제1차 인사기록)에 올랐으나, 이이(李珥) 성혼(成渾)

의 문묘출향(文廟黜享)을 주장한 이현령(李玄齡)의 상소에 참여했다 하여 삭제되었다.

그 뒤 벼슬에서 물러나 제자들에게 학문을 강론하며 지내다가 1724년 영조의 즉위로 승지에 제수되었다. 이듬해 도승지·대사간을 거쳐 예문관제학에 임명되어 감시장시관(柑試掌試官)이 되었으나 성균관 유생들이 전날 양현(兩賢)의 모독과 관계되었다 하여 응거(應擧)를 거부, 교체되는 파란을 겪었으며, 1730년(영조 6) 병조참판·동지의금부사·부제학을 역임하였다.

어려서부터 신동이라 불렸고, 특히 시문과 글씨에 뛰어났다. 해남의 두륜산(頭輪山) 대화사중창비(大花寺重創碑)와 대흥사사적비(大興寺事蹟碑)의 비문을 찬하고 썼다. 저서로는 희암집(希菴集) 29권이 있고 소대풍요(昭代風謠)를 편집하였다.

② 차시(茶詩)

· 洪兄見和 復疊求教 / 홍형이 화답해오다. 첩운하여 가르침을 구하다

산들바람에 차 연기 책상으로 훈훈히 피고
청명한 날 처마 끝 새소리 신선하네.
초야에 묻혀 한가롭게 산다는 것 점점 깨닫고
문 닫고 관을 벗은 채 편하게 눕는다네.

微風曲几茶烟煖　晴日幽簷鳥語新
漸覺閑居便野態　閉門高臥不冠中

• 寄李驪州伯起令道湖幽居 / 이 여주백 기령의 도호의 은거
지에 부치다

그대 생각하니 지금 도호의 물가에 있고
남쪽 전원으로 돌아가니 서울과 멀기도 하네.
늦게야 도잠의 버드나무 있는 삼경을 찾아
봄내 발 드리우고 구릉의 꽃을 가두었다네.
나비는 옮겨가는 지팡이 따라 봄바람을 희롱하고
부슬비 속에 귀여운 앵무는 차 마시라 노래하네.
그대 생각하며 읊으니 구름 속으로 근심 사라지니
이 시골의 서가를 몇 차례나 헛되이 지나갔을까.

思君今在道湖涯　兩畝歸來去國賒
三逕晚尋彭澤柳　一簾春鎖茂陵花
微風戲蝶隨移杖　小雨嬌鶯勸煮茶
愁殺碧雲吟望客　幾回虛過巷西家

• 喚睡亭春興 / 환수정의 봄 흥취

차 부뚜막에 차 연기 그치니 낮시간 더디 흐르고
처마 끝 나뭇가지엔 새소리 간간이 들리네.
느긋하게 조금 취한 듯 깬 듯한 상태로
꽃 피고 꽃 지는 때를 모두 본다네.

茶竈烟消午景遲　數聲啼鳥在簷枝
愁然半醉半醒裏　看盡花開花落時

 그의 시는 전원으로 돌아온 해방감과 차로서 자신의 심신을 정화시켜 가는 과정을 읊은 것이 많다. 소박하게 질로 된 그릇에 손수 차 달여 마시소(瓦甌香茶自煎酌), 직접 차 부뚜막을 손질하기도 하고(茶竈親收燒後火布衾重盖臥來衣) 새벽 차를 마시고 꽃구경을 즐기며(曉來茶味勝 一半浸山花) 차 애기를 좋아했다(搓手討烹茶).
 마지막 시는 바로 입선(入禪)한 것이 라고나 할까. 반취반성(半醉半醒)의 상태란 벌써 달관의 안목이다. 따질 것도 없고 시비를 가릴 것도 없는 경지에 이른 것이다.
 그리고 세상의 돌아가는 이치를 깨닫고 있다. 그것이 "꽃 피고 꽃 지는 때를 모두 본다네(看盡花開花落時)"의 구다.
 무엇보다 화암은 다사에 관계되는 기록을 많이 남겼다. 이것은 앞 시대의 사람들이 남긴 것보다 다른 의미에서 중요한 것이다. 18세기 초에 이런 자세한 기록은 보기 드물고, 또 자신이 직접 보고 들은 것이기에 생생하다. 우선 오대산의 우통수를 길어 문수보살에게 차를 공양했다는 두 태자 이야기 중에 천룡이 사자를 안고 있는 금상이 있었다는 것이다.

43. 겸재 조태억(謙齋 趙泰億)

① 생애(生涯)

　조태억(趙泰億; 1675~1728)은 문신으로 자는 대년(大年), 호는 겸재(謙齋)로 이조참판 가석(嘉錫)의 아들이다. 급제하여 대사성 때 통신사로 일본에 다녀오고 경상감사, 우의정, 좌의정을 역임했다. 초서와 예서를 잘 썼고 그림은 영모(翎毛)에 능했다.

② 차시(茶詩)

· 美伯嗔余懶於過從 / 미백이 내가 사이좋게 지내는데 게으르다고 진노하다

달빛 아래 차 달임이 술자리보다 좋아
함빡 웃는 매화는 진정 봄을 재촉하네.

月中烹茶勝飮醇　唉看梅意正催春

· 次察師韻 / 찰 스님의 시에 차운하다

동쪽 교외 가까운 데 바로 제천인데

고아한 놀이 역시 좋은 인연과 함께하라네.
붉은 해 떠오를 때 공양 알리는 경이 울고
흰 구름 깊은 곳에 차 연기 일어나네.
매화옹의 옛터엔 산봉우리 우뚝우뚝
계곡 노인 그윽한 거처는 온 골짜기라네.
이곳 오면 속세의 생각 아주 없어지고
향 피우고 조용히 앉으면 마음 여유롭다네.

東郊咫尺是諸天　偶得淸遊亦勝緣
紅旭上時鳴飯磬　白雲深處起茶烟
梅翁故址千峯立　溪老幽居一壑專
到此更無塵世念　燒香黙坐意悠然

• 次陳簡齋韻 / 진간재의 시에 차운하다

야인이 사는 집에서 맑은 새벽 일어나
찬 샘물로 양치하고 차를 달여 마신다네.

淸晨睡起野人家　嗽得寒泉當啜茶

• 次士珍韻 / 사진의 시에 차운하다

차 부뚜막 쓸쓸히 평상과 마주 있고
종일 문 닫고서 잠들면 고향이네.
지나온 세파는 수많은 고비였고
조그만 분쟁은 그 얼마나 지났는고.
진정한 묘리는 술로써 근심 풀고

의사의 좋은 처방 글씨 쓰는 일이라네.
금화와 옥당은 구분하지 못하고서
심력 기울여 바빴던 것 후회한다네.

茶竈蕭然對筆床　閉門終日睡爲鄕
風波閱歷從千變　蠻觸紛爭問幾場
酒解消憂眞妙理　書能醫俗是良方
金華玉署渾非分　愯却從前役役忙

• 晨起聯句 / 새벽에 일어나 몇구절 이어 쓰다

아침 되면 산뜻함이 병으로 스며들고
작은 부엌에선 차 연기 하늘하늘
형산의 맑은 구름 자계에서 열리고
여산의 긴 폭포 향로봉에 걸렸다네.

朝來爽氣欲侵壺　裊裊茶烟起小廚
衡岳晴雲開紫盖　廬山飛瀑掛香鑪

• 次朴直卿韻 / 박지경의 시에 차운하다

술 익으면 이웃 따라 함께 마시고
비 개면 친구 오길 기다린다네.
외롭고 적적할 땐 추운 날이 지루하여
혼자서 차 화로의 재를 뒤적인다네.

酒熟且從隣舍飮　雨晴還待故人來

孤懷寂寂寒宵永　獨對茶鑪坐撥灰

• 與季成叔平 / 계성 숙평과 함께

낮은 밭에 비 충분해 모 다 심고
굽이진 물가 시원한 대 낚시하기 좋다네.
소찬과 조악한 차에 스스로 만족하지만
오랜 가난 맡은 늙은 아내 근심이라오.

低田兩足新秧遍　曲渚風凉晚釣收
淡飯粗茶猶自樂　長貧且任老妻愁

• 次季綏塵字 / 계수의 진자의 시에 차운하다

차 부뚜막과 필상을 한가로이 바라보고
도롱이에 삿갓 쓴 늙은 도인이라네.
강호의 좋은 약속 고깃배에 잇고
봄 동리 복숭아꽃 싫어하지 말게나.

茶竈筆床閑魯望　簔衣蒻笠老玄眞
江湖好約漁舟在　莫負稻花洞裏春

• 席上又拈韻 / 자리에서 또 운자를 잡다

물러나 고요히 사니 일마다 편해서 좋고
지팡이 짚고 가는 데마다 차와 술이 따른다네.
이 골짜기의 한가로운 정 거리낌도 하나 없고

언제나 좋은 흥을 아는 이 없다네.

幽居事事足便宜　鞋杖動茶輒隨醪
一壑閑情無物累　匹時佳興少人知

　세속에서 바쁘게 살다가 절에서 느낀 감정은 아주 새로운 세계였다. 바로 하늘과 통하는 신의 경지로 산사의 경(磬)소리는 지난날의 은자들과 자신을 포개어놓는다. 달빛 아래 차를 달이기도 하고, 넓은 바위에 앉아 차를 마시기도 하면서 (石上烹茶不設盤) 반생의 수많은 사연을 회상한다.
　외로울 때 혼자서 차를 마시고, 한시도 차를 멀리하지 않았다. 한재가 노래한 "내 언제나 너를 옆에 두고 마셨고, 너도 나와 함께 놀며 꽃 피는 아침 달뜨는 저녁을 조금도 거스른 일이 없이 즐겼노라."라는 경지였다.

44. 담헌 이하곤(澹軒 李夏坤)

① 생애(生涯)

이하곤(李夏坤; 1677~1724)은 조선 후기의 문인 화가로 호는 담헌(澹軒)이다. 벼슬을 하지 않고 학문과 서화에 힘썼으며, 정선(鄭敾), 윤두서(尹斗緖) 등과 교유했다. 문집에 그림에 관한 평이 있어서 그의 안목을 짐작하게 한다. 산수도 몇점과 문집 『두타초(頭陀草)』 등이 전한다.

② 차시(茶詩)

· 淸潭雜詠 / 청담잡열

맑은 연못 암자에 대머리 늙은이
경서와 차 화로에 시동 하나라네.
복숭아꽃 어지럽게 날리는 박에는
가랑비 속에 흰 갈매기 날아다니네.

淸潭菴裡禿頭翁　經卷茶爐一侍童
桃花亂落輕風外　白鳥交飛細雨中

• 齋居 / 재사에 거거함

선반 위엔 구리 솥과 작은 상 하나
산 집 쓸쓸하기 선방 같구려.
한가할 땐 스스로 차 달이는 법 쓰고
진종일 나무 심는 것 보고 있다네.

一架銅爐數尺床　山齋蕭寂似禪房
閑時自錄烹茶法　長日惟看種樹方

• 烹茶供客 / 차를 끓여 손을 올리다

소나무 그늘에 검은 두건 쓰고 즐거이 취하고
버드나무 아래 그물에선 고기 나오네.
차 달여 손을 대접하니 청고하고
앉아서 숲을 바라보니 옅은 안개 피어나네.

烏帢醉欹松影下　銀刀綱出柳陰前
烹茶供客亦淸致　坐看隔林生細烟

• 早春雜詠 / 이른 봄의 잡영

짙은 차 익으니 맑은 향기 흥겹고
버드나무 피는 안가 시정이 서렸다네.
대나무 낚싯줄 걷어 요리하는데
물굽이의 물은 날로 푸르러만 가네.

興濃茶熟香淸後　詩在烟光柳色間
竿竹釣絲須料理　日看深綠漲前灣

• 閑居 / 한가하게 살다

이끼 색 점점 푸르고
낮잠 후의 매미 소리 서늘하네.
쓸쓸히 혼자 상 앞에 있으니
고요하기 선방 같다네.
산수는 근심을 잊게 하고
문장은 늙지 않게 하네.
마음에 걸리는 일 하나 없으니
그윽한 맛이 차처럼 길기도 하네.

苔色閑來碧　蟬聲睡後凉
蕭然聊隱几　寂爾卽禪房
山水忘憂物　文章却老方
心無關一事　幽味似茶長

45. 학암 조문명(鶴巖 趙文命)과 귀록 조현명(歸鹿 趙顯命) 형제

가. 학암 조문명(鶴巖 趙文命)

① 생애(生涯)

조문명(趙文命: 1680~1732)의 자는 숙장(叔章), 호는 학암(鶴巖), 시호는 문충(文忠), 본관은 풍양이다. 김창협의 문인이다. 조선 후기의 문신, 학자로 영조의 장남 효장세자의 장인이며 효순 현빈 조씨의 친정아버지이다. 풍원 부원군 조현명의 형이다. 과거 급제 후 이조참판, 병조판서, 훈련대장, 의금부 판사 등을 지내고 풍릉부원군(豊陵府院君)에 봉해졌다. 소론 계열이었으나 영조의 탕평책에 적극적으로 호응하여 탕평파의 영수로 활동하였다.

김창협의 문하에서 수학하였다. 1705년 생원시에 합격하여 생원이 되고, 숙종 때 문과에 급제하여 25년 사헌부 지평을 거쳐 동학겸교수(東學兼敎授), 세자시강원 겸 보덕, 홍문관교리 등을 지냈다. 그 후 수찬·부교리 등을 거쳐 이조참의에 이르렀다.

1727년 실록청당상(實錄廳堂上)으로 <경종실록> 편찬에 참여했고, 그해 승정원 도승지, 경연 동지사, 어영대장(御營

大將) 등을 지냈다. 이듬해 성균관 대사성·이조참판 등이 되었다. 1728년 이인좌의 난을 수습한 공으로 분무공신(奮武功臣) 2등에 책록되고 1품으로 승진, 풍릉 부원군(豊陵府院君)에 봉해졌다. 그 뒤 병조판서, 대제학, 훈련대장, 의금부 판사를 거쳐 1730년 우의정이 되었고, 호위대장(扈衛大將)을 겸하였다. 이듬해 사은사로 청에 다녀와 좌의정에 올랐다.

관직에 있는 동안 영조의 탕평책에 적극적으로 호응하여 탕평책을 실시함에 앞장섰고, 불편부당한 인사 문제를 관리했다. 글씨를 잘 썼다. 저서로 <학암집>이 있으며 글씨로 충북 청주에 <삼충사 사적비>가 있다. 영조의 묘정(廟庭)에 배향이 되었다. 한성부서윤(漢城府庶尹)을 지내고 사후 증 이조판서에 추증되었다.

1764년 2월 세손(뒤에 정조로 즉위)이 영조의 명으로 효장세자의 양자(養子)로 입양되면서 그는 호적상 조선 정조의 양 외할아버지가 되었다.

② 차시(茶詩)

・對匡師有吟 / 광스님을 마주하고 읊음

해 저무는 사사에는 송백이 추리하고
가운데 열린 방은 깨끗하여 티끌 하나 없네.
노승은 조는데 차 연기 피어나고
나그네 낮게 읊으니 산에는 눈이 내리네.

歲暮丘園松栢哀　中間一室淨無埃
老僧欲睡茶烓起　客子微吟山雪來

• 時晦到門之日 金馬守李汝楫景說適至共賦 / 시회가 군에 이르는
　　　　　　　　날 금마군수 이여즙(경열)이 마침 이르러 함께 읊다

관가의 술 항아리엔 괸 술이 넘쳐흐르고
가까운 봄 숲에서 새들과 얘기하니 즐겁네.
한가한 때 차 달이느라 화로에 불 피우고
술 취해 붓 휘두르니 벼루가 넓기도 해라.

官樽潋灩臘醅闌　春近林禽對語歡
閑處行茶爐火暖　醉來揮筆硯池寬

• 漫吟 / 되는대로 읊다

나그네 드문 대문 길은 풀이 우거지고
고요히 사는 마음 여름 선(禪)을 끝낸 듯하네.
가난하니 이웃에게 약값 얘기하고
이르니 아이에게 차 달이게 하네.
바람 자니 발 밖의 꽃이 흔들리지 않고
한낮에 비둘기 울어 하늘에선 비 내릴 듯
세속의 일은 아직 하나도 한 것 없이
북창에 푸른 서늘함 빌어 낮잠 잔다네.

客稀門逕草芊芊　居靜心如結夏禪
貧向隣人謀藥債　病須兒子候茶烟

隔簾花定無風日　近年鳩喧欲雨天
俗事不曾客一到　北窓時自借凉眠

· 夜深獨坐 / 깊은 밤 혼자 앉아

종남산 기슭엔 눈이 쌓여있고
빈 처마엔 외로운 달 하나
늙은 느티나무 문을 덮었고
창 앞엔 따뜻한 차 화로라네.

雪擁終南麓　虛簷霽月孤
門深老槐木　窓煖小茶爐

나. 귀록 조현명(歸鹿 趙顯命)

① 생애(生涯)

조현명(趙顯命: 1690~1742)의 본관은 풍양(豊壤). 자는 치회(稚晦), 호는 귀록(歸鹿) · 녹옹(鹿翁). 형(珩)의 증손으로, 할아버지는 상정(相鼎)이고, 아버지는 도사(都事) 인수(仁壽)이다. 어머니는 김만균(金萬均)의 딸이다.

1713년(숙종 39) 진사가 되고 1719년 증광문과에 병과로 급제, 검열을 거쳐 1721년(경종 1) 연잉군(延礽君: 후일의 영조)이 왕세제로 책봉되자 겸설서(兼說書)로서 세제 보호론을 주창에 힘썼다.

영조 즉위 후 용강 현령, 지평과 교리를 역임하고 1728년(영조 4) 이인좌(李麟佐)의 난이 발생하자 사로도순무사(四路都巡撫使) 오명항(吳命恒)의 종사관으로 종군하였다.

난이 진압된 뒤 분무공신(奮武功臣) 3등에 녹훈, 풍원군(豊原君)에 책봉되었고, 대사헌과 도승지를 거쳐 1730년 경상도 관찰사로 나가 영남의 남인을 무마하고 기민(饑民)의 구제에 진력하였다.

이어 전라도 관찰사를 지낸 뒤 1734년 공조참판이 되면서부터 어영대장·부제학, 이조·병조·호조판서 등의 요직을 두루 역임했다.

1740년 경신처분 직후 왕의 배려로 우의정으로 발탁되고 뒤이어 좌의정으로 승진하였다. 이때 문란한 양역행정의 체계화를 위한 기초 작업으로서 군액(軍額) 및 군역부담자 실제수의 파악에 착수, 이를 1748년 ≪양역실총 良役實總≫으로 간행하게 하였다.

1750년 영의정에 올라 균역법의 제정을 총괄하고 감필에 따른 대책 마련에 힘썼으나, 대사간 민백상(閔百祥)의 탄핵을 받아 영돈녕부사로 물러났다. 조문명·송인명(宋寅明)과 함께 영조 조 전반기의 완론 세력을 중심으로 한 이른바 노·소 탕평을 주도했던 정치가라 할 수 있다.

아울러 민폐의 근본이 양역에 있다고 하여 군둔·군액의 감축, 양역재정의 통일, 어염세의 국고 환수, 결포제 실시 등을 그 개선책으로 제시한 경세가이기도 하였다.

당색을 초월하여 진신(縉紳) 사이에 교유가 넓었는데 김재로(金在魯)·송인영·박문수(朴文秀) 등과 특히 친밀하였다. 저서로 ≪귀록집≫이 있다.

② 차시(茶詩)

• 次贈詩僧大休 / 승대휴의 운으로 시를 지어 줌

승복은 구름 빛으로 물들었고
염주는 팔목에 걸려 늘어졌네.

흔연히 세속의 마음 털어내고
함께 웃으며 차 마시네.

衲潤雲邊色　珠圓腕下枚
欣然散俗慮　一笑共茶杯

• 病餘試筆 呈東園處士 / 병든 끝에 써 동원에게 드림

병든 지 삼 년 동안 문 닫은 적 많은데
오늘 아침 지팡이 짚고 뜰에 핀 꽃구경 하네.
바람 그친 발에는 차 연기 곱게 피어오르고
해 비친 계단엔 대나무 그림자 비꼈구나.
갓 익은 술 있건만 함께 마실 사람 없고
거문고 연주코자 하나 다시 노래할 자 누구냐.
오십 평생 내 생애가 이처럼 돌아왔으니
일흔의 동산 노인은 요즈음 어떠하신가.

一病三春閉戶多　今朝扶杖看庭花
簾風乍靜茶煙細　階日方舒竹影斜

酒有新醅無與醉　琴能自奏更誰歌
吾生半百還如此　七十圓翁近若何

• 同鄭來僑小飮 / 정래교와 조금 마시다.

높이 솟은 두 어깨 구레나룻 널어지고
마루 아래 말 내리니 숲새들 흩어지네.
집 밖의 계절들은 푸르고 누런 보리이고
뜰 안의 봄 흔적은 군데군데 꽃이라네.
손님 접대에 부족한 점 어찌 없으리오
그대 만나 비로서 밀운용차 마시노라.
정장 차려입고 오는 이라도 마음 쓰지 않으니
나작문 깊은 곳이 물러난 재상집이라네.

雙聳肩山兩鬢華　當軒下馬散林鵝
郊園節物靑黃麥　庭院春痕點綴花
待客豈無浮蟻酌　逢君始啜密龍茶
不愁襦襪人來逼　羅雀門深退相家

• 早起墨沼 / 묵소에서 일찍 일어나

일흔 나이에 동안으로 구레나룻 빛나고
돌아온 까마귀같이 벼슬 생각 흐려지네.
동산의 숲은 삼공과도 바꿀 수 없고
사계절 정원의 꽃은 말할 것도 없다네.
거문고 배우고 피리 공부하는 아이 있고
손님은 그림이나 차를 품평한다네.

인생의 즐거움 끊임없이 계속되고
풀 파릇이 돋은 연못 아우 집에 이어졌네.

七十童顔暎鬢華　宦情渾似倦飛鵝
園林不換三公地　庭院無論四節花
僅有學琴兼學笛　客多評畵又評茶
源源別是人生樂　芳草塘連謝弟家

• 又次前韻寄鄭來僑 / 또 정래교의 전운으로 지어 보냄

푸르름 짙어지니 남은 꽃 느꺼움 주고
자연의 이치는 아침저녁의 까마귀라네.
호미 들고 약 캐러 가는데 동복이 따라와
손자 아이 둘러앉아 꽃다움 희롱하네.
맛은 없어도 봄 술은 익어가고
낮차 우려내니 향기 말게 우러나네.
문 앞 느티나무 수레소리 조용한데
함께 온 사람이 처사가라 부르더라.

濃翠殘紅感物華　天機默數暮朝鴉
閑隨僮僕行鋤藥　戱喚兒孫坐鬪花
味薄猶餘春釀麪　香淸欲熟午烹茶
門槐寂歷蹄輸斷　合遣人呼處士家

• 題墨沼西湖軸 / 묵소 서호의 시축에 제함

숲 사이 앵무새 잠깐 앉아 노래 부르고

발 밖의 제비는 자주 와서 수다 떠내
애오라지 이런 생각으로 세월 보내고
낮차가 익어가니 향기 피어오르네.

林鶯暫坐歌三閱　簾燕頻來語百端
即此幽愁聊自遣　午茶初熟篆香盤

• 雲山倅邊翼老來索別詩 / 운산 원(고을 원) 변익로가 와서
　　　　　　　　　　　　이별시를 구하다

벼슬길 풍파 심해 다음 놀라고
술로써 흥겹게 세월 보내네.
취해서 다동 부르니 아직 덜 익었다기에
모름지기 불의 세기에 마음 써야 하느니.

心驚宦海風濤立　興在糟丘日月消
醉問茶奴香熟未　七須斟酌武文樵

46. 병계 윤봉구(屛溪 尹鳳九)

① 생애(生涯)

 윤봉구(윤봉구: 1683~1767)의 본관은 파평(坡平), 자는 서응(瑞膺)이며, 호는 병계(屛溪), 구암(久菴)이다. 아버지는 윤명운(尹明運)이며, 어머니는 이경창(李慶昌)의 딸이다.
 권상하(權尙夏)의 문인으로, 1714년(숙종 40) 진사가 되고 유일(遺逸)로 천거되어 1725년(영조 1) 청도군수가 되었다. 1733년 사헌부 지평, 이듬해 장령(掌令)이 되었고, 1739년 집의(執義)에 이르렀다.
 1741년 부호군이 되었을 때 주자(朱子)를 본은 춘추사(春秋祠)의 송시열(宋時烈) 영당에 추봉할 것을 주장하다가 삭직 되었다. 이듬해 다시 기용되어 군자감 정이 되었다.
 1743년 사과, 1749년 진선, 1754년 서연관(書筵官), 이듬해 찬선을 거쳐 1760년 대사헌에 특별 임명되었으며, 1763년 지돈녕(知敦寧)에 이어 공조판서가 되었다.
 한원진(韓元震)·이간(李柬)·현상벽(玄尙璧)·채지홍(蔡之洪) 등과 더불어 권상하의 문하에서 수학한 강문팔학사(江門八學士)의 한 사람으로서 호락논쟁(湖洛論爭)의 중심인물로 꼽힌다.
 호락논의 분파는 이간(李柬)과 한원진에서 심화되 심성론(心性論)의 한 줄기를 형성하는데, 인성(人性)과 물성(物性)이

서로 같다는 이간(李柬)의 학설은 뒤에 이재(李縡)와 박필주(朴弼周)로 이어져 '낙론(洛論)'이라 불리고, 인성과 물성은 서로 다르다는 한원진의 주장은 윤봉구와 최징후(崔徵厚)로 연결되어 '호론(湖論)'으로 지칭되었다.

윤봉구의 인물성이론(人物性異論)을 간추리면, 인간을 포함한 우주 만물의 형성 이전에 부여되는 천리(天理)는 동일하나, 일단 만물이 형성된 뒤 부여된 이(理), 즉 성(性)은 만물에 따라 다를 수밖에 없다는 것이다.

그의 생애는 사회적·현실적 활동보다 심성론을 주로 한 성리학자로서의 입론(立論)에 치중했으며, 저술의 내용도 경전의 강의나 주석 및 성리학설이 주를 이룬다. 저서로 ≪병계집≫이 있다.

② 차시(茶詩)

· 七月望日 / 칠월 보름

상머리에 취한 듯 잠이 쏟아져
달빛 아래 책을 보니 눈도 희미해
젖어 드는 이 근심 무엇 때문인지
한 사발 햇차 달여 씻어내야지

牀頭饒睡渾如醉 月下看書始覺衰
澆下淸愁何物在 一甌新茗試槍旗

• 明府朴士樞 斗益用前韻又以二詩奇示奉次 / 명부(지방관이름) 박사후(두익)이 앞시의 운자를 써서 지어 또 두수를 부쳐 보이다, 삼가 차운함

작약은 바람에 나부끼고 해 넘어가는데
개울가 버드나무 길엔 목동들의 피리소리.
번민에 젖어 느티나무 아래서 약술을 마시고
향기 풍기는 서탑에는 차 연기 서려 있네.

風翻芍藥夕陽天　牧笛牛歸柳外川
澆悶槐軒傾朮酒　裛香書榻逗茶煙

• 舍第米莊小舟 要與沿洄亭下 / 아우가 작은 배를 꾸며 함께 정자 아래를 따라 거슬러 올라가기를 약속하다

세잔 마시고 구름 베고 누우니 참 좋아
이제야 자연과 나 사이 인연 깊어지네.
하늘나라 가기 전에 날개 돋아서
속세 벗어나면 곧 신선 되겠지
연기와 안개 쌓인 기운 연해 호흡하고
단풍과 떡갈나무의 바람 소리 잠결에 듣네.
홀로 배 저으며 갈매기 뜬 물가를 도니
늦은 차 청아한 흥에 훨훨 날 것 같네.

三拜一笑臥雲邊　山水吾今却有緣
未必天行能化羽　脫然塵去是爲仙
烟霞積氣連呼吸　楓槲寒聲雜寤眠

短棹鷗汀容與返　曉茶淸興欲翩翩

• 次贈朴穉臨 / 박치림의 운을 따라 지어서 주다

평상 머리 매화가 차 연기에 피려는데
이별의 아쉬움에 맥이 풀려 말이 없다네.
한밤에 오랜 시간 혼자서 쓸쓸히 읊으니
창에 비친 성긴 대나무 서쪽으로 기울었네.

牀梅欲發和茶烟　悄悄離愁正黯然
半夜孤吟怊悵久　竹窓疎影已西遷

47. 완암 정래교(浣巖 鄭來僑)

① 생애(生涯)

　정래교(鄭來僑: 1681~1757)는 문인으로 자는 윤경(潤卿), 호는 완암(浣巖)이니 집안이 한미했으나 시문에 재주가 뛰어나 문명을 얻었다. 1705년 일본 통신사의 역관으로 다녀와 승문원 제술관으로 있었다. 『완암집』에 다시와 저술이 전한다. 술 취하면 거문고를 퉁기며 시를 읊어 듣는 사람을 감동시킨 차인이었다.

② 차시(茶詩)

・次車生韻 / 차생이 지은 시에 차운하다

사립문 열린 곳에 강물 보이고
풀 돋고 꽃이 핀 십 리 물가라네.
생선 집에서 같이 자며 은하수 보고
선방에서 차와 술로 멋이 있었지.

柴門開處見江流　草暖花明十里州
漁店星河同信宿　禪房茶酒作淸遊

• 得茶字 / 차자를 운자로 얻다

봄물 많아져서 양쪽 기슭 넘치는데
나막신 신고 한가롭게 농가로 향하네.
마을 안쪽 고목들이 삥 둘러서 있고
후미진 산길 이리저리 빗긴 데 걷는다네.
산골에 살면서 좋은 세월 만나서
매양 가까운 벗들과 사는 얘기 기쁘고
긴 낮 숲에 앉아 책 읽는 것이나
찬 샘물 길어 차 달이는 것 정말 좋다네.

春水初生漲岸沙　閒來着屐向田家
村深古木周遭立　山僻行蹊繚繞斜
頗喜峽居逢樂歲　每從隣友說生涯
日長正好林間讀　汲得寒泉煮茗茶

• 過永淸 與主翁會梨花亭 / 영청을 지나며 주인옹과 이화정
　　　　　　　　　　　에서 만나다

사또께서 흥이 일어 오시니
나를 위해 공무 잠시 쉬었네.
작은 길엔 수양버들 우거지고
살구꽃 핀 정자를 향해 들어가네.
술 항아리 여니 거문고 소리 나고
산 차를 겸해 떡을 낸다네.
술에 취해 마음껏 노래하니
서헌에는 아직 해가 남아 있다네.

使君乘興出　爲我暫停牊
小經穿楊柳　孤亭入杏花
樽開兼琴瑟　餠進閒山茶
醉後歌須放　西軒日未斜

• 敬和豊原相公寄示韻 / 삼가 풍원 상공께서 부쳐 보내온
　　　　　　　　　　　시에 화답하다

가슴 답답할 때마다 우물물 마시고
전에 쓴 시 고치니 글자가 잘못되네.
늙으니 좋은 시구 얻기 어렵고
봄이 갔으니 응당 꽃에는 뜻이 없다네.
쑥대는 어린 종을 종아리 칠만하고
마음 풀리면 계집종에게 차 달이게 하네.
세상 사람들이 멋스러운 일 알지를 마라
내 상국의 집에 오래 머묾 괴이하기도 하지.

肺渴時時嗽井華　前詩點竄字塗鴉
老來難得驚人句　春去應無可意花
蕭穎小奴能耐撻　志和殘婢解煎茶
世人莫識風流事　怪我留連相國家

48. 청천 신유한(靑泉 申維翰)

① 생애(生涯)

　신유한(申維翰; 1681~1752)의 자는 주백(周伯), 호는 청천(靑泉)이다. 급제하여 제술관으로 통신사행을 따라 일본에 다녀오면서 『해외견문잡록(海外見聞雜錄)』을 썼다. 봉상시 첨정을 지내고 시문이 뛰어났다.

② 차시(茶詩)

・臘月偶以事出山 / 섣달에 우연히 일로 산을 나서다

흥이 다하면 행장이 급해지고
추위가 더하면 앞길이 멀다네.
어느 집에서 수탄을 피워
머무는 나그네에 좋은 차를 주리.

興盡行裝急　寒添谷路賖
誰家亦獸炭　留客小龍茶

• 長延縣齋詩軸 / 장연 현재의 시축

차 마시고 술 깨니 시초만 남았고
흰 구름 푸른 산에 동헌만 덩그렇게
등에 비친 천하 일이 모두 쓸쓸하고
지나온 나의 길은 안개 속으로

酒醒茶罷唯詩草　雲白山靑是縣衙
寥落一燈天下事　古來吾道在烟霞

• 通信副使南公泰耆 方乘月槎歷扶桑 願得紀行詩篇 / 통신부사 남 공태기가 바야흐로 동쪽으로 사행을 하면서 내게 유도의 있었다며 기행시편을 얻기를 바라다

토란 태워 둥근 떡 만들어 흩어놓고
푸른 차 가루를 달인 물에 진하게 타네.
붉은 입술 흰 볼의 술집 여자들은
날마다 길손 향해 돈 벌려고 웃음 파네.

燒芋參差煮餠團　靑茶爲粉入濃煎
朱脣玉頰當壚女　日向行人笑覓錢

49. 저촌(樗村) 심육(沈錥)

① 생애(生涯)

　심육(沈錥: 1685~1753)은 조선 중기의 문신으로 본관은 청송(靑松)이고, 자는 화보(和甫)·언화(彦和)이며, 호는 저촌(樗村)·저헌(樗軒)이다. 부친은 영의정(領議政) 심수현(沈壽賢)이다. 모친은 전의이씨(全義李氏) 이만겸(李萬謙)의 딸이다. 하곡(霞谷) 정제두(鄭齊斗)의 문인으로 강화학파(江華學派)의 중심인물이다.

　1705년(숙종 31) 을유 증광사마시(乙酉增廣司馬試)에 진사(進士) 3등으로 합격하였다. 1745년(경종 4)에 왕자사부(王子師傅)에 제수되었고, 이후 시강원자의(侍講院諮議), 지평(持平) 등을 역임했다. 또한 종부시 주부(宗簿寺 主簿), 장령(掌令), 집의(執義), 승지(承旨), 형조참의(刑曹參議), 호조참의(戶曹參議), 성균관 좨주(成均館 祭酒), 대사헌(大司憲) 등에 제수되었으나 나가지 아니하고 사직하였다.

　이처럼 평생 여러 차례의 소명(召命)이 있었으나 벼슬에 나아가지 않고 대부분을 강학(講學)과 유람(遊覽)으로 보냈는데, 특히 부친을 배행(陪行)하여 의주(義州), 관동(關東), 영남(嶺南) 등지는 물론 중국 연경(燕京)까지 다녀오면서 견문을 넓혔다. 시(詩)나 일기(日記) 등을 모아 편찬한 『저촌유고(樗村遺稿)』가 남아 있다.

② 차시(茶詩)

• 午飯泰仁松院峙下村家 / 송원고개 아래서 점심을 먹고

고요한 마을 여덟아홉 집 저녁연기 피고
석양은 기우는데 사립은 열려있네.
봄 둑 파릇한데 소 몰고 가는 아이 하나
굽이진 물 치솟는데 해오라기는 개구리 잡네
아낙들의 바구니 들나물이 보기에 좋고
나무꾼들 지나간 곳 산 꽃만이 남아 있네.
시골의 싸늘한 부엌엔 맛있는 것 없으나
바리때 가득 향기로운 나물과 한잔의 차라네.

寂歷村煙八九家　柴扉不掩夕陽斜
春堤草軟兒驅犢　曲水波掀鷺打蛙
提篋女婦誇野菜　折樵人去挿山花
村廚冷薄無兼味　滿鉢香飱一椀茶

• 白折衝時晉指一軸詩示余.因要和.意甚勤 / 백절충 시진이 시
　　　　　　　한축을 가리켜 내게 보여주며 화답해주기를 청
　　　　　　　했는데 뜻이 매우 부지런했다

몸은 산 같이 우람해도
언제 조정으로 돌아갈지 의문이고.
차는 익어도 오는 사람 없고
좋은 집에서 애오라지 잠만 잔다네.

身如山偃蹇　誰復問騎曹
茶熟無人到　高齋睡得牢

• 敬呈姜丈寓下 / 강 어른 집에 받들어 올림

한가로운 방에는 거칠 것 하나 없고
한잠 깨고 나니 향 맑은 차 익었네.
고요한 정원사는 어린 풀 뽑고
강가 풀 베어 그윽한 집 이으리.

閒居一室白生虛　茶熟香淸小睡餘
已倩園丁挑細菜　更將江草庇幽廬

• 長水寺 / 장수사

긴 물 앞에 있는 아침 절
나는 아직 그 이름 알지 못했네.
우연히 돌아가는 길에 들렸더니
여러 스님네 웃으며 반겨 맞아주네.
숲속 암벽의 폭포 잘 어울리고
높은 누에 서면 동부 청신하다네.
선방에서 밥 먹고 차 마시니
해 질 때라 길 떠나지 못하겠네.

長水前朝寺　吾曾不識名
偶然歸路入　莞爾衆僧迎

瀑落林岩肅　樓高洞府淸
禪房茶飯後　日夕未成行

　송원고개 아래서 향기로운 봄나물로 점심을 먹고 차를 마신 뒤 시를 쓴다. 그리고 『장수사』에서도 차를 노래하였다. 경서를 읽는 일과 차를 마시는 일을 대등하게 올려놓은 일은 그의 음다(飮茶)의 품격을 말해 주고 있다.

50. 정암 민우수(貞菴 閔遇洙)

① 생애(生涯)

　민우수(閔遇洙: 1694~1756)의 본관은 여흥(驪興). 자는 사원(士元), 호는 정암(貞庵)이며. 문충공(文忠公) 민진후(閔鎭厚)의 아들로, 어머니는 정경부인(貞敬夫人) 연안이씨(延安李氏)로 현감 이덕로(李德老)의 딸이다.
　김창협의 문인으로 일찍 벼슬을 단념하고 학문에 전심하다가, 음보로 관직에 올라 대사헌을 지냈다.
　20세 전 사마시(司馬試)에 장원으로 합격하고 21세 때 성균관에 들어가 학문을 닦았다. 권상하(權尙夏)를 사사(師事)했다. 1726년(영조 2) 봉릉참봉(奉陵參奉) 및 세자세마(世子洗馬)에 제수되었으며 다시 명릉 참봉에 제수되었으나 물러나 학업을 계속하였다.
　1743년 사헌부 지평이 되었고 1750년 통정(通政)으로 승차(陞差)하면서 공조 참의 겸 원손보양관(元孫輔養官)이 되었다. 1751년 사헌부대사헌을 거쳐 성균관 좨주·세자찬선(世子贊善)·원손보양관 등을 역임하였다.
　1758년 특명으로 자헌대부 좌참찬에 증직이 되었다. 저서로는 『정암집(貞庵集)』 16권이 있다. 시호는 문간(文簡)이다.

② 차시(茶詩)

- 室屋甫完 居處甚適 兄弟相對 賦詠自娛 / 집이 막 완성 되었는데 거처가 적당하였다. 형제가 마주하여 시를 지으며 즐거워 하였다

숲속 고요한 곳에 사니 주위가 맑게 푸르고
구름 위에 푸른 산 연봉들 눈에 들어오네.
고향 마을 깊숙한 곳 선영에 예 올리고
산 앵두 익은 곳에 화목한 형제들 정 있지
오랫동안 서쪽 변방에 평민으로 살 생각했는데
다행히 야인으로 사명에 돌아왔다네.
이 몸 한가한 경지에 이른 것 기뻐서
한 사발 차 익어갈 때 평상에 누워 있네.

林棲靜僻萬綠淸　入眼雲山翠更橫
桑梓敬深邱墓地　棣棠歡洽弟兄情
久思靑蕶遊西塞　終幸黃冠返四明
堪喜此身閒境界　一甌茶熟臥床平

- 呈伯從氏 / 백종씨에게 드림

밥 짓는 연기 온 동네에 퍼지고
아우와 친척들 언제나 오가네.
말이 언 개울 건널 때 온 골짜기 바람 일고
시골집 술 항아리 열리니 문에 눈이 쌓였네.

좋은 기회 이렇게 막힐 줄 어이 알았으리.
맑은 시; 함께 논하지 못함이 한스럽네.
내일 아침 다시 그윽한 기회 기뻐할 것이니
마루 쓸고 자리 깔고 찻사발 준비해야지.

煙火想望十里村　尋常來往弟仍昆
氷溪度馬風鳴壑　野屋開樽雪擁門
好會豈知成獨阻　淸詩堪恨未同論
明朝更喜幽期在　筦席茶甌掃一軒

• 丹陽三仙巖 / 단양 삼선암

중선동 깊숙이 삼 연옥 지었다니
그대 따라 두어 해 머물고 싶다네.
문 앞의 돌길 지팡이에 닳아 희어졌고
차 달이는 뜰 가엔 김천이 있구려.

中仙洞裏屋三椽　久欲從君住數年
曳杖門前鋪白石　烹茶庭畔滴淸泉

51. 진암 이천보(晉菴 李天輔)

① 생애(生涯)

　이천보(李天輔: 1698~1761)는 조선 후기의 문신이다. 본관은 연안이며 자는 의숙(宜叔), 호는 진암(晉庵), 시호는 문간(文簡)이다. 월사 이정구의 직 손이며 증조부는 비변사 당상을 지낸 이일상이고 옥천군수를 지낸 이주신(李舟臣)의 아들이다. 광성부원군 김만기의 외손자로 숙종 비 인경왕후의 조카이다. 문학에 힘써 당대에 이름이 높았다.
　생원시에 합격, 내시 교관으로 있다가, 1739년(영조 15) 알성문과에 을과로 급제하였다. 1740년 홍문관 정자가 되고 교리·헌납·장령 등 언관직을 역임한 뒤 1749년 이조참판에 올랐다. 그 뒤 이조판서·병조판서 등을 거쳐 1752년 우의정으로 승진하고, 같은 해 좌의정에 오른 뒤 영의정으로 임명됐다.
　이후 신병을 이유로 벼슬을 마다했으니 영조의 배려로 영중추부사에 임명되었다. 1761년 1월 5일《영조실록》에는 이천보가 영의정에서 물러나 병으로 죽었다고 명기되어 있으나 그 후 고종 36년(1899) 장헌세자의 복권과 장조로 추존하는 문제를 다룬 부분에서는 이천보, 민백상이 연쇄 자살한 것으로 규정하고 있다. 즉 실록의 기록이 병사, 자살 모두를 인정하는 형식이어서 논란을 불러일으키는 대목이다. 현재는

1761년 정월에 장헌세자가 저지른 장헌세자 평양 원유 사건에 책임을 지고 좌의정 이후, 우의정 민백상과 함께 음독 자결했다고 보는 것이 일반적이다. 영조는 세 사람의 충성심에 감동하여 세자의 원유 사건을 불문에 부쳤다고 한다.

② 차시(茶詩)

· 晝眠 / 낮잠

꿈속 바둑판이 국면을 바꾸려 하는데
고목과 함께 몸도 시골에 자리 잡았네.
동산의 앵무새 무엇 하러 나를 부르는지
응당 한낮에 한가로운 차 달여야지.

夢過殘碁翻局上　身同枯木臥山田
園鶯喚我知何事　應報香茶熟午天

· 閉牖 / 창을 닫다

창문 닫으니 휑뎅그렁해서 할 일 없고
차 화로 약 솥에 정성 기울이네.
발 너머 바로 앞엔 쌍 강의 빛인데
낮은 병풍 열면 오악도가 펼쳐지네.

閉牖蕭然一事無　茶爐藥鼎淡工夫

簾深不隔雙江色　屛短猶開五岳圖

• 詠盆梅 / 분매를 읊음

성긴 나무 물가에서 옷매무새 바로하고
물에 비친 그림자 보니 흰머리 새롭구나.
명망 있는 선비 만나려 애를 쓰나
세상 사람들 청고하게 되긴 힘드네.
확 열어놓으면 하늘에 오묘함 퍼지고
갑자기 웃으면 기운과 정신 일깨우네.
아름다운 혼 달래려니 녹주가 없고
질화로에 다 익은 차만 자주 마시네.

疎枝側畔整衣巾　對影還羞白髮新
傾倒如逢名下士　淸高難贈世間人
全開太洩先天妙　乍笑偏驚一氣神
欲慰芳魂無緣酒　土爐茶熟擧瓢頻

• 偶賦 / 우연히 읊다

뜻대로 시골 와서 한 해 보내니
수많은 산봉 앞에 대문 닫아걸었네.
구름 속에 수레 타고 솔길 보았더니
눈 속에 중들은 샘물 길어 차 끓이네.

隨意田廬臥送年　衡門深掩亂峰前
雲間鹿下看松逕　雪裏僧分淪茗泉

52. 역천 송명흠(櫟泉 宋明欽)

① 생애(生涯)

송명흠(宋明欽; 1705~1768)은 문신이자 서예가이다. 자는 회가(晦可)이고, 호는 역천(櫟泉), 본관은 은진(恩津)이다. 송준길(宋浚吉)의 후손으로 부친은 송요좌(宋堯佐)이다. 시호는 문원(文元)이다. 이재(李縡)의 문인이다. 임성주(任聖周), 신소(申韶), 김양행(金亮行), 송명휘(宋明輝), 송명흠(宋明欽), 송환기(宋煥箕) 등과 교유하며 인물성동이(人物性同異)를 논하였다.

송명흠은 사화(士禍)를 피하여 부친을 따라 옥천(沃川)·도곡(塗谷) 등지를 들아다녔으며, 그 후 천거로 장령·서연관 등에 임명되었으나 사퇴하였다. 1755년 옥과현감(玉果縣監)이 되었으나 모친상으로 사직하였다. 1764년 부호군에 임명되고 찬선(贊善)으로 경연관이 되어 정치 문제를 논의하는 가운데 영조의 비위에 거슬리는 발언을 하여 파직되었다. 그는 당시 가장 첨예한 문제인 사도세자 문제에 대한 상소로 유배된 박치륭의 석방을 건의하였으며, 역적으로 죽은 심사순(沈思順)을 파양하는 문제가 잘못됐다고 직언함으로써 삭탈관직과 유배를 당하였다.

송명흠 자신의 학문을 완성하기 위하여 이재(李縡), 민우수(閔遇洙), 송사능(宋士能), 김양행(金亮行), 신소(申韶) 등과 서신으로 학문에 대한 의견을 교환하였다. 송병흠은 기(氣)보다 이(理)를 더 중시하고 본연지성에 초점을 맞춰 경을 강조하였으며, 이러한 그의 사상은 송준길을 뿌리로 하는 가학(家學) 전통에 기반을 둔 것이었다. 송명흠은 경을 인간이 마지막까지 지켜야 할 최상위의 가치이자 국가를 다스리는 근본으로 여겼다. 저서로는 『역천집(櫟泉集)』, 『역천소말조진(櫟泉疏末條陳)』 등이 있다.

송명흠의 글씨는 간찰과 전서, 현판 액자가 전해 오는 덕분에 뛰어난 서체의 특성을 살펴볼 수 있다.

그가 6세에 부친에게 쓴 안부 편지는 어린아이가 썼다는 것이 믿기지 않을 정도로 획이 살아 있다. 유려한 필획의 흐름이 보이는 진초에 가까운 행초인데, 숭현서원을 중수하려는 사실을 알리고 집안의 협력을 당부하는 내용의 편지글이다. 전서 <담박명지 영정치원(澹泊明志 寧靜致遠)>은 '담백한 밝은 뜻은 편안히 멀리 이를 수 있다'는 뜻으로 송명흠 자신이 염원하던 학문의 세계라고 할 수 있다. 필획은 청나라 조지겸(趙之謙)의 글씨를 연마한 흔적이 보이는 당시로서는 흔치 않던 전서(篆書)이다

② 차시(茶詩)

• 雨晴 / 비가 갬

높이 뜬 구름 깎아지른 봉우리에 걸리고
숲에 아득한 안개 찬 기운 내뿜는다네.

해당화 꽃잎 져 빗물에 떠 내리고
들판의 보리 이삭 양부고취 다투는 듯
한 무리 새들은 발 난간에 춤을 추네.
석양이 되니 차 연기 다하려하고
동쪽 봉우리에 쟁반 같은 달 또 맞이하네.

天際流雲聳絶巒　樹間餘靄釀徵寒
梅棠花落飄紅雨　郊麥穗飜捲碧瀾
雨部鳴蛙喧鼓吹　一群飛鳥舞簾欄
夕陽欲盡茶煙歇　東嶺還迎白玉盤

· 甁泉漫吟 / 병천에서 되는대로 읊다

새벽 창에 온갖 새 우는데
서쪽 봉우리엔 하현달 비꼈다네.
산에 사는 동자 찬물 길어다가
돌 부뚜막에 향기로운 차 달이네.
맛은 어렵사리 중득을 얻었고
기운은 조용히 중화에 이르네.
기쁘고 마음에 아주 좋은 것은
세속과 멀리 떨어져 있다는 것일세.

百鳥蹄窓曉　西峯片月斜
山童汲寒水　石竈煮香茶
味向苦中得　氣從靜處和
恰然心會境　遂與世塵遐

여름날 개구리 우는 소리를 양부고취(兩部鼓吹)에 비유한 것이나, 보리밭에 바람불어 푸르게 결이 지는 모양을 잘 그렸다. 산뜻한 아침 공기에 차 마시고 중정(中正)을 얻었으니 그날 하루는 물어볼 것도 없이 즐겁고, 생각할수록 세속적인 일에서 떠나있음이 자유롭다.

53. 석북 신광수(石北 申光洙)

① 생애(生涯)

　신광수(申光洙: 1712~1775)의 본관은 고령(高靈). 자는 성연(聖淵), 호는 석북(石北) 또는 오악산인(五嶽山人). 아버지는 첨지중추부사(僉知中樞府事) 신호(申澔)이며, 어머니는 통덕랑(通德郞) 이휘(李徽)의 딸이다. 서화에 뛰어나 이름을 떨쳤다. 음보로 의금부도사가 되어 제주어 가서 『부해록(浮海錄)』을 썼다. 가난하여 왕이 집과 노비를 하사하였으나 벼슬은 승지를 지냈다. 대표적인 작품이 「관산융마(關山戎馬)」로 유명하다.
　집안은 남인으로 초기에는 벼슬길이 막혀 향리에서 시작에 힘썼다. 채제공(蔡濟恭), 이헌경(李獻慶), 이동운(李東運) 등과 교유하였다. 그리고 윤두서(尹斗緖)의 딸과 혼인하여 실학파와 유대를 맺었다.
　신광수는 39세 때에 진사에 올라 벼슬을 시작하였다. 49세에 영릉참봉(寧陵參奉)이 되고, 53세에 금오랑(金吾郞)으로 제주도에 갔다가 표투하였다. 제주에 40여 일 머무르는 동안에 「탐라록(耽羅錄)」을 지었다. 그 뒤에 선공봉사(繕工奉事) · 돈녕주부(敦寧主簿) · 연천현감(漣川縣監)을 지냈다.
　신광수는 1772년 61세 때에 기로과(耆老科)에 장원하여 돈녕부도정(敦寧府都正)이 되었다. 이로부터 조정에서는 문장의 신하를 얻었다고 하였다. 영조는 그를 대단히 대우하여 그가 서울에 거주할 집이 없다는 사실을 알고 집과 노비를 하사하였다. 그 뒤에 우승지·영월 부사를 역임하였다.

그는 과시(科詩)에 능하여 시명이 세상에 떨쳤다. 그의 시인 「등악양루탄관산융마(登岳陽樓歎關山戎馬)」는 창(唱)으로 널리 불렸다. 그는 사실적인 필치로 당시 사회의 모습을 보여주고 있다. 농촌의 피폐상과 관리의 부정과 횡포 및 하층민의 고난을 시의 소재로 택하였다.

악부체(樂府體)의 시로서는 「관서악부(關西樂府)」가 유명하다. 신광수의 시에 대하여 교우 채제공은 "득의작(得意作)은 삼당(三唐)을 따를만하고, 그렇지 못한 것이라도 명나라의 이반룡(李攀龍)과 왕세정(王世貞)을 능가하며 동인(東人)의 누습을 벗어났다."고 평하였다. 그는 동방의 백낙천(白樂天)이라는 칭을 받기도 하였다.

신광수의 시는 그 시대의 현실을 담고 있거나 우리나라의 신화나 역사를 소재로 하여 민요풍의 한시로 표현하고 있다. 따라서 한문학사 상 의의가 매우 크다. 저서로 『석북집』 16권 8책과 『석북과시집』 1책이 전한다.

② 차시(茶詩)

• 二君罷去 獨坐吟寄 / 두 군이 피하고 떠나 홀로 앉아 읊어 부치다

병 있는 몸이 봄을 맞으니 움직임 느린데
아는 사람들은 때로 집 고치느냐 묻네.

내 주제에 가서 사슴 탄 것을 자랑하면
그대는 못에서 웅어 잡는 얘기 한다네.
흰 갈건에 새 옷 입고 단오를 지내니
조그만 관에 청차 달이는 연기 희미하네.
버드나무에 바람 소리 낮게 지나가고
연회석 옆 그윽이 핀 꽃에서 새 지저귀네.

多病春來懶起居　故人時問繕工廬
吾誇海外騎仙鹿　君說湖中打葦魚
白葛新衣端午過　靑茶小罐晝烟踈
槐風始作微吟去　啼鳥幽花宴坐餘

• 謝樊巖方伯茶酒筆墨之惠 / 번암 방백께서 차와 술과 필묵을 보내주
시다.

황학루 앞에서 나는 것이
차 중에서 극히 좋다는 것이라네.
금빛 나는 것이 가늘고 긴 것보다 좋아
향기 들어와 배면 몸이 맑아진다네.
더운 날씨로 후덥지근하고
밤빗소리 서늘하게 들리네.
이때를 당하면 더욱 좋아져서
옛 친구 정에 흠뻑 젖는다네.

黃鶴樓前草　茶中絶品名
金光勝髮細　香量立身淸
積濕炎天氣　踈涼夜雨聲

此時尤可愛　知癖故人情

• 關西樂府 / 관서악부

어린 기생 고운 소리로 다담을 고하는데
은수저로 가볍게 두세 번 조금 든 후 내려놓네.
붉게 칠한 고족안을 만들어 물러나고
예방비장 앞에 가서 살핌을 받는다네.

曼聲小妓告茶餤　銀箸輕輕下二三
擎退漆紅高足案　禮房裨將向前監

　단오에 친구들이 모여 햇차 마시며 지난 얘기 스스럼없이 하는데, 옆에는 꽃이 있고 또 새가 노래한다. 그리고 채제공이 보내준 차와 술 그리고 글씨까지 받고서 그 차를 마시면서 보내준 이의 마음을 생각했다. 「관서악부」에서는 관가의 음다 생활의 모양을 잘 보여준다. 그는 청차(靑茶))라고 했는데 그것이 차의 색으로 말한 것인지, 지금 같은 반 발효차에 붙인 이름인지 확실하지 않다.

54. 보만재 서명응(保晩齋 徐命膺)

① 생애(生涯)

서명응(徐命膺: 1716~1787)은 조선의 문신, 학자이다. 자는 군수, 호는 보만재, 본관은 달성이다.

한성부 출신인 그는 영조 때 문과에 급제하여 정언·부수찬·수찬·헌납·교리·함경도 어사·집의·부응교 등을 거쳐서 서장관으로 청나라에 다녀왔다. 그 후에 집의·필선·부응교·교리·응교 등을 거쳐 당상관으로 승진해서 대사간·승지·대사성·부제학·이조참의·황해도 관찰사·예조참판·대사헌을 거쳐 홍문관 제학·대사성·대사헌·부제학·도승지·이조참판·예문관 제학·예조참판·갑산 부사·황해도 관찰사·수군절도사·형조판서·병조판서·이조판서·예조판서·지중추부사·우참찬·경기도 관찰사·대제학·공조판서·호조판서·평안도 관찰사·구장각제학·판중추부사·수어사·한성부판윤 등을 지냈다. 그리고 지경 연사와 약방제조도 겸했다.

역학에 통달했으며 실학 연구에 전력한 북학파의 시조로 일컬어지며 학자로서 명망이 높았다. 영조의 명으로 악보를 수집하여 《대악후보》를 간행했으며 글씨에도 능했다. 저서로 《보만재집》,《계몽도설》 등이 있다.

② 차시(茶詩)

• 李綏之 福源 李仲浩 瀰 來訪拈韻 / 이수지 복원과 이중호 미가 찾아와 운을 잡다

일찍 일어나자 백판의 사립을 여니
차 연기 한 줄기 아침 햇살로 오르네.
가녀린 풀들이 들쭉날쭉 돋았고
새들은 날개 퍼덕이며 사방에 날고 있네.
남쪽 마을 간관이 이르렀다고 하는데
동쪽 이웃 학사는 스스로 돌아오네.
삼월의 꽃 안개는 운대의 약속이니
봄 기후 옷 다려 입기 좋은 때이지.

早起催開白板扉　茶煙一抹靄朝暉
姸姸細草高低出　拍拍幽禽下上飛
南里諫官呈告至　東隣學士自公歸
煙花三月雲臺約　好試春天尉帖衣

• 齋居謾詠 / 재계하면서 되는대로 읊다

늙은이는 언제나 일찍 자고
이른 아침 일어나 추워한다네.
쌓인 눈 소나무 언덕에 나부끼고
고드름은 기와 추녀에서 떨어지네.
화로 남은 불에 차가 익어가고

책상엔 읽던 책들 흩어져 있네.
맑은 정신 홀로 앉아 할 일 없으니
이제 둔한 붓 잡고 휘둘러볼거나.

老人常夜寢　朝起怕寒威
積雪飄松塢　脩冰落瓦簷
爐殘茶熟火　几散讀餘籤
孤坐淸無事　旋將禿筆拈

• 雜詩 / 잡시

강마을 유달리 고요하고
일마다 그윽하여 뜻에 딱 맞네.
백조는 울타리 사이에서 잠들고
누런 닭은 지붕 위에서 우네.
술독에선 빗방울 소리 들리고
다관에선 물결 소리 난다네.
이 집에선 오랫동안 겪었지만
물가에선 이런 내용 알지 못하지.

江村殊靜寂　事事愜幽情
白鳥籬間睡　黃雞屋上鳴
酒槽聞雨滴　茶罐試波聲
宅此經年久　沙洲不識程

• 對雨書事 / 비를 마주하며 일을 적다

가을비 하늘을 씻어 하늘 더욱 맑고
단풍잎 뜰 가득한데 국화는 벌써 시드네.
산차 한 사발에 기운이 사방으로 퍼지고
책상 위의 책들을 손으로 펼쳐보네.
옛 책 읽으면 고인을 만난 듯하고
새로이 좋은 친구 많이 얻은 듯하네.
기틀을 보는 마음 잊어지고 평온하니
가까이 가도 처마 끝 새가 날아가지 않네.

秋雨洗天天盆凉　紅葉滿庭菊已荒
山茗一甌氣方舒　案上經卷手自張
舊讀如逢故人話　新得恨無良友商
機心習靜頓相忘　簷鳥近人故不翔

55. 번암(樊巖) 채제공(蔡濟恭)

① 생애(生涯)

　채제공(채제공: 1720～1799)의 본관은 평강(平康). 자는 백규(伯規), 호는 번암(樊巖)·번옹(樊翁). 효종 때 이조판서·대제학을 지낸 유후(裕後)의 방계 5대손이며, 시상(時祥)의 증손으로, 할아버지는 성윤(成胤)이고, 아버지는 지중추부사 응일(膺一)이다.
　1735년(영조 11) 15세에 향시에 급제하였으며, 1743년 문과 정시에 병과로 급제하여 승문원 권지부정자에 임명되면서 관직 생활을 시작하였다.
　1748년 한림회권(翰林會圈) 때 영조의 탕평을 표방한 특명으로 선발되어 청요직인 예문관 사관 직을 거쳤다.
1753년에 충청도 암행어사로 균역법실시 과정상의 폐단과 변방 대비 문제를 진언하였다. 1755년 나주 괘서사건이 일어나자 문사랑(問事郎)으로 활약했고, 공로로 승정원 동부승지가 제수되었다.
　1758년에 도승지로 임명되었다. 이 해 사도세자와 영조의 사이가 악화가 되어 세자 폐위의 비망기가 내려지자 죽음을 무릅쓰고 막아 이를 철회시켰는데, 이 사건으로 인하여 후일 영조는 채제공을 지적하여 "진실로 나의 사심 없는 신하이고 너의 충신이다."라고 정조에게 말했다 한다.

이후 대사간 · 대사헌 · 경기감사를 역임하던 중 1762년 모친상으로 관직을 물러나자, 이해 윤5월 사도세자의 죽음이 있었다. 복상 후 1764년부터 개성 유수 · 예문관제학 · 비변사 당상을 거쳐 안악 군수로 재임 중 부친상을 당하여 다시 관직에서 물러났다.

이후 1767년부터 홍문관 제학 · 함경도 관찰사 · 한성판윤을, 1770년부터는 병조 · 예조 · 호조판서를 역임하고, 1772년 이후 세손 우빈객 · 공시 당상(貢市堂上)이 되었다. 1775년 평안도 관찰사 재임 시에 서류통청(庶類通淸)은 국법의 문제가 아니므로 풍속에 맡겨야 한다고 주장한 상소로 인하여 서얼 출신자에게 구타당하는 사건이 생기기도 하였다.

1776년 3월에 영조가 죽자 국장도감 제조에 임명되어 행장 · 시장 · 어제 · 어필의 편찬 작업에 참여하였다. 이어 사도세자 죽음에 대한 책임자들을 처단할 때 형조판서 겸 판의금부사로서 옥사를 처결하였다.

또한 정조 특명으로 사노비(寺奴婢)의 폐를 교정하는 절목을 마련하여 정1품에 이르렀다. 이 사노비 절목은 점차 사노비의 수효를 감소시켜 1801년(순조 1)의 사노비 혁파를 가능하게 하였다. 이후 규장각제학·예문관제학·한성판윤·강화유수를 역임하였다.

1780년(정조 4) 홍국영(洪國榮)의 세도가 무너지고 소론계 공신인 서명선(徐命善)을 영의정으로 하는 정권이 들어서자, 홍국영과의 친분, 사도세자의 신원에 대한 과격한 주장으로 정조 원년에 역적으로 처단된 인물들과의 연관했다는 죄목으로 공격받아 이후 8년간 서울 근교 명덕산에서 은거생활을 하였다.

1788년 국왕의 친필로 우의정으로 특채되고, 이때 황극(皇

極)을 세울 것, 당론을 없앨 것, 의리를 밝힐 것, 탐관오리를 징벌할 것, 백성의 어려움을 근심할 것, 권력 기강을 바로잡을 것 등의 6조를 진언하였다. 이후 1790년 좌의정으로서 행정 수반이 되었고 3년간에 걸치는 독상(獨相)으로서 정사를 오로지 하기도 하였다.

1793년에 잠깐 영의정에 임명되었을 때는, 전일의 영남만인소에서와 같이 사드세자를 위한 단호한 토역(討逆)을 주장하여 이후 노론 계의 집요한 공격이 야기되기도 하였다.

문장은 소(疏)와 차(箚)에 능했고, 시풍은 위로는 이민구(李敏求)·허목(許穆), 아래로는 정약용(丁若鏞)으로 이어진다고 한다.

또한, 학문의 적통(嫡統)은 동방의 주자인 이황(李滉)에게 시작하여 정구(鄭逑)와 허목을 거쳐 이익(李瀷)으로 이어진다고 하면서 정통 성리학의 견해를 유지하였다.

그는 영조 연간 청남(南人淸流)의 지도자인 오광운(吳光運)과 강박(姜樸)에게서 학문을 배웠고, 채팽윤(蔡彭胤)과 이덕주(李德冑)에게 시를 배웠다.

순조 때 유태좌(柳台佐)가 청양(靑陽)에 그의 영각(影閣)을 세웠고, 1965년 충청남도 부여군 부여읍 관북리에 홍가신(洪可臣)·허목·채제공을 모시는 도강영당(道江影堂)이 세워졌다.

저서로 ≪번암집≫ 59권이 전하는데, 권두에 정조의 친필어찰 및 교지를 수록하였다. 그는 ≪경종내수실록≫과 ≪영조실록≫·≪국조보감≫ 편찬 작업에도 참여하였다.
1799년 1월 18일에 사망, 3월 26일에 사림장(士林葬)으로 장례가 거행되었다.

② 차시(茶詩)

• 玉流洞 / 옥류동

숲의 푸르스름한 물방울 떨어질 듯하고
차 향기 연기와 함께 잃어가네
과연 신선이 있었다고 한다면.
여기 쟁반을 돌아 일어나는 것 이리.

林翠如成滴　茶香偶惹煙
神仙果能有　於此稱盤旋

• 萬瀑洞 / 만폭동

길이 교룡의 굴을 가리키고
바위엔 일월의 정령이 스며있다네.
비구가 이런 사정 잘 알고서
마음 시원하라고 차를 들고 오네.

路㟁蛟龍窟　巖胚日月精
比丘能解事　潤肺捧茶鐺

• 景參有期不至 夜遣叔昇 持令提 將來 與諸益拈韻戱賦 / 경삼이 약속하고도 오지 않았다. 밤에 숙승을 보내서 영패(令牌)를 내세워 잡아와 벗들과 운자를 뽑아 장난삼아 읊다.

가벼운 추위에 술기운 좋게 오르고
바람 자니 차 연기 간들간들 퍼지네
뜰의 대나무 무슨 사연 그리도 많아
밤 되면 창 뒤에서 혼자서 울어대나.

寒輕酒氣娟娟上　風定茶煙裊裊深
堪笑庭篁亦多事　夜來窓裏送微吟

• 重訪新民藥肆 / 신민 약사를 거듭 찾음

자리 펴서 좋은 향 피우고
부슬비 내리는데 차 달인다네.
신선들의 단약을 어디 얻으리
삼신산을 찾아서 구해봐야지

展席名香裏　烹茶細雨間
靈丹如可借　揮手訪三山

• 訪徐進士家 / 서 진사 집을 찾아서

중당에서 손을 맞으며 조용히 말이 없으니
영주에서 제일가는 법가임을 알겠네.
동서에 의자 두어 잔시 예석을 마련하고
어린아이 우전차를 들어 바친다네.

中堂迎客靜無譁　易識寧州第一家
倚子東西纔設禮　小童擎進雨前茶

• 戀明軒早起 / 연명헌에서 일찍 일어나

수없이 지저귀는 새소리에
내 먼저 새벽잠 깨었다네.
산속의 이슬 그 얼마나 내렸는지
꽃가지 축 처져 가련하구나.
차 달이는 일 한 가지만 아니고
머리 빗는 법도 수없이 많다네.
이 속에 참다운 즐거움 있으니
세속에 전해질까 걱정이라네.

啼禽便多事　先我罷晨眠
山露潤幾許　花枝低可憐
烹茶種非一　梳髮度應千
於此有眞樂　恐爲人世傳

• 留公會 梳挹翠韻 / 유공회 소읍 취운

시사가 막힐까 보아 찻잔 가까이하고
글 쓰는 버릇이 미련하기에 촛불 켜네.
오직 그대 머무르면 주려고 자세히 살피고
시재를 발휘하여 한층 더 한다네.

詩腸導滯親茶椀　書癖成癡進燭華
惟有留君供拭目　邇來文藻頓能加

• 翼日茶坊寓舍　携妓讌敖　會者如前翼日茶坊寓舍　携妓讌敖　會者如前 / 다음날 다방의 우거에 기녀를 데리고 와서 술자리를 베풀고 놀았다. 모인 사람은 어제와 같다.

북쪽 성의 흥이 가시기도 한데
남쪽 마을에서 놀게 되었네.
나이 들어서 좋은 일 찾아서 하니
살아가는 세상에 무슨 근심 있으리.
칼춤은 무지개 무리를 둘러치고
기생들의 노래 앵무새 소리로구나.
미리 그림과 촛불 준비해 두었으니
이 좋은 밤 머무를 만하네.

未了北城興　仍成南巷遊
白頭探勝事　浮世有何愁
劍舞圍虹暈　鶯聲讓妓喉
預敎供畫燭　良夜又堪留

• 卽事 / 즉사

게을러서 낮잠 자고 또 자느라
차 익는 줄 알지 못했다네
어린 기생은 어쩐 일로 이토록 늦은가?
그네 뛰는 소리 잠잠해졌건만

午慵眠復眠　不省烹茶熟
少妓來何遲　閒却鞦韆索

56. 여암 신경준(旅庵 申景濬)

① 생애(生涯)

신경준(申景濬: 1712~1781)은 조선 후기의 문신·실학자·지리학자로서, 자는 순민(舜民), 호는 여암(旅庵), 본관은 고령(高靈)이다.

신숙주(申叔舟)의 아우인 신말주(申末舟)의 11대손으로 진사 내(淶)의 아들로 태어났다. 어머니는 한산 이씨로 이의홍(李儀鴻)의 딸이다. 1754년(영조 30년) 문과에 급제한 이래 전적(典籍)·정언(正言)·장령(掌令)·사간 등을 역임했다. 33세 때까지 여러 곳으로 옮겨 다니다가 33세부터 43세까지 고향에 묻혀 살면서 저술에 힘써 대부분의 저술은 이 시기에 이루워 졌다.

특히 1750년(영조 26년)에 지은《훈민정음운해(訓民正音韻解)》는 훈민정음을 한자어 음운으로 도표를 만들어 소개한 책으로 한글에 관한 과학적 연구의 큰 업적을 남겼다. 1770년(영조 46년)《문헌비고(文獻備考)》를 편찬할 때〈여지고〉(輿地考)를 담당,《팔도지도(八道地圖)》,《동국여지도(東國輿地圖)》를 완성하였다.

그 후 여러 곳의 지방관을 지내다가 1779년(정조 3년) 고향 순창에 돌아가 살았다. 학문이 뛰어나고 지식이 해박하여 관직과 성률(聲律)·의복(醫卜)· 법률 · 기서(奇書)에까지 통달했으며, 실학사상에 근거한 고증학적 방법으로 지리학을 개척했다.

특히 조선의 산맥 체계를 도표로 정리한 책으로 조선시대 21대 영조(英祖) 때 신경준이 편찬한 것으로 알려진 『산경표(山經表)』는 한반도 산줄기의 발원지와 분포를 강물의 수계를 따져 가계도처럼 그림으로 표시한 것이다.

산줄기의 표현을 족보(族譜) 기술 방식으로 정리하여 어떤 유역들을 거느리며 변형되고 생성해 왔는지를 상세히 밝히고 있고 표의 기재 양식은 상단에 대간(大幹)·정맥(正脈)을 산경을 바탕으로 옆에 거리(이수(里數))를 부기해서 이를 펼치면 조선의 옛 지도에 나타난 산맥들을 산줄기와 하천 줄기를 중심으로 모든 구역의 경계가 나오도록 도표화했다는 특징을 가지고 있다.

지금까지 전하는 대표적인 『산경표』의 본(本)은 세 가지, 규장각 『해동도리보』(海東道里譜) 중의 『산경표』, 장서각의 『여지편람(與地便覽)』 중의 『산경표』, 영인본으로 조선광문회 최남선이 1913년에 간행한 『산경표』가 있으나 모두 같은 내용으로 전국의 산줄기를 하나의 대간, 하나의 정간, 13개의 정맥으로 규정하고 여기에서 다시 가지 쳐 뻗은 기맥을 기록하였고 모든 산맥의 연결은 자연 지명인 산 이름, 고개 이름 등을 원본대로 족보 기술 방식으로 정리하였다.

② 차시(茶詩)

• 煎茶 / 차를 달이며

맑은 밤 샘물 길어 차를 달이니
산 위에 달 밝은데 떨어진 꽃이 찬 이슬에 젖네.
마름과 연꽃은 저절로 향기 나고
호중천의 긴 꿈 깨고 돌아왔다네.

淸宵煮澗茗　花落山月冷露濕
菱荷衣自香　六六壺天歸夢長

- 送趙秀才還山 / 조수재가 산으로 돌아감에 전송함

차 솥에 불타니 산도깨비도 조용하고
달빛 밝은데 솔방울 뚝뚝 떨어지네.
산속에 잇는 손이 사슴 타고
내 시에 관해 말하면서 껄껄 웃었네.

茶鼎火丹山鬼肅　松子丁丁月華白
山中有客乘白鹿　爲說我詩一大각

　밝은 달빛 아래서 차를 달이며, 떨어진 꽃잎에 이슬 내리는 것을 보는 차인의 마음은 이미 선계에 가 있다. 마음이 몸 이에는 구애받지 않고 노닐면 몸은 이미 빈 껍질이다. 그런데 우리는 그 하잘것없는 껍질 때문에 마음을 잡아 매고있는 것이다. 다서에 의하면 차나무와 뽕나무는 예부터 신령스러워서 잡귀들이 범접하지 못한다고 했다. 그러니 차 달이는 곳엔 신선감이 서려 있다. 그리고 백록선인과 시를 주고받는다.

57. 해좌 정범조(海左 丁範祖)

① 생애(生涯)

　정범조(丁範祖: 1723~1801)는 본관은 나주(羅州)이고, 자는 법세(法世), 호는 해좌(海左)이다. 정시한(丁時翰)의 현손이며, 정도항(丁道恒)의 증손으로, 할아버지는 정영신(丁永愼)이고, 아버지는 유학 정지령(丁志寧)이며, 어머니는 신필양(申弼讓)의 딸이다. 세거지는 원주로 홍이헌(洪而憲)·신성연(申聖淵)·유한우(兪漢遇) 등과 친교가 깊었다.
　1759년 (영조 35) 진사시에 합격한 뒤 성균관 유생이 되었다가, 마침 동궁(東宮: 思悼世子)을 비난하는 유소(儒疏)가 바쳐지자 이에 반대하였다. 1763년 증광문과에 갑과로 급제해 사직서직장(社稷署直長)이 되었다가 성균관전적·병조좌랑을 거쳐 지평이 되었다. 그러나 왕명을 받드는 데 지체했다는 죄로 잠시 갑산으로 유배되었다.
　이듬해 이조 좌랑에 서용되고 옥구 현감을 거쳐 홍문록에 뽑히자, 그 문학의 재주를 평가한 우의정 원인손(元仁孫)의 천거로 수찬이 되었다. 이어 동부승지로 발탁되었으며, 왕명에 따라 「건공가(建功歌)」·「백운고시(百韻古詩)」를 지어 바쳐 시명이 조야 간에 크게 드러났다 한다.
　그 뒤 공조 참의 풍기 군수를 역임하고, 정조 초에 양양 부사가 되어 부세를 줄이고 유풍(儒風)을 진작시키는 등 서민 교화에 진력하였다. 그러나 겸관(兼官)으로 있던 강릉에서 목상(木商)이 소나무를 잠매(潛買)한 사건으로 파직되었다가 이듬해인 1781년 동부승지로 서용되고, 대사간을 거쳐 풍천부사가 되어 사직하였다.

1788년 예조참의로 서용되었으나 부임하지 않았다. 1792년 대사헌에 임명되었으나 나이가 많음을 들어 치사(致仕)를 청했으나 허락되지 않고 예조참판 · 개성 유수 · 이조참판 등에 차례로 제수되었다. 2년 후 지돈령 부사가 되어 기로사(耆老社)에 들어가면서 형조판서에 승진, 지춘추관사를 겸임하였다.

그 뒤 78세가 되던 정조 말년까지 조정에 머물며 예문관 · 홍문관의 제학으로서 문사(文詞)의 임무를 맡았다. 1800년 정조가 죽자 정종행장찬술당상(正宗行狀撰述堂上)으로 뽑혀 만장 7율 10수를 지었으며, 이듬해 실록청 찬집 당상으로서 『정종실록』 편찬에 참여하였다.

시율과 문장에 뛰어나 사림의 모범으로 명성을 얻었고, 이 일로 인하여 영조와 정조의 총애를 받았다. 특히, 문체반정(文體反正)에 주력하던 정조에 의해 당대 문학의 제1인자로 평가되어 70이 넘은 고령에도 불구, 오랫동안 문사의 임무를 맡았다. 남인 집안 출신으로서 정치적 자세는 불편부당한 입장은 취하지만 당시의 탕평책에는 비판적이었다.

즉, 탕평책이 외면적이고 형식적인 균용론(均用論)만 취하는 것이어서 사의(私意)가 횡행해 효과를 거두지 못한다고 하였다. 대신 붕당을 없애기 위해서는 공정한 인사 관리와 신의 있는 시책, 분명한 정치적 자세가 필요하다고 하였다. 문집으로 『해좌집』 39권이 있다. 시호는 문헌(文憲)이다.

② 차시(茶詩)

- 醉到東隣 / 취하여 동쪽 이웃에 이르다

초야에 사는 이가 어이 오사모 쓰리
종일토록 맨머리에 수염은 반백이라네.
병든 몸 선방 따라 백석탕을 달였는데
봄 오니 이 몸은 농사짓고 꽃 기르네.
닭털 붓으로 즐겁게 시제 쓰고
손에게 작설차 주며 자랑한다네.
말끔한 선방이나 낚싯배에서
집 떠나지 않고 메추리 한 쌍으로 생을 마치리.

野人安用着烏紗　竟日科頭鬢半華
病後仙方初煮石　春來身計秪栽花
題詩喜試鷄毛筆　對客誇分雀舌茶
除却禪房與釣艇　終年雙屐不離家

- 次寄棠溪 / 차운하여 당계에 부치다

깃들어 쉴 임원이 있는 그대 부러워
연하 만 겹이나 가려 아주 조용하고
늦게 일군 땅에서 술 거처 생기니
때때로 경전 들고 절간에 머문다네.
칡넝쿨 얽힌 집엔 차 향기 피어나고
구름과 눈 속에 성긴 울은 석양이라네.

나이 들어가니 어찌 큰물 가를 수 있으리
등불 비친 얼굴에는 흰 수염만 늘어가네.

羨君棲息有林園　萬疊烟霞了不喧
萬壑菑畬供酒戶　時携經籍住禪門
薜蘿小屋茶香熁　雲雪踈籬峽氣昏
安得衰年分半壑　一燈相照鬢霜痕

- 臨江仙 / 임강선

꿈에 보인 옛 친구 안색도 좋군
물 에둘러 흐르는 곳 산이 막히네.
근심 난마같이 어지러움 말하지 마라
짧은 노래에 차례도 없고
그 옆엔 첫사랑이 함께한다네.

夢見故人顔色好　覺來水繞山遮
莫敎愁緖亂如麻　小詞無次序　佐以瓦甌茶

58. 이계 홍양호(耳溪 洪良浩)

① 생애(生涯)

　홍량호(洪良浩: 1724~1802)의 자는 한사(漢師), 호는 이계(耳溪)이다. 정시에 급제하여 교리를 지내며 등준시(登俊試)에 급제하여 경흥부사가 된다. 대사간 때 동지부사로 청에 다녀오고, 평안도 관찰사를 지내고 1794년에 동지사 겸 사은사로 청에 다녀온다. 이때 청의 대구형(戴衢亨), 기효람(紀曉嵐) 등과 교유하여 뒷날까지 서신을 왕래했다. 지방관으로 잇을 때 식수(植樹)에 힘을 쏟고 사행(使行)에 부탁해서 일본의 벚나무를 가져와 우이동에 심어 아름답게 했다. 글씨, 문장에 능하고 고증학에 조예가 깊었다.

② 차시(茶詩)

- 過寺谷 訪金監役 砥行 歸路追寄 / 사곡을 지나다가 김 감역 지행을 방문하고 돌아오는 길에 부치다

가을 산속 말에서 내리니
매미 소리 들리는데 초당이 있네.
뜰 가득 온통 푸른빛뿐인데

방에 들어가니 향기 가득하구나.
먼지가 날리니 깨끗하진 않지만
마시는 차 맛은 아주 좋다네.
글이란 원래 일이 많은 것이니
훗날 물러날 때를 기대해야지.

立馬秋山裏　蟬聲在草堂
滿庭都是翠　入室自生香
揮塵知形穢　呼茶覺味長
詩書多事業　他日卜行藏

• 登太古亭 / 태고정에 올라

뜰에 있는 정자나무 좋기도 하고
지게문 옆 개울엔 국화 피었네.
이에 명망 있는 선비 만나서
우러르면서 서로 대한다네.
단풍잎 주변에 어지러이 흩어지고
대밭 가까이서 차를 달이네.
청담으로 산속 하루 저물어가고
돌아가는 수레는 가을로 물들었네.

喬木園亭好　黃花礓戶新
仍逢名下士　相對景中人
散秩圍紅葉　烹茶近綠筠
淸談山日暮　秋色滿歸輪

- 發信川 歷訪白雲洞李正言仁默 / 신천을 출발하여 백운동에 들러 이 정언(인묵)을 방문하다.

어느 곳이 백운리 인가
한두 집에 연기 필뿐이라네.
국화는 가는 수레 맞이하고
숨은 새는 맑은소리 응답하네.
개울가 집은 지붕이 기울었고
사집 부엌에선 차를 달이네.
돌아오는 수레 개울 건널 때
숲 너머엔 해가 기울고 있네.

何處白雲里　孤烟一兩家
黃花迎去轍　幽鳥應淸笳
磵戶初傾盖　山廚乍點茶
廻車還渡水　林外夕陽斜

- 踰靑石會寧兩嶺 / 청석과 회령 두 령을 넘다

관동의 여덟 역이 온통 산에 싸였는데
청석과 마천 외길은 길기도 하여라.
산 모양 우리와 같아 쳐다보고 기뻐하느라
봄 경치 타향임을 알지 못하네.
눈 녹은 압록강은 응당 파랗고
하늘 멀리 북경 하늘은 더욱 푸르네.
솔 아래 노승은 옛 손님 맞이하며

손에 든 구리발의 차 탕을 권한다네.

關東八站抱重岡　靑石摩天一路長
却喜山容如我國　不知春色是他鄕
雪消鴨水應添綠　天遠燕雲更變蒼
松下老僧迎舊客　手撞銅鉢勸茶湯

　이계의 다사에는 얘기가 많다. 우선 시문에 아주 능했고 중국을 잘 알기에 차 생활이 다양했고 체험도 풍부했다. 갑인년에 중국에 다녀오면서 갈 때 들러서 알고 있는 노승이 찻그릇으로 구리로 된 바리를 쓰고 있는 것이나, 한식 때 낙양 사람들이 햇차를 마시는 모양을 기록한 것들이다.
　훗날 효람(曉嵐) 기균(紀勻)으로부터 편지와 함께 여러 선물을 받았는데, 그중에 다구가 몇 점 있다. 강희 황제의 어요인 낭요에서 만든 수중승 하나, 의흥의 갈운첨이 만든 찻주전자 하나가 그것이다.
　그 후에도 차 주전자와 호로 완 하나씩을 받고 호로다주명(葫蘆茶注銘))을 남겼으니, 그 이외의 것은 짐작할 만하다.

59. 청장관 이덕무(靑莊館 李德懋)

① 생애(生涯)

이덕무(李德懋; 1741~1793)의 본관은 전주(全州). 자가 무관(懋官)이며 호는 아정(雅亭)·청장관(靑莊館) 등인데 서울에서 태어났다.

서얼(庶孼) 출신으로 빈한한 환경에서 자라 박람강기(博覽强記)하고 시문에 능하여 이름을 떨쳤다. 박제가(朴齊家)·유득공(柳得恭)·이서구(李書九)와 함께 약관의 나이에 《건연집(巾衍集)》이라는 사가시집(四家詩集)으로 일찍 문명을 날렸고, 이것이 청나라에까지 전해져서 이른바 사가시인(四家詩人)의 한 사람으로 이름을 날리게 되었다.

북학파 실학자인 박지원(朴趾源) 등과 사귀어 그 영향을 많이 받았으며, 중국의 고염무(顧炎武), 주이존(朱彛尊) 등 고증학자의 영향도 받았다. 1778(정조 2)년에는 청나라에 사은사(謝恩使)의 일원으로 여행하고, 연경에서 중국의 석학들과 교류하고 중국의 산천, 도리(道理), 궁실, 누대(樓臺), 초목, 조수(鳥獸) 등에 관한 자세한 기록 가지고 돌아와 중국에 관한 안목이 넓었다.

1779년에 정조(正祖)가 규장각(奎章閣)을 설치하여 문장에 뛰어난 학자들을 외각 검서관(檢書官)으로 등용할 때 뽑혀

임용되었다. 규장각에서 《국조보감(國朝寶鑑)》《대전통편(大典通編)》 《무예도보통지(武藝圖譜通志)》 《규장각지(奎章閣志)》《규장전운(奎章全韻)》《홍문관지(弘文館志)》《송사전(宋史筌)》 등 여러 서적의 편찬 교감에 참여하였고, 한양 지도인 <성시전도(城市全圖)>를 보고 읊은 백운시(百韻詩)가 정조로부터 '아(雅)'라는 평가받은 연유로 호를 아정(雅亭)이라 칭하게 된다.

그가 1793년 세상을 떠나자, 시문집《아정유고(雅亭遺稿)》를 규장각에서 편찬하여 간행하였다. 그의 주요 저서로 '기년아람(紀年兒覽)', '청비록(淸脾錄)'과 사(士)의 윤리와 행실을 밝힌 '사소절(士小節)'과 '아정유고(雅亭遺稿)' '청장관전서(靑莊館全書)'가 있다.

② 차시(茶詩)

· 臥病 / 병으로 눕다.

병들어 누운 지 열흘이 넘어가니
미투리에 파란 이끼 오르네.
약봉지 만지기도 싫어지고
구름 낀 언덕 거닐기도 게으르고
샘물에 차 더 씻어 미끄럽고
비 그치자 창을 여니 서늘하네.
적막함에 지쳐 견디기 어려운데
이따금 친구들이 찾아와 주네.

臥病旬將浹　巾鞋上綠苔
已厭親藥裏　稍隔步雲隈
茶滑添泉洗　窓涼過雨開
廖廖難自耐　時有友生來

• 觀讀日記 / 관독일기

茶 달이는 괴로운 버릇은 자주 불을 일으키고
연적의 신령스러운 마음은 공교로이 조수를 응한다.

煙茶苦癖頻生火　硯滴靈心巧應潮

• 觀軒茗飮 / 관헌에서 차를 마심

청옥 책상에 그대와 마주 앉아
차 마시며 이야기 길어지네.
여귀 무성한데다 뭇 벌레 소란하고
매미만 시원한 나무숲 차지했네.
가을 서재에서 한가한 날 즐기고
비 갠 주렴엔 새 볕이 따스하다.
갑자기 선경에 노니는 듯
속된 생각 저절로 잊혀지네.

倚君靑玉案　茗飮話俱長
蓼剩繁蟲繞　蟬專一樹涼
秋齋聊暇日　晴箔暖新陽

忽若游方外　形骸澹自忘

• 觀齋茗飮與尹曾若柳惠甫共賦 / 관재에서 차를 마시며 유혜보와 함께 지음

가을 윤달도 그믐이라니
세월은 가고 아니 멈추네.
석류는 병든 나무에서 곱게 열리고
맹꽁이는 뒤뜰에서 울어 대누나.
복은 남겨 아이에게 주고
견문은 아껴 마음 수양하리.
사복시 우물물로 차 달이니
값어치 남령에 비길 수 있나.

秋閏纔云晦　年光駛不停
柳房姸病樹　黽部沸幽庭
惜福貽童穉　頤神嗇視廳
淪茶司僕井　銖雨抵南靈

• 端陽日集觀軒 / 단오에 관헌에서 모임

밝고 고운 석류꽃 푸른 가지에 피었는데
옥색 발에 그림자 뚫고 들어오니 낮 햇빛 옮겼네.
화로 연기 줄어들고 차 달이니
정히 그윽한 사람 그림을 보는 때로세.

的的榴花繞綠枝　細蒹透影午暉移
篆煙欲歇茶鳴沸　政是幽人讀畵時

• 題彈素幾何室 / 탄소 기하실에 제목 함

노루 눈 성긴 울타리에 그림자 지는데
수벌들이 미친 듯이 장다리꽃을 찾네.
한가로이 古香의 침속을 품평하고
가려 시음하는 나개의 顧渚茶라.

麂眼疎籬影斜　雄蜂狂嬲菁花
閑評香品沈速　試拈茶名岕羅

* 柳琴(1741-1788) 字는 彈素이고. 호는 幾何室로 조선 후기의 실학자이다.

• 秋日集修竹軒 / 가을날 수죽헌에 모여

맑고 한가한 집에 들어온 듯
오동나무 그늘 푸른 담장에 가득하네.
멀리 이별한 뒤 귀밑털은 짧아지고
반가이 만나 이야깃거리 길어지네.
좋은 차 싹 사랑하여 정밀히 가리고
실 향 아끼며 향로에 자주 따 넣네.
대 수풀 우거져 날은 쉽게 저물고
잠든 학의 모습 조촐하구나.

似入蕭閒室　晴梧滿碧牆
鬢絲睽後短　譚柄晤餘長
細揀憐騎茗　頻拈惜線香
竹深知薄暮　眠鶴瞰然光

• 與朴進士綏壽賦 / 박진사 수수와 함께 지음

쓸쓸한 가을 방에 기거를 물으며
등잔 아래 도란도란 이경이 넘었구나.
포근한 옷 따스한 방에 부처처럼 앉았는데
붉은 잎 서리 온 담에 고기인 듯 걸렸구나.
게으르니 접암에 배향되기 알맞고
가난하니 국부상서[21] 되기도 어렵구나.
다만 시문으로 마을 친구 부르니
다과 대접 참다운 정 예사롭지 않더라.

秋室蕭蕭問起居　張燈軟話二更餘
輕衣煖閣趺如佛　朱葉霜垣罥似魚
懶可蝶菴爲配享　貧難麴部做尚書
秖將文雅招同里　茶果情眞契不疏

• 遼野 / 요동 들녘

채찍 들고 말을 몰아 큰 벌판에 나서니
서생이 이때 한번 눈썹을 펴보는구나.

---

21) 국부상서(麴部尚書); 술을 잘 마시는 사람에 대한 해학적인 별명

풀 푸른 와집에는 하수가 급히 흐르는데
구름이 검은 하늘에 북쪽 기운이 멀리 뻗치네.
세상을 피해 온 유안(幼安)은 조모가 슬픈데
신선이 된 정령위(丁令威)22)는 학으로 화했다네.
문득 보니 본래 같은 기미성(箕尾星)23) 분야라
밤마다 茶집에서 한양을 꿈꾸고 있네.

躍馬鳴鞭出大荒　書生眉字一飛揚
草青窩集河流疾　雲黑撑犁朔氣長
避世幼安悲조帽　登仚丁令化玄裳
却看箕尾元同野　夜夜茶棚夢漢陽

• 沙窩堡賈老人歌 / 사와보의 賈노인을 노래함

사와보 마을의 賈 노인은
여기서 칠십여 년을 살았네.
늙을 때까지 문 앞길도 나가지 않고
글 읽고 나무 심는 데 재미 붙였네.
서늘한 누각에 책을 들고 의자에 앉아서
웃으며 때때로 자기 얘기 하곤 하네.

沙窩村裏賈老人　坐送七十有餘春
到老不踏門前路　看書種樹怡其神
涼棚把卷據凳子　發笑時時口自陳

---
22) 정령위(丁令威); 漢의 요동 사람. 신선술을 배워 학이 되었다 함.
23) 기미성(箕尾星); 箕星과 尾星으로 익주와 유주 분야에 해당한다.

花樹刊牌記紅白　菜種齎囊分甘辛
耳聾不辨牛與蟻　幼孫附語傳向賓
見我欣然如舊交　雪桃瀹茗談津津

• 李麝泉座工逢李雪隱基憲小飮仍拈韻 / 이사천의 좌석에서 이설은 기헌을 만나 간소한 주석을 베풀고 시를 읊으며 즐기다. 닭 우는 소리를 듣고 파하였다

쓸쓸한 봄바람 금원(禁苑)에 부는데
궁장(宮墻) 북쪽 호롱불 아래 옛 친구 찾아왔네.
아무리 바빠도 茶 달일 물 가렸고
한 번 만나매 술 살 돈 아끼지 않네.
콩밭에 송아지 쫓던 일 꿈결같이 어렴풋하고
장안 거리에 새벽닭 울어 흥취가 다했네.
만난 자리에서 늦게 사귄 것 한탄하여
새로운 시 읊어서 심야에 이르렀네.

宛宛春風動禁林　篝燈墻北故人尋
百忙猶揀烹茶水　一晤能捐買酒金
叱犢靑田勞遠夢　聽鷄紫陌損初心
逢場却恨相知晩　讀盡新詩到夜深

60. 다산 정약용(茶山 丁若鏞)

① 생애(生涯)

　정약용(丁若鏞: 1762~1836)의 자는 미용(美庸), 호는 다산(茶山)·여유당(與猶堂)·자하도인(紫霞道人) 등이며, 시호는 문도(文度)이고 본관은 나주(羅州)다. 1762년 경기도 남양주에서 출생한 조선 후기의 실학자로 저서에 경세유표, 목민심서, 흠흠신서, 여유당전서 등 500여 권이 있다.
　다산은 16세가 되던 1776년에는 이익(李瀷)의 학문을 접할 수 있었다. 문학으로 세상에 이름을 떨치던 이가환(李家煥)과 매부 이승훈(李承薰)이 모두 이익의 학문을 계승한 것을 알고, 자신도 그 이익의 유서를 공부하게 되었다.
　1783년 그가 진사시(進士試)에 합격한 이후부터 1801년 발생한 신유교난(辛酉敎難)으로 체포되던 때까지 그는 서울의 성균관 등에서 수학하며 자신의 학문적 깊이를 더하였다.
　1789년 식년문과(式年文科) 갑과(甲科)에 급제하여 희릉직장(禧陵直長)을 시작으로 벼슬길에 오른다.
이후 10년 동안 정조의 특별한 총애 속에서 예문관검열(藝文館檢閱), 사간원정언(司諫院正言), 사헌부지평(司憲府持平), 홍문관수찬(弘文館修撰), 경기암행어사(京畿暗行御史), 사간원사간(司諫院司諫), 동부승지(同副承旨)·좌부승지(左副承

旨), 곡산부사(谷山府使), 병조참지(兵曹參知), 부호군(副護軍), 형조참의(刑曹參議) 등을 두루 역임했고, 한강에 배다리 [舟橋]를 준공시키고, 1793년에는 수원성을 설계하는 등 기술적 업적도 남겼다. 1799년에 형조참의가 되고 곧 탄핵 받아 자명소(自明疏)를 올리고 사퇴하였다.

② 차시(茶詩)

• 崔注書顯重 蘭谷樓 同崔穉度弘重 士舒養重 諸 公飮 / 최주서 현중과 난곡루에서 최치도 홍중, 사서양중, 제공과 함께 마시다.

여기 있는 최 씨의 한 가문 안에
시에 능한 인물이 대여섯인데
종유한 자, 먼 지방 객이 많고
사귀는 벗은 반드시 진귀한 사람.
오이 모양 茶잔에 호쾌한 천진함.
우리 집은 너무도 누추하니
어찌하면 이웃이 되어 볼까나.

崔氏一門內　能詩五六人
從游多遠客　結納必嘉賓
筆硯風流澹　茶瓜謔浪眞
吾廬太卑隘　那得接比隣

• 此君亭下有古松 - 株蟠曲可愛, 與曹司馬松下飮酒仍賦此松七絶古

體 四首 / 차군정24) 아래 늙은 소나무 한 그루가 있는데 반곡이 가히 사랑스러워 조사마와 함께 솔 밑에서 술 마시며 이 솔을 글로 짓다.

현의 정자 둘러싼 것 모두가 대나무인데
마당 앞 한 소나무 우뚝 솟아 드높구나.
빽빽한 잎 긴 가지 햇빛을 가렸고
꾸불꾸불 얽힌 가지 찬 서리를 이긴다네.

어찌 일산 되어 더운 기운 막을 뿐인가
또다시 생황이 되어 맑은 가락 들려주네.
달빛 아래 茶를 달여 스님과 함께 맛을 보고
눈 속에 고기 구워 손님과 함께 즐긴다네.

이 소나무 나이는 기어하는 이가 없고
노인들이 아이 적에 푸른빛을 보았다나.
작은 고을 궁벽하여 쓸모 있는 물건 없어
다만 이를 자랑삼아 금옥같이 여긴다네.

섬돌로써 단 만들고 잔디를 깎아 주며
스물넷의 기둥으로 용 비늘을 받쳐 주네.
그대 위해 애오라지 감당25) 시를 외우거니
그대 가면 여기 오성 백성 잊지 마오.

---

24) 차군정(此君亭) ; 화순현 관아에 잇던 정자. 조사마(사마는 진사의 별칭)는 당시 화순현 사람인 조익현(曹翊鉉)인 듯하다.
25) 감당(甘棠) ; 팥배나무로 『詩經』 「김南의 편명. 주나라 소공(김公)의」 선정을 기린 노래. 흔히 지방관의 선정(善政)을 말할 때 쓴다.

縣亭四圍皆修篁　庭前一松特昂藏
密葉槺梀蔽白日　蟠柯山崛凌靑霜

豈唯繖蓋屛炎熱　復有笙竽奏淸絶
月下烹茶僧共澹　雪中燒肉賓俱悅

此松年壽人不記　故老童時見蒼翠
小邑貧僻無長物　只此藉手如圭瑞

砌石爲壇莎作茵　二十四柱擎龍鱗
爲君且誦甘棠句　君環戒此烏城民

• 春日棣泉雜詩 / 봄날 체천 잡시

아곡의 햇차가 처음 피어날 때
한 포를 동네 사람이 주어 얻었네.
옹달샘 수품 얼마나 맑은지
한가로이 은병으로 시험 해 보리다.

鴉谷新茶始展旗　一包纔得里人胎
棣泉瀹品淸何似　閑就銀甁小試之
　　　　　　　(與猶堂全書 1集 卷1)

　다산은 1808년(순조 8), 강진읍에서 10여 리 떨어진 다산동(茶山洞)으로 거처를 옮긴다. 사의제(四宜齋), 보은산방(宝恩山房) 등으로 몇 차례 그의 우거를 바꾸며 전전하기 8년째

되는 해였다. 그는 다산동에 동서암(東西庵)을 짓고 저술 활동에 들어간 당시의 정경을 다음과 같이 술회한 적이 있다.

『무진년 봄에 다산으로 거처를 옮겼다. 축대를 쌓고 연못을 파기도 하고, 꽃나무를 심고, 물을 끌어 폭포를 만들었다. 동서에 두 초암을 다련하고, 장서 천여 권을 쌓아두고 저술로써 즐겼다. 다산은 만덕사의 서쪽에 있고, 처사 윤박(尹博)의 산정(山亭)이다. 석벽에 「丁石」 두 자를 새겼다.』

지금도 그때 팠던 연못이 있고, 뒷산 바위에는 그가 새긴 「丁石」두 글자가 남아 있다. 그는 다산동에 아름다운 정원을 꾸미고 10여 년을 차와 더불어 저술 활동했으며, 이곳에 차나무가 있었기에 다산동이라고 불렀고, 이후 그의 호를 다산이라 불렀다. 그는 진정 차의 맛을 알고 즐겼던 차인 중의 차인으로 「茶盒詩帖」이라는 시집을 남겼다.

• 對月走筆寄南皐 / 달을 보고 붓을 갈겨 남고에게 부치다.

바다 위에 뜬 달 얼굴에 환히 비추고
성긴 머리카락 바람에 날리네.
차 석 잔 기울이고 보니
종소리 온 세상에 울려 퍼지네.

海月照顔白　天風吹髮疎
茶傾三椀後　鐘動九街初

• 寄贈惠藏上人乞茗 / 혜장상인께 茶를 빌고 기증하심에

전해 듣자니 서덜 밑(산골짝)에는
예부터 좋은 차가 난다는데
때가 마침 보리 익을 무렵으로
기도 피고 창 또한 돋아났겠네.
궁벽하게 지내면서 장재26)가 습관이라.
전조(누린내)한 것은 이미 싫어졌다오.
돼지고기와 닭죽은
너무 호사스러워 함께 먹기 어렵고
다만 괴로운 적취로 인하여
때로 취중에서 깨어나지 못하오.
산에 사는 기공27)의 힘을 빌려
육우의 풍로로 조금 채웠으면.
보시를 베풀어 진실로 병이 나으면
뗏목으로 건져줌과 무엇이 다르리.
모름지기 적배(摘焙)와 쇄살(曬殺)을 법대로 하면
침지의 빛깔이 형형(瀅瀅)하리라.

傳聞石廩底　由來産佳茗
時當晒麥天　旗展亦槍挺
窮居習長齋　羶臊志已冷
花豬與粥鷄　豪侈侅亂竝
祗因痎癖苦　時中酒未醒
庶藉己公林　少充陸羽鼎

---

26) 장재(長齋); 불가에서 한낮이 넘도록 굶는 것을 齋, 이것을 계속함을 長齋라 했다.
27) 기공(己公): 당나라의 승려로 書翰에 마음을 섰고, 시인으로 茶에 대해 일가견이 있었다.

檀施苟去疾　奚殊津筏拯
焙曬須如法　浸漬色方瀅

　다산(茶山)은 1805년 강진에서 유배 생활을 시작한 지 4년 만에 혜장선사(惠藏禪師)를 만난다. 나이로는 10살의 차이가 있었으나 사제 간의 정분이 있었고, 유불(儒彿)의 만남이었으나 서로의 마음을 연 교분이 있었다. 혜장은 다산으로부터 주역을 배웠고, 다산은 혜장에게 차를 배웠다. 대흥사에 전해오던 전통적인 차 맛을 본 그는 무척이나 차를 즐겼는데, 차는 그의 답답한 가슴을 진정시켜주는 좋은 약이기도 했다. 다산은 차 양식이 떨어지면 혜장에게 차를 빌었다.

• 謝賾性寄茶 / 색성이 차를 보내와 사의를 표함

혜장의 많은 제자 중에
색성이 뛰어나다고 말하네.
이미 화엄의 도리를 깨치고
겸하여 두보의 시도 공부했네.
차를 따서 잘 덖어 만들고
외롭게 갇힌 사람 소중히 위로하네.

藏公衆弟子　賾也最稚奇
已了華嚴敎　兼治杜甫詩
草魁頗善焙　珍重慰孤羇

• 三月十六日 游尹文擧魯奎茶山書屋 /삼월 십 육일 윤문거 노규의

다산 서옥에서 놀다

그윽한 보금자리 안개와 노을 따라 정해 있지 않고
하물며 다산에는 온 골짜기 차 가득하다네.
아득한 수평선 위에 돛단배 떠가고
봄 깊은 뜰 가운데는 꽃도 많이 피었네.

幽栖不定逐煙霞　況乃茶山滿谷茶
天遠汀洲時有帆　春深院落自多花

• 茶山花史 / 다산의 꽃 이야기

산정에 서적이라곤 쌓여 있는게 없고
화경과 수경만이 있을 뿐이네.
귤림에 비가 새로 지나간 뒤에 더욱 사랑스럽구나.
석간수 움켜내어 다관을 씻네.

都無書籍貯山亭　唯是花經與水經
頗愛橘林新雨後　巖泉手取洗茶瓶

• 新茶 / 햇차

금빛 휘장 밖으로 불쑥 솟은 새싹
게 눈과 고기비늘 방울 가득 끓어오르네.
가난한 선비 잠심 때우기도 어려운데
새로 기른 샘물로 우전차 끓인다네.
신선의 안목으로 백성의 근심 묻지 마오

누가 사객가에서 수액[28]을 나누어 마시리.
가슴속 막힘 없음을 혼자서 믿었더니
맑고도 쌉쌀한 맛 더욱 자랑스럽다네.

銷金帳外建高牙　蟹眼魚鱗滿眼花
貧士難充日中飯　新泉謾煮雨前芽
民憂莫問羣仙境　水厄誰分謝客家
自信胸中無壅滯　喫添淸苦更堪誇

• 茶盒詩帖 / 다합시첩

흙벽돌 쌓은 조그만 차 부뚜막
불 괘(火卦)와 바람 괘(風卦) 모양 갖추었네.
차가 끓고 산동(山童)은 졸고 있는데
연기 하늘하늘 파랗게 퍼지네.

疊墼小茶竈　離火巽風形
茶熟山童睡　裊烟猶目青

• 茶竈 / 다조

청석 편편하게 갈아 붉은 글자 새기고
초당 앞 작은 부뚜막에 차를 끓이네.
반쯤 열린 물고기 목구멍에 불길 쌓이고

---

28) 수액(水厄); 물의 재액. 茶를 빗대어서 하는 뜻. 晉의 王肅이 차를 좋아하여 손이 오면 반드시 마시게 했으므로, 士大夫가 王肅을 방문했을 때마다 오늘 '水厄'이 있으려나 했다.

짐승 모양 양쪽 귀로 연기 솔솔 나는구나.
솔방울 주워 와서 땔감 바꾸고
매화 꽃잎 떨치고 가서 샘물 긷는다네.
정신과 기운 줄어 모름지기 경계하고
단약 화로 만들어 신선도를 닦으리.

靑石磨平赤字鑴　烹茶小竈草堂前
魚喉牛翕深包火　獸耳雙穿細出烟
松子拾來新替炭　梅花拂去晚調泉
侵精瘠氣終須戒　且作丹爐學做仙

• 茶竈僮睡 / 다조에서 졸고 있는 동자

벽돌로 만든 작은 차 부엌은
이화손풍(離火巽風)의 형상이다.
차가 끓는데 산동(山童)은 졸고 있고
나부끼는 연기 모여 스스로 푸르구나.

壘壘小茶竈　離火巽風形
茶熟山童睡　搊煙裊自靑
　　　　　(茶盒詩帖)

• 和文山 李載毅 / 문산 이재의에게

비가 개이니 찻잎 깃발처럼 피어나니
차 부엌 차 맷돌 살펴야 하겠구나.

동방엔 예부터 차 세금 없었거니
앞마을 개 짖는 소리 두려워 말라.

雨後新茶如展旗　茶籠茶碾漸修治
東方自古無茶稅　不怕前村犬吠時

• 落盡油茶 / 낙진유다

유채꽃 다 지고 茶 잎 피기 시작하니
곡우 앞서 설중화를 이은 인연이라.
바닷가에 봄이 오니 생선회가 넉넉하구나
청음 생각 함께 바꾸어 주막으로 향한다.

落盡油茶始展茶　雨前因繼雪中花
春來海上饒魚膾　淸飮翻同向食家

• 油茶葉 / 유다엽

매끄러운 차, 잎마다 이슬빛 흐르니
오늘 밤 양탄자는 죽상으로 대신한다.
체약29)에 우심인 듯 먹지 않고 남아
머리 들어 붉게 익을 경상 기다린다.
油茶葉葉露流光　氈褥今宵代竹牀
禘似牛心留不食　上頭紅熟待經霜

---

29) 체약(禘礿) ; 봄 제사와 여름 제사

• 雨歇山遞露白沙 / 비가 그쳐 산에 번갈아 백사가 드러나다

산 집에 비 그치자 모래톱 드러나고
작달막한 처마 반그늘에 여라(女蘿)30) 하늘댄다.
꽃술에 성급히 채밀하며 떠는 꿀벌 보며
벽계(碧谿)에 적어 남긴 사묵향(麝墨香)을 느낀다.
깊고 그윽한 동산에 둘린 빽빽한 죽순
시냇가에 옮겨 떨어진 수북한 화석(花席)이라.
체면 버린 은거 생활 일없이 물소리만
선선히 도는 茶 맷돌 손수 갈아 쓴다.

雨歇山遞露白沙　矮檐一半裊垂蘿
採黃心急看蜂沸　籍碧痕留覺麝過
渥浚巡園新筍密　谿邊移落席花多
巖扉容去渾無事　茶碾旋旋手自磨

• 贈兒菴禪師 / 茶를 빌러 적음, 을축년 겨울 아암선사31)에게 보냄

나그네가 요즈음 茶를 탐음하고
겸하여 약으로 충당한다오.
책속에 오묘함 열어준 육유의 『茶經』 3편을 전통하고
병을 다스리자니 한밥 잡힌 누에로
마침내 노동의 일곱 잔 차를 모두 들이키고

---

30) 여라(女蘿); 소나무 겨우사리
31) 아암(兒菴); 혜장선사(惠藏禪師 1772~1811)의 호. 조선시대 정조 때의 승려로, 俗姓은 金, 俗名은 八德, 자는 무진(無盡), 호는 연파(蓮坡)·아암(兒菴).

비록 수척하고 정신이 잠기나,
기무려32)의 말을 잊지는 않은지라.
옹체를 해소하고 흉터(주근깨)를 지우자 하니
끝내는 이찬황33)의 버릇이 생겼소.
아침에 꽃이 갓 필 때
낮잠에서 막 깨어날 때
구름이 갠 하늘에 선연히 떠갈 때
명월이 점차 산 개울에서 멀어져 갈 때
솥에 물을 부으면 작은 구슬은 설산에 날고
등불은 諮詢차 향기에 나부끼느니
세 샘물 활력 있는 불은
야원에 백토34) 시의 맛을 바치고
붉은 옥호 피어난 사발에
번영하는 유화는 비록 노국공35)에 못미치나
돌솥에 푸른 연기는
담박질소해서 한자36)에는 가까우리.
해안 어안은
옛사람들 즐겨 완미했거니
다만 심궁의 용단 봉병은

---

32) 기무경(綦母㷡); 廣東 高要人으로 자는 심지(深之)
33) 이찬황(李贊皇); 찬황은 이덕유(李德裕; 787~849)의 호. 당나라 문신으로 자는 문요(文饒), 길보자(吉甫子)
34) 백토(白兎)); 달의 이칭. 두보(杜甫)의 八月十五夜月詩, '此時瞻白兎 直欲數秋毫'
35) 노공(潞公); 노국공(潞國公; 1006~1097) 북송 때의 문신으로 자는 관부(寬夫).
36) 한자(韓子; 768~824) 중국 당나라 때의 문호로 자는 退之, 창려선생(昌黎先生)으로 불리며 柳宗元과 함께 당송팔대가로 古文 부흥에 힘썼다.

나라 안 곳집의 반급 할 진장 품이 이미 빈 그릇
이 사람 섶나무조차 못할 병고로 하여
애오라지 茶 비는 정을 신항37)한데
들으니 인생 고해는 부처님의 진량중
가장 소중함이 단나38)의 보시라 하고
명산에 잠긴 경혈과 고액은
서초(茶)가 으뜸이라 하거늘
마땅히 갈망 희구함에
아끼지 마시게 파도 같은 은혜 베풀기 염원합니다.

旅人近作茶饕　兼充藥餌
書中妙辟　全通陸羽之三篇
病理雄蠹　遂竭盧仝之七盌
雖浸精수氣　不忘蔡母㚒(慮)之言
而消壅破癖　終有李贊皇之癖
洎乎韓華始起　午睡初醒　浮雲皛皛於晴天
明月離離乎碧澗　細珠飛雪山
燈飄紫筍之香　活火新泉
野席薦白兎之味　花瓷紅玉繁
華雖遜於潞公　石鼎靑煙
澹素庶乏於韓子　蟹眼魚眼
昔人之玩好　徒深龍團鳳餠
內府之珍頒已罄　玆有采薪之疾

---

37) 신항(伸吭) : 목을 길게 뺀다는 뜻으로 '무엇을 기다리는 모양'.
38) 단나(檀那) : 범어 Dana의 음역. 시주(施主)하고 보시(布施)하는 신자를 승려(僧侶)가 부르는 말. 단가(檀家), 단월(檀越).

聊伸乞茗之情
竊聞苦海津梁　最重檀那之施
名山膏液潛輸　瑞草之魁　卦
宜念渴希　毋慳波惠　霢

③ 걸명소(乞茗疏)와 다신계(茶神契)

"사람이 귀하다는 것은 신의가 있기 때문이다. 무리지어 서로 즐기다가 흩어져 서로 잊고 말면 이는 금수의 짓이리라. 우리 열여덟 사람은 이에 1808년 봄부터 오늘에 이르기까지 형이듯 아우이듯 모여 글을 읽었다. 이제 스승님 북으로 귀환하시니 우리는 별처럼 흩어지고 마침내 망연히 서로를 잊고 강론과 신의의 도리를 생각지 않을 것 같으면 곧 또한 경박하지 않겠는가? 지난해 봄에 우리는 이 일을 염려하고 계를 차비하고 티로서 곗돈을 모았다. 한 사람이 한 냥씩 두 해 동안 모아서 지금에 그 돈이 불어나 35냥이 되었다. 다만 염려는 이미 흩어진 뒤에 돈의 출납이 쉽지 않아서 의향대로 되지 못할까 하고 근심이 되는 것이다. 스승은 보암의 서쪽 마을에 박토 몇 떼기가 있어 방매하려 했으나 모두들 팔수 없다하여, 이에 우리는 35냥의 돈은 행장에 넣어드렸다. 스승은 보암 서쪽 마을의 박토 몇 떼기를 '다신계'라는 물명을 남겨서 뒷날 신의의 종잣돈이 되게 하셨다."
　-다신계(茶神契) 절목(節目)에서-

　다산이 강진을 떠난 것은 유배생활 18년 만인 1818년으로 그의 나이 58세 되던 때이다. 이때 강진을 떠나면서 다신계

(茶信契)를 만들었는데 이것은 제자 18명과의 이별이 아쉬움과 계속해 차를 구하고자 한 것이다.

　제자들이 차를 만들어 시를 지어 다산에게 보내면, 다산은 편지로 '동암(東庵)의 지붕은 잘 이었는지, 우물 쌓은 돌은 무너지지 않았는지, 차는 철을 놓치지 않고 잘 따는지…' 등의 자상함 속에 강진 유배 생활 중에 살아온 다산의 행적과 남긴 수많은 문장과 저술, 또 많은 다시를 논하기에는 지면이 부족하다. 그는 분명 우리나라 차 문화사에 끼친 영향은 실로 막대한 차인(茶人)이었다.

61. 자하 신위(紫霞 申緯)

① 생애(生涯)

　신위(申緯; 1769~1847)의 본관은 평산(平山). 자는 한수(漢叟), 호는 자하(紫霞)·경수당(警修堂)으로 아버지는 대사헌 대승(大升)이다.

　1799년(정조 23) 춘당대 문과에 을과로 급제, 초계문신(抄啓文臣)에 발탁되었다. 1812년(순조 12) 진주겸주청사(陳奏兼奏請使)의 서장관(書狀官)으로 청나라에 갔는데, 이 때 중국의 학문과 문학을 실지로 확인하면서 자신의 안목을 넓히는 기회로 삼아 중국의 학자·문인들과 교유를 돈독히 하였다. 당대 대학자 옹방강(翁方綱)과의 교유는 그의 문학세계에 많은 영향을 주었다.

　1814년에 병조참지를 거쳐, 이듬해 곡산부사로 나갔으며, 1816년 승지를 거쳐 1818년에 춘천 부사로 부임했으나 이 때 그 지방의 토호들 횡포를 막기 위하여 맞서다 파직까지 당하였다.

　1822년 병조참판에 올랐으나 당쟁의 여파로 다시 파직된 뒤, 곧 복관되어, 1828년에는 강화유수로 부임하였으나 윤상도(尹尙度)의 탄핵으로 2년 만에 다시 물러나서 시흥 자하산에서 은거하였다.

　1832년 다시 도승지에 제수되나 벼슬살이에 환멸을 느낀 끝에 사양하였다. 다음 해 대사간에 제수되어 나아갔으나 경기암행어사 이시원(李是遠)이 강화유수 때의 실정을 거론, 상소하다가 평산에 유배되었다. 그 뒤 복직되어 이조참판·병조참판 등을 역임하였다.

그의 시를 가리켜 김택영(金澤榮)은 시사적(詩史的)인 위치로 볼 때 500년 이래의 대가라고 칭송하였다. 이러한 그의 영향은 강위(姜偉)·황현(黃玹)·이건창(李建昌)·김택영에 이어져 우리나라 한문학을 마무리하는 구실을 하였다.

또한, 묵죽(墨竹)에 능하여 이정(李霆)·유덕장(柳德章)과 함께 조선시대 3대 묵죽 화가로 꼽힌다. 강세황(姜世晃)에게서 묵죽을 배웠던 그는 남종화(南宗畫)의 기법을 이어받아 조선 후기 남종화의 꽃을 피웠으며, 대표적 작품으로 <방대도 訪戴圖>와 <묵죽도>가 전한다. 또한, 글씨는 동기창체(董其昌體)를 따랐으며, 조선시대에 이 서체가 유행하는데 선도적 구실을 하였다. 저서로 ≪경수당전고≫와 김택영이 600여 수를 정선한 ≪자하시집 紫霞詩集≫이 간행되어 전해지고 있다.

② 차시(茶詩)

· 閑步亭 / 한보정

수레를 대신해 천천히 걸어간 곳에
삿갓 같은 조그마한 정자 하나 있어
돌을 골라 시 쓰는 벼루를 놓게 하고
샘물 길어 차를 끓이도록 했다.
나는 있다가 떠날 사람이지만
아직은 이곳에 유연하다.

더구나 공사가 한가로우면
뒷사람에게 굴려줌도 좋으리라.

常車緩步處　始笠小亭開
選石安詩硯　匊泉注茗杯
行將吾去矣　且復此悠哉
一段閑公案　教妨贈後來

• 獄中煎茶 / 옥중에서 차를 다림

바싹바싹 싸리문 굶주린 쥐가 드나들고
어둑한 벽을 지고 새벽 등불 가물거린다.
잠깨어 茶 솥에 조취차를 달이려니
한 모습에 면면히 삶과 죽음이 있노라.

索索響扉饑鼠出　幽幽背壁曙燈昏
夢回我與茶鐺嘴　一樣絲絲氣息存

자리엔 옷깃 차가운데 끝내 우리 함께
다행히 차 화로 있어 불이 피려 하네.
귀는 점차 솔바람 소리 얻어듣고
지척에 청유하듯 산골짜기가 있네.

席地寒衾卒伍同　茶鑪幸有火通紅
耳根漸借松風響　咫尺淸游澗壑中

• 자하집(紫霞集)에 있는 율시를 보면

송곳 같은 문자로 본성 환기한데
나루길 헤매다 부끄러워 오히려 머뭇거리네.
천리를 가볍게 여기 찾은 해남
한북으로 돌아갈 길 또 한 해
황악 인하여 소식 찾아 전했는데
초의의 옛 인연 기억하는가?
원하건대 그대와 추량 약속하여
금선께 헌다하며 선화(禪話) 나누세

文字機鋒喚性圓　迷津多愧尙迍邅
海南飛錫輕千里　漢北回轉又一秊
黃嶽因之探近言　草衣能否記前緣
願公約與秋凉日　薦茗金仙聚話禪

• 寄謝吳蘭雪 / 오난설(吳蘭雪)에게 부쳐 사례함

내 집 소쇄하게 왕성(王城)에 숨어 있어
곁채 아래 고운 남산이 비껴있다.
돌을 짝한 먹 못에는 빗기운을 품고
들창 밑 갈대잎 가을 소리 더하노라.
손이 오면 차 방에는 외로운 연기 피어나고
관가에서 물러나 오면 한 마리 학이 맞는다.
홍진 속에 늙어가는 모습을 웃지 마라
가난한 벼슬아치의 거동이 선비나 다름없다네.

吾廬瀟灑隱王城　廡下南山紫翠橫
伴石墨池含雲氣　當窓蘆葉助秋聲
客來茶屋孤煙氣　公退苔庭一鶴迎
莫笑軟紅塵送老　冷卿居止似諸生

• 海鎭山郵遷謫日 / 바닷가 산골로 귀양 가던 날

바닷가 산골로 귀양 가던 날
창황하여 글쓰기 많이 잊었지.
탑명을 한 번 읽고 할 일 없는데
선묵으로 베낀 원고 한 자도 틀림없네.
그대 일 마치니 천 불의 힘이던가?
맘 쓰기 좋아함이 십 년 마(魔)로세.
글 오니 완연히 대면한 경실 찾은 듯
나누신 풍미 감상하니 자제차(自製茶) 이러니.

海鎭山郵遷謫日　悢惶文稿在亡多
塔銘一失嗟無及　禪墨重翻字不譌
賸事終資千佛力　勞心好作十年魔
書來宛對繙經室　風味分嘗自製茶
　　　　　　　　　　(紫霞集)

• 自題畵 / 스스로 그림을 제하여

침상에서 깨어보니 산 위에 높이 달떴는데도
책 더미 속에 편안히 자느라 아주 몰랐네.
갑자기 목말라 차 생각 간절하여

꽃나무 아래 잠든 아이 불러도 오지 않네.

半搨醒來山月高　不知高枕群書裏
一詩喉渴正思茶　花下小童呼不起

• 再用禁體韻 / 금체의 운을 다시 사용하여

차 연기 사라진 후 숲속은 싸늘하고
몇 잔의 술기운은 빠르게 깨어나네.
다만 황혼이 새벽을 향하는 동안에
발 박의 뜰에 눈이 얼마나 내렸는지.

茶烟掣後森森冷　酒力微時旋旋醒
但訝黃昏如向曙　不知簾外已堆廷

• 象牙茶盤 / 상아다반

시든 연잎 그늘아래 게가 엉금엉금
고개 숙인 벼 이삭엔 잠자리 붙어 있네.
그 옆엔 높은 뜻의 선비 한 사람이
이 아경에 푹 빠져있다네.

荷卷蔭郭索　稻臥舐蜻蜓
纔是磊落人　方讀爾雅經

• 謝人惠茶盃 / 찻잔을 보내 줌에 사례함

새로 만든 찻잔은 푸른색 잠겼는데
그림 속 계곡은 운림(雲林)을 닮았다네.
술 깨어 다시 들고 자세히 살펴보니
매화 한 그루 모자를 빗겨 쓴 듯.

新樣燒瓷瑩綠沈　溪山縮本倣雲林
酒醒又見纖纖捧　一樹梅花側帽吟

• 閑步亭 / 보한정

수레 멈추고 천천히 걸어가면
갓처럼 생긴 작은 정자 하나 있다네.
시를 쓰려고 바위 골라 벼루 놓고
샘물 길어 찻잔에 붓는다네.

當車緩步處　如笠小亭開
選石安詩硯　斛泉注茗杯

• 次韻固城今玉泉寺 / 고성의 현재 옥천사 운을 빌려

꿈에 본 금란전은
타관의 절이었네.
유천은 볼수록 맑고
연화산 봉마다 오므려 하나의 꽃봉오리라네.

夢裏金鑾殿　天涯選佛場
乳泉澄眼眼　蓮岳斂房房

• 聖主菴 / 성주암에서

쓸쓸한 절후에 가을 생각 깊어지고
절집의 성쇠에 만감이 서리네.
낙엽으로 맑은 차 손수 끓여
저무는 석양 속에 한 사발 기울이네.

瀟寥節日關秋思　興替山門易感情
淡茗自燒紅葉煮　夕陽變態一甌傾

• 艸衣茶味太嫩 / 초의의 차가 너무 엷음

세속의 정 깎아내어 흔적도 없는데
평생 차 일은 실증내지 않고 계속한다네.
절밥 먹은 후에 불전을 깨끗이 하고
송풍탕 끓여 시혼을 맑게 하네.
품평은 육우에게서 들어 아니
학원차(壑源茶)의 기미(氣味)를 서로 섞었다네.
이는 또 하나의 차 보관법이니
아이야 속인들에게는 말하지 말려무나.

戀情刊落略無痕　未足平生茗事存
香積飯過淸佛座　松風湯熱淨詩魂
品評得聞於鴻漸　氣味相投借壑源
此是藏收又一法　侍童秘勿俗人言

• 艸衣遺以四餠茶 / 초의가 떡차 네 개를 보내다

지난날 도잠(陶潛)과 동파(東坡)가 서로 돌보더니
그 즐거움 이 늙은이에게 올 줄 이야
쓴 차는 엄숙히 속인의 정신 맑게 하고
좋은 시구는 참선과도 같다네.

陶潛坡老共周旋　此樂叟叟有此年
苦茗嚴時宜砭俗　好詩佳處合參禪

• 早春煮雪點茶 / 이른 봄 눈으로 차를 점다 하다

눈 녹인 물은 맛이 아주 담박하여
염매로 맛을 고를 필요도 없다네.
기와를 쓸어도 한 웅큼 못 되니
훈훈한 봄기운에 녹는 것 어이하리.

雪水味澹泊　鹽梅謝調和
掃瓦不盈掬　春動融無那

• 寄謝吳蘭雪 / 오난설에게 드려 사례하다

내 집은 쓸쓸히 왕성에 묻혔는데
지붕 아래 남산은 단풍 들었다네.
돌에 싸인 묵지(墨池)는 비 기운 머금고
창가의 갈댓잎은 가을 소리 더하네.

손이 오면 다옥에 한 줄기 연기 나고
퇴근하면 학 두 마리 이끼 낀 뜰에서 맞네.
속세에서 늙는다고 비웃지 말게
공부하는 선비처럼 살아가는 한직(閑職)이네.

吾廬瀟洒隱王城　廡下南山紫翠橫
伴石墨池含雨氣　當窓蘆葉助秋聲
客來茶屋孤烟起　公退苔庭二鶴迎
莫笑軟紅塵送老　冷卿居止似諸生

• 晝寢夢遊仙局得句 / 낮잠을 자면서 꿈에 선경에서 놀다가 시구를 얻다.

녹음 속 앵무새소리 윤기 흐르고
안개 속 방초 위로 제비 그림자 스쳐 가네.
짧은 시구 아직도 분명히 기억하는데
깨어보니 차 향기 무르익고 비가 내리네.

綠陰如水鶯聲滑　芳草和烟燕影消
短句分明猶在記　香草荼半雨瀟瀟

• 雲外夢中 / 구름 밖 꿈속에서

낙엽을 쓸고 있는 두타는 선이 바로 글 쓰는 일이고
구름 속 잠든 도인은 게송이 바로 시이네.
좋은 꿈에서 깨어나 속세로 돌아오니

한 점 청산만이 연지(硯池)에 빠져있네.

掃葉頭陀禪是墨　眠雲道士偈爲詩
喚廻塵世蘧蘧夢　一點靑山落硯池

62. 완당 김정희(阮堂 金正喜)와 산천 김명희(山泉 金明喜) 형제

가. 완당 김정희(阮堂 金正喜)

① 생애(生涯)

　김정희(金正喜; 1786~1856)는 충청남도 예산에서 병조판서 김노경의 아들로 태어났다. 김정희(金正喜)의 자는 원춘. 호는 완당, 추사(秋史) 등 수십 가지에 이른다. 24세 되던 해에 연경(燕京)에 가서 이름난 학자인 완원, 옹방강 등에 금석학과 실학을 배우고 돌아왔다. 그는 한때 규장각 시교·성균관 대사성을 거쳐 병조참판에까지 이르렀으나, 말년에 옥사에 연루되어 제주도와 함경도 북청에서 12년 동안 귀양살이하였다.
　유배지에서 만난 선승들과의 교류를 통해 선불교에도 조예를 쌓았으며, 그에 있어서 차는 곧 선(禪)과 더불어 한 맛으로 통하였다. 특히 초의선사와 교유하여 차를 선물 받고 써 준 『茗禪』이라는 작품이 있고, 즐겨 사용한 「茶三昧」「禪榻茶煙」「趙州茶」 등의 용어에서 「茶禪一味」의 사상이 풍긴다. 서법으로는 추사체(秋史體)를 대성시켰고, 그가 즐겨 쓴

「竹露之室」「茶爐香室」「茶爐經卷」등의 작품을 통하여 차인으로서의 일상의 모습 확연히 드러난다. 저서로는 <완당집>, <금석과안록>, <실사구시설> 등이 전한다.

② 차시(茶詩)

• 酬李幼輿索茶時 自燕還 / 이유여가 차를 찾기에 수답하다.
　　　　　　　　　　　　　　이때 북경에서 돌아오다.

집닭과 들 따오기 다르다 마시게
금엽(토산차)이 예부터 건안차와 다투었지.
열수(한강)도 일찍이 양자의 품과 한가진데
소재(옹방강)는 도리어 고려의 꽃을 찾는다네.
맑은 샘 하얀 돌은 진경을 나르고
법유 제호 가는 노을 깨뜨리네.
만 리라 빈 주머니 그대는 웃지를 마오
청안을 가지고 남에게 자랑하소.

休分鷄鶩野殊家　錦葉由來賽建芽
洌水曾同楊子品　蘇齋還覓高麗花
淸泉白石輸眞境　法乳醍醐破細霞
萬里囊空君莫笑　秖將靑眼對人夸

• 惠山啜茗 / 혜산천 물로 차를 우려 마심

천하에 둘째가는 샘물에

더구나 진군(秦君)과 홍군(洪君)까지 더 하였네.
마실만 한 샘물이야 얻을 수 있지만
맛과 향은 참으로 함께하기 어렵다네.

天下第二泉　又重之秦洪
飮泉猶可得　二妙直難同

• 贈人 / 증인

아울러 화성의 직이었는데
동서 한 벼랑 끝에서
무너져 나가 덥수룩하게
오다가다 들리니 집보다 낫군.
가을이 더워 상기 부채를 들고
낮에 깨니 차 생각이 유달리 나네.
봉황지 거룩한 일을 전하니
몸치장 더함 없이 번화롭구나.

併作畵省直　東西天一涯
隤唐多是髮　經過勝於家
秋熟尙勞扇　午醒偏憶茶
鳳池傳盛事　裙屐最繁華

아래는 많은 차인 사이에 膾炙되는 차시의 백미다.

고요히 앉은 자리의 차는 반이나 향기는 처음 같고
묘용의 시간에 물은 흐르고 꽃은 피는구나.

靜坐處茶半香初　妙用時水流花開

• 靑石嶺與李直內 題石壁 / 청석령에서 이직내와 함께 석벽
에 씀

나막신 밑에서 이는 흰 구름
고개는 평평한데 몸은 다시 높네.
지나온 시름 벗고자 봉합하고
돌림감기 가벼워서 우로되네.
동서가 막힌 길을 만났으니
사람은 뒤집혀 위아래로 만나.
때맞춰 마른 폐를 축이었으니
절의 茶는 탁주보다 훨씬 낫구려.

屐底白雲起　嶺平身更苦
蹄愁緘欲脫　輸感析爲勞
路訝東西阻　人翻上下遭
及時沾渴肺　寺茗勝村醪

• 湊砌翠丈與燕中諸名士 贈酬詩語 談藪而成好覺噴飯 / 취장
이 북경의 여러 명사와 더불어 주고받은 시어와 담수를 주
체하여 이뤘는데 좋게 한번 웃을 만하다

붉은 노을 하늘 끝에 이내 정을 어찌하리
기러기 발톱 역력한데 또다시 이 걸음을.
만리라 술동이는 도리어 랑적(浪跡)인데
십년 금곡은 소리만을 남겼다오.
사신별(使星)은 저절로 문성과 어울리고
묘리는 화리에서 나오는 게 많다네.
술 마시는 동방삭이 맑은 해학 더했으니
웅장한 가슴 펼쳐내자 사면에서 놀라누나.

朱霞天末若爲情　歷力鴻泥又此行
萬里杯尊還浪跡　十年琴曲只遺聲
使星自興文星動　妙理多從畫理生
巺酒東方添雅謔　雄襟披拂四筵驚

• 山寺 / 산사

기운봉 비낀 고개 여기가 진경인데
열 길 홍진 속에 잘못 들어 헤매었네.
감실 부처 사람보고 얘기를 하자는 듯
산새는 새끼 낀 채 절로 와서 가까운 양.
대 홈통 맑은 물에 茶를 달여 내고
분화를 공양하는 담담한 봄이로세.
눈물 닦는 그 공부를 어느 누가 터득했나?
빈 골짜기 솔바람에 길게 한숨 쉬네.

側峯橫嶺箇中眞　枉却從前十丈塵

龕佛見人如欲語　山禽挾子自來親
點烹筧竹泠泠水　供養盆花澹澹春
拭涕工夫誰得了　松風萬壑一㖊申

• 次黃山韻 / 황산의 운을 차운함

꽃다운 때 술 대하면 언제나 한탄하니
돈과 술로 세월을 멈추기란 어려운 일.
보리밥 함께 배 채운 내가 부끄럽소
세상에 보기 드문 그대는 바로 창화라.
茶 달이는 그곳엔 파리, 모기 응당 적고
가조(嫁棗)하는 그 집에는 벌 나비 드셀레라.
눈에 가득 석류꽃 불꽃같이 피었으니
문 앞에 삐걱삐걱 시차가 당도했네.

芳辰對酒每咨嗟　難把酒錢歲月賒
愧我塡腸同麥飯　如君稀世是菖花
蠅蚊應少拈茶處　蜂蝶爭喧嫁棗家
滿眼石榴開似火　門前轢轢到詩車

• 偶作 / 우연히 지음

속이 달고 변이 씀을 헤아리지 않고
하늘 바람 한 삿갓은 역시 인연 따르네.
백발이 휘날려라, 삼천의 길이라면
홍진에 허덕여라 육십 년이 아닌가.

내 침명을 좋아하여 자주 술을 맞는 건데
먼 귀양 가엽다고 신선이라 칭해 주네.
처마 밑에 절뚝절뚝 때로 약을 내리면서
茶 달이는 연기 짝하여 세월을 보낸다오.

不算䣭中與苦邊　天風一笠亦隨緣
飄零白髮三千丈　折磨紅塵六十年
我愛沈冥頻中聖　人憐遠謫漫稱仙
蹣跚檐底時行樂　消受茶爐伴篆煙

• 次梅花詩韻 / 매화시 운에 차운함

한 점의 먼지인들 이 문 앞에 이를세라
붉고 하얀 매화꽃 통령한지 오래일세.
돌 속 벼루 끝에 사적으로 함께하고
축로차 운치로 맑고 시원하게 어울렸네.
쓸린 일산 빗긴 가지 묵은 그늘 많다면
옛 구름과 지금 비를 실컷 거쳤다오
색 향미 묘한 이치 진정 홀로 지녔으니
양보지의 그림에도 다만 모습 그대로세.

一點塵無到此扃　梅花紅白久通靈
端硯石心同的的　竹鑪茶韻合泠泠
偃蓋橫枝多舊蔭　古雲今雨飽曾經
色香妙諦眞孤詣　楊補之圖只典形

• 弊篋敗藁古之作耶不知爲誰今之作耶又不是也 今古之閒吾以爲吾 作亦可 / 떨어진 상자 속의 망가진 초고는 옛날 작품인가 하면 누가 지었는지 알 수 없고, 근대 작품인가 하면 또 그도 아니다. 고금 사이에 나는 나의 작품으로 삼아도 역시 가하다.

마음이 한가하니 이치도 한가해
이렇듯 남은 해를 버티어 가네.
담박한 말은 외물에 보지 않는데
茶가 향기로우니 샘이 따로 있었구나.

心閒道亦閒　如此支殘年
語淡不看物　茶香別有泉

• 留艸衣禪 / 초의선에 머물다

눈앞의 조주(趙州) 차를 공짜로 마셔대고
손안에는 굳건히 범지화39)를 쥐었다네.
갈(喝)한 뒤에 귀 문이라 낱낱이 점교(漸敎)로 마셨으니
봄바람 어디엔들 산집 아니리오.

眼前白喫趙州次　手裏牢拈梵志華
喝後耳門飮箇漸　春風何處不山家

• 送心湖丈人 游關西 / 관서에 노니는 심호 장인을 보내다

---

39) 범지화(梵志華); 불법 구할 뜻을 지닌 자에게 설법함을 이른다.

한겨울 등불에 오랜 생각 가물가물
삼기는 집에 꽂혀 밤빛조차 더디구려.
술잔이랑 차 솥 모두 다 서글프니
나그네 돌아올 때 흰 구름 꿈같으리.

歲寒燈火黯遙思　揷屋參旗夜色遲
酒琖茶鎗俱悵惘　白雲如夢客歸時

• 汲古泉試茶 / 옛 샘을 길어 茶를 시험함

사나운 용 턱 밑에 밝은 구슬 박혔으니
솔바람 석간수의 그림을 뽑아 왔네.
성 안팎 샘 맛을 시험 삼아 가려 보니
을나(제주도) 땅도 茶를 품평할 수 있겠지.

獰龍頷下嵌明珠　拈取松風澗水圖
泉味試分城內外　乙那亦得品茶無

• 戲仿慈屺東井韻 / 자기의 동정운에 희방하다

성 안팎 나눠지고 우물길 벗겼는데
비근이라 수옥이라40) 집집마다 마찬가지
홍점의 글월에서 묘한 방문 배웠다가
제 이탕을 끓여내어 백화41)를 시험하네.

---

40) 비근이라 수옥이라; 비근(飛根)은 나무뿌리 밑에서 솟아나는 샘. 수옥
(漱玉)은 샘이 암석에 부딪쳐 옥 소리 낸다는 말.

城內外分井路斜　飛根漱玉盡家家
且從鴻漸書中補　第二湯來試白花

- 村居病甚 惟柳生問疾而來 授方而效 其意可嘉 書贈 如此竝 屬其桐君 / 촌에 있어 병을 몹시 앓았는데 다만 유생이 문병하러 와서 方文을 주어 효험을 보았다. 그 뜻이 가상하여 이와같이 써 주고, 아울러 그 동군에게 부침

옷조차 못 이기는 청약한 하동(河東)군이
육기(六氣)의 사이에서 미묘를 연구했네.
웃기는 이 늙은이 실낱같은 목숨일랑
茶, 생강, 홍국(紅麴)으로 근근이 의지하네.

河東淸弱不勝衣　六氣之閒早硏微
生笑老夫如縷命　茶薑紅麴與相依

- 茶事已訂雙溪 又以光陽 至前早採海衣 約與貫華使之趁 辛槃寄到 皆口腹閒事 攷筆一笑 / 茶에 대한 일을 이미 쌍계사에 부탁하고 또 동지 전에 일찍 딴 광양 해의(김)로써 관화와 언약하여 신반에 미치도록 부치라고 하였는데, 모두 구복 간의 일이라 붓을 놓고 한번 웃는다.

쌍계사 봄빛이라 茶 인연은 오래라네
육조(六祖)의 탑광 아러 제일의 두강(頭綱)이여
늙은이 탐이 많아 이것저것 토색하여

---

41) 백화: 달인 차에 뜬 거품.

향기로운 해태(김)를 신반에 또 언약했네.

雙溪春色茗綠長　第一頭綱古塔光
處處老饕饕不禁　辛盤又約海苔香

• 戲贈晩虛竝序 / 희담으로 만허에게 증정 병서함

열반이라 마설로 여년(驢年)을 다 보내니
다만 스님에겐 눈 바른 선이 귀해
茶事에다 아울러 배움의 일을 참하노니
권하거늘 둥그런 저 탑광을 마셔다오.

涅槃魔說送驢年　只貴於師眼正禪
茶事更兼參學事　勸人人喫塔光圓

나. 산천 김명희(山泉 金命喜)

① 생애(生涯)

김명희(金命喜; 1788~1857)는 완당 김정희의 동생으로 자는 성원(性源), 호는 산천(山泉)으로 학문이 깊고 시문과 글씨에 능하였으며 1810년 진사에 급제하여 홍문관 직제학, 강동 현령을 지냈다.

1822년 동지 겸 사은 정사인 아버지를 따라 자제군관(子

弟軍官)으로서 연경(燕京)에 들어가 청나라의 금석학자 유희해(劉喜海) 및 진남숙(陳南淑)·오숭량(吳嵩梁)·이장욱(李璋煜) 등의 명사들과 교분을 맺었다. 특히 유희해에게 우리 나라의 금석학 본을 기증하여 『해동금석원(海東金石苑)』을 편찬함에 많은 도움을 주었다.

② 차시(茶詩)

· 附原韻 山泉 七言絶句 / 부 원운 산천 칠언절구

老夫 평상시에 茶 사랑하지 않아
하늘이 그 우둔함 미워 사학하신 중에
열병과 갈증을 그치려
급히 풍로에 다가가 茶를 달인다.

老夫平日不愛茶　天曾其頑中虐邪
不憂熟殺憂渴殺　急向風鑪瀹茶芽

연경에서 온 것은 가짜가 많아
향편주란에 비단 두른 상자로다.
일찍 들으니 가품(佳品)은 가인과 같다는데
이 비재는 지지리도 못났구나.

自燕來者多贗品　香片珠蘭匣以錦
曾聞佳茗似佳人　此婢才耳醜更甚

초의가 홀연히 부친 우전차(雨前茶)가 왔거늘
응조차(鷹爪茶) 죽순 피 포장 손수 열고 다루니
응체를 소화하고 번민 씻어주는 공효(功效)
우레처럼 가르듯 어찌 뛰어나지 않으리.

草衣忽寄雨前來　籜包鷹爪手自開
消壅滌煩功莫尙　如霆如割何雄哉

노스님 차 가리되 부처님 가리신 듯
일창 일기를 엄한 계율로 지켜
더욱 덖고 말리는 데에 두루 통달하니
향과 맛을 좇아 바라밀에 들지 못하네.

老僧選茶如選佛　一槍一旗嚴持律
尤工炒焙得圓通　從香未入波羅密

이 秘方 투다(投茶) 하기 오백 년인데
오히려 지나친 복, 고인의 천명인 것을
밝은 지혜 절승한 맛 순유보다 깊구나
우주 본체 앞을 한하지 아니하리.

此秘始投五百年　無耐福過古人天
明知味勝純乳遠　不恨不生佛滅前

茶가 이같이 좋거늘 어찌 아끼지 않고
노동 일곱 주발 茶가 오히려 궁상이라.

대저 가벼이 외인에게 말하지 말지니
다시 산중에 茶稅 내라 할지 두렵소이다.

茶如此好寧不愛　玉川七盌猶嫌隘
且莫輕向外人道　復恐山中茶出稅.

'번뇌를 씻어주는 초의차 보다 좋은 것은 없다.'고 한 산천의 말에서 초의차에 대한 당대의 평가를 알 수 있다. 또한 '응조(鷹爪)와 같은 우전차'라고 한 것은 당시에 초의차는 산차(散茶)를 주로 만들었다고 보인다. 산천은 초의가 바라밀의 경지를 들어낸 차를 만든 공로와 초의에 의해 오백 년 만에 처음으로 재현된 차 문화를 칭송하고 있으니 그 역시 차에 대한 경지가 대단했음을 짐작할 만하다.

63. 우선(藕船) 이상적(李尙迪)

① 생애(生涯)

이상적(李尙迪: 1804~1865)의 본관은 우봉(牛峰). 자는 혜길(惠吉), 호는 우선(藕船). 한어 역관(漢語譯官) 집안 출신이다. 아버지는 이연직(李延稷)이다. 김정희(金正喜)의 문인이다.

이상적은 1828년(순조 28) 춘당대(春塘臺)에서 개강할 때에 임금으로부터 특별한 관심을 받았다. 1845년(헌종 11)에는 임금으로부터 전답과 노비를 받았으며, 1847년(헌종 13)에 이르기까지 다섯 번이나 품계가 올라 지중추부사(知中樞府事)에 올랐다. 1848년(헌종 14)에는 비서성(祕書省)에서 정조·순조·헌종의 『국조보감(國朝寶鑑)』을 간행하는 데 참여했다.

계속해서 『통문관지(通文館志)』『동문휘고(同文彙考)』『동문고략(同文考略)』 등을 간행하는 데 참여했다. 1862년(철종 13) 1월에는 임금의 특명으로 영구히 지중추부사직을 받았으며, 다음 해 7월 충청남도 온양(溫陽)의 군수로 부임했다.

그는 역관의 신분으로 12번이나 중국을 여행했다. 당대의 저명한 중국 문인과 친구 관계를 맺었으며 그러한 인연으로 청나라에서 명성을 얻게 되어, 1847년(헌종 13)에는 중국에서 시문집을 간행했다. 그가 교유한 중국학자들의 면모에 대해서는 그들로부터 받은 편지글을 모아 귀국 후에 펴낸 『해린척소(海隣尺素)』에 잘 나타나 있다. 또 김정희의 「세한도(歲寒圖)」를 북경에 가지고 가서 청나라의 문사 16명의 제찬(題贊)을 받아온 일은 유명하다.

이상적은 시 이외에도 골동품이나 서화, 금석(金石)에도 조예가 깊었다. 중국학자 유희해(劉喜海)가 조선의 금석문을 모아 편찬한 『해동금석원(海東金石苑)』에 부치는 글을 쓰기도 했다.

이상적의 저서로는 『은송당집』 24권이 있으며, 이 밖의 작품들은 청나라의 학자들로부터 받은 편지글을 모아 엮은 『해린척소』에 부분적으로 전하고 있다.

그의 문학 작품은 다양한 방면에 두각을 나타냈던 그의 능력을 반영하고 있다. 역관으로서 언어에 대한 탁월한 재능은 그의 작품에 그대로 드러나, 쓰인 시어가 섬세하고 화려하며 때로는 맑고 우아하다는 평을 얻었다. 「거중기몽(車中記夢)」이라는 작품으로 사대부들 사이에 명성을 얻었으며 헌종이 그의 시를 읊어 '은송(恩誦)'이란 별호로 불리기도 했다.

② 차시(茶詩)

· 茶煙 / 다연

죽로의 돌솥은 서로 정취에 잘 맞아
눈 녹인 물로 활화에 새로 끓일 때
평상에 바람 일어 붉은 수염 날리고

발 밖에 이슬비 내려 꽃가지 흔드네.
꿈에서 막 깨니 청주보다도 맑은 빛
향 피운 듯 차 향기 시정으로 이끄네.
그윽한 아취 어느 곳이 좋을까?
푸른 솔 그늘 아래 파란 개울 옆이지.

竹爐石銚雅相宜　活火新烹雪水時
一榻風輕紫鬢影　重簾雨細綴花枝
淸於煮酒初回夢　韻似燒香半入詩
領略幽情何處好　蒼松陰裏碧溪涯

· 挹茶 / 읍다

작은 잔에 찻물 따르니
탕 위의 거품 어이해 가득 뜨는고.
구슬처럼 흩어진 둥근 빛은
하나하나 모두가 부처님이라네.
덧없는 인생 금방 지나버리는데
중생들 사물에 눈이 팔려 멍하다네.
차 마시면 손과 눈이 열려서
터럭도 구분할 수 있다네
깨달음에 이르면 함께 인정하고
참선할 때는 나쁜 생각 떨치네.
누가 스승이고 누가 중생인고?
나도 없고 사물도 없다네.
항하의 모래알 같은 흐릿한 중생들
구하려 뗏목 부르지 않아도 되네.

탕의 거품은 한 기운으로 변하고
공과 색은 조각달 안에 있다네.
삼생이 금속(金粟) 안에 비치니
좌망 위해 어찌 마음 가다듬으리.
온갖 인연 참된 것 없으니
어찌 기쁨과 만족을 자랑하리.
『다경』이 전함은 육구의 등불이요
노동이 읊은 다시는 바루라네.

小盌挹茶水　千漚何易發
圓光散如珠　一珠一尊佛
浮生彈指頃　千億身晃惚
如是開手眼　如是分毛髮
悟處齊點頭　參時同竪拂
誰師而誰衆　無我亦無物
茫茫恒河沙　普渡非喚筏
泡花幻一噓　空色湛一月
三生金粟影　坐忘何兀兀
萬緣了非眞　焉喜焉足喝
經傳陸羽燈　詩呪玉泉鉢

• 松濤 / 송도

바람 이는 여울에 달빛 푸르고
우수수 솔바람은 학의 꿈 깨우네.
흐르는 가을 물소리 동산 가득하고
공산에 늦은 반딧불 소리에 놀라네.

거문고 저음으로 세 곡조 고르고
차 솥 처음 끓는 소리 맑기도 해라.
아득하게 옛 친구 강가 집 생각하니
글 쓰며 추운 겨울 견디어 지낸다네.

風湍一碧月孤明　　五粒颼颼鶴夢驚
滿院如聞秋水至　　空山忍訝晩潮生
琴微細入新調曲　　茶銚淸分一沸聲
遙憶故人江上屋　　著書消愛歲寒情

• 白山茶歌謝朴景路 / 백산 茶歌의 박경로에게 사례함

일찍이 나는 연하 건너 구 일 동안
천하의 유명한 茶를 다 맛보았다.
십이 가두에는 茶 박사와
茶 장사가 마음 장삿집보다 많았다.
돌아와 누워 허술한 집에서 용육(龍肉: 龍團)을 담론
손수 『다경』을 붙들고 공연히 탄식했다.
호승(胡僧)은 죽로차의 신제품을 내며
때때로 사람은 헌데를 즐기는 것 같단다.
응당 귀한 바는 우리 향불로
끝내 이 향미가 치아에 스민다고 한다.
모두 세색제일강(細色第一綱) 아니라 하나 그대 은혜 감사해
겨울 날씨에 앓는 허파 삼아면 감당하리.
누가 이 땅을 알아 여기 있을까
비유컨대 황원(荒遠)에서 나온 인재인 듯.
다만 중령수 얻기 어려워 한스러우나

멀리 무이차(武夷芽)를 사 오는 노고를 덜었네.
그대 보지 못했나.
강남 어차(御茶)로 입공 못하고
기창(旗槍)이 충해와 부사(浮沙)에 수반 매몰됨을
또 보지 못했나.
해마다 개펄에 배 대어 백화로 소통함을
올가을에도 무량 개개의 수선화를.
고인 茶話는 비 오는 소리 같고
봉연은 이미 천진 수애(水涯)에 들었네.
어인 신고(辛苦)의 으생이 다복을 누리는가?
煎茶하고 먹구하며 송년을 꽃피우리.

我曾九泊燕河槎　嘗盡天下有名茶
十二街頭茶博士　賣茶多於賣漿家
歸臥敝盧談龍肉　手把茶經空咨嗟
胡僧竹露出新製　時人往往如嗜痂
秪應所貴吾鄕物　終是香味澁齒牙
不咸一綱感君惠　天寒肺病當三椏
誰知此士乃有此　譬如人才出荒遐
但恨難得中泠水　無勞遠購武夷芽
君不見江南御茶不入貢　旗槍埋沒隨蟲沙
又不見泊汐年年通百貨　今秋無箇水仙花
茶話故人栜如友　烽煙已入天津涯
何辛吾生享多福　煎茶覓句送年華

• 臨漢亭 / 한정에 기르러

江亭에서 이틀 묵자 병이 나으려는데
주인(酒人)은 소객(騷客)이 날마다 서로 기다린다.
어살 게통발에 걸려든 걸 더듬는데
물가 정자엔 뭉게구름 그린 듯이 펼쳐있네.
볕에 말린 줄 잎에 기운 그물에 흩어놓고
대추꽃 꽃비는 놀이판을 덮는다.
돌 샘물 새로 길어 맑게 茶 달여 공양하니
육우의 『茶經』 중에 낙노(酪奴)라는 것일세.

信宿江亭病欲蘇　酒人吟子日相須
漁梁蟹籪探消息　水榭雲廊鬪畫圖
菰葉斜陽分曬綱　棗花微雨映呼盧
石泉新汲供淸淪　陸羽經中品酪奴

・金石山暮雪 / 금석산 저녁 눈

압록강 강어귀에 내리는 눈
흩날리며 먼 길을 전송하네.
본마음이 천 리나 사이 떴는지
흰 머리털 하루아침에 돋았네.
점차 갈 길 깨닫자 옷은 무겁고
갈 길 분명하니 도리어 서글퍼.
오늘 밤은 한 데서 묵는 중에도
다만 좋아하기 茶 달여 시음하네.

鴨綠江頭雪　飛飛送遠行
素心千里隔　華髮一朝生

漸覺征衣重　還憐去魯明
今宵中野宿　祗好試茶烹

• 重陽之翌 過三台山莊 / 중양절 이튿날 삼태산장 지나며

내가 오자 중양절이라는데
국화는 노란 꽃을 피우지 못했네.
따스한 숲에선 홍시를 따고
향기로운 샘물로 녹차(綠茶)를 달인다.
성과 시(市)에 가까은 것 무얼 탓하랴.
바로 이것이 산가이려니.
조금씩 따라 좋은 운치 즐기며
저녁 까마귀 깃들도록 머물러 앉았네.

我來展重九　菊未有黃華
林煖收紅柿　泉香試綠茶
何妨城近市　卽此是山家
少酌耽佳趣　留連坐暮鴉

• 江州途中 / 강주 도중에

명아주 지팡이에 촌 늙은이 부지하고
누런 송아지는 산 집을 지키는구나.
푸나무 샛길이 숲을 가늘게 뚫고
마을은 조용히 언덕 따라 비껴 있다.
달빛 비친 냇둑엔 자러 가는 사슴
꿀벌은 바위틈에 꽃꿀을 빚누나.

잠시 솔 그늘에 쉴 마음 내켜
맑은 샘물 길어 손수 茶를 달인다.

靑藜扶野老　黃犢守山家
樵徑穿林細　村容추岸斜
鹿眠谿畔月　蜂釀石閒花
暫向松陰憩　淸泉手煮茶

• 偶題 / 뜻하지 않게 쓰다

돌솥에 茶 연기 올올이 푸른데
무성한 그늘 물 흐르고 해는 뉘엿뉘엿
새소리 누워 듣다 문 열지 않았는데
종려 앞에 바람 잦아들자 오동잎에 빗소리.

石銚茶煙靑縷縷　繁陰如水日欹午
臥聽啼鳥不開門　櫻葉無風桐葉雨

• 夜坐 口占 / 밤에 앉아 口占(草稿하다)

작은 화로 여린 불에 손수 茶를 달이는데
지는 달빛 맑고 밝게 대숲 밖으로 기운다.
한밤중 종이창에 봄기운 따스하고
수선화 한 포기 갓 피어난다.

小鑪文火手煎茶　落月娟娟竹外斜
半夜紙窓春氣暖　水仙初放一囊花

• 養閒 / 한가 양생

양생할 때는 물욕과 어긋날 말 없어
이제야 선뜻 지난날의 잘못 깨닫는다.
파초 잎 구름인 듯 높이 집을 덮었고
오동잎 눈처럼 옷에 잘게 스민다.
늦잠 깨지도 않았는데 茶는 막 익어
속세와 끊긴다고 드문 새소리 꺼리랴.
하인에게 분부해 나무하고 물 긷기 외에
일 년 내내 사립문을 열지 못하게 한다.

養閒無物與心違　今是幡然悟昨非
蕉葉似雲高覆屋　桐花如雪細侵衣
倦眠不覺茶初熟　却掃何妨鳥亦稀
分付園丁樵汲外　終年勿許啓雙扉

• 秋懷雜詩 / 가을 회포의 잡시

고목 맑은 시내 짧은 울을 두르고
마을 깊은 골목길 구불구불 시작된다.
시구 찾는 茶 언덕엔 갓 피어날 향기
꽃 피자 술 익을 때니 손님에게 관대하나.
작은 이별 해 지나니 방초도 원망스럽고
깊은 맹세 물 가리면 백구도 알려나.
간밤 꿈에 바둑 구경하다 도끼 자루 썩어
선가의 세월은 더디다 누가 말했던가?

古木淸谿繞短籬　邨深門巷自逶迤
尋詩茶畔香初候　款客花開酒熟時
小別經年芳草怨　幽盟指水白鷗知
爛柯昨夢觀碁罷　誰道仙家日月遲

・秋懷雜詩 / 가을 회포의 잡시

그림 동정 책 묶음이 가로 겹쳐 가지런하고
한가로운 거처 밝고 작은 창을 몹시 아낀다.
와당을 빌려 장생이란 글자 탁본하는데
茶品은 용단승설(龍團勝雪)이란 이름 전해.
해내의 친한 동문 옛것 함께 좋아하니
소시에 풍아로 다시 정을 여누나.
오산과 초수가 천상이 아니건만
머리 들고 해마다 기러기 소리 살핀다.

畫蟬書籤整復橫　燕居偏愛小窓明
瓦當借拓長生字　茶品傳看勝雪名
海內親朋同好古　少時風雅更關情
吳山楚水非天上　矯首年年候涯聲

・蝶菴比部寄餉淞茶 / 접암 비부가 淞茶를 부쳐오다

흰 항아리 봉하여 綠雪이라 이름 쓰고
멀리 성사(星槎; 배) 편 우편으로 보내왔네.
곡우 시절 송강길을 꿈속에 청유하며
누워서 열수(洌水: 한강) 물가 솔바람 소릴 듣누나.

일곱 사발 햇茶 맛은 감로를 마시는 듯
한 동이 술과 함께 투화(鬪花) 주의(籌議)가 어제인 듯.
다시 만날 뒷날이 언제인 줄 알리
화로의 잿불 뒤적이며 목과로 시 지을 날.

白甀封題綠雪芽　郵筒초遞返星槎
夢游穀雨淞江路　臥聽松風洌水涯
七盌試新如吸露　一樽憶作共籌花
更爲後會知何日　撥盡鑪灰賦木瓜
　　　　　　　　（恩誦堂集）

• 金小棠惠富士山茶及茶壺 皆日本物夜 / 김소당이 후지산 茶와 茶壺를 보내즈었는데 모두 일본 물건이다

서불의 사당 앞들 들풀꽃 피니
삼산 어디쯤 선가가 있으련만
가련타 진시황이 영약을 구했던들
어찌 선생의 한 사발 茶와 같으리오.

천하제일의 달걀빛 자기 茶罐에
손수 햇茶 달여 번뇌 씻노라면
깊은 밤 활력 있는 불에 솔바람 소리가
바닷가 밀물 썰물 소리 들려오는 듯.

徐市祠前夜草花　三山何處有仙家
可憐秦帝求靈藥　爭似先生一盌茶

卵色瓷壺天下一　手煎新茗滌煩惱
松風活火深深夜　似聽殘潮海上音
　　　　　　　　　（恩誦堂集）

참고문헌 :

국역 국조인물고, 세종대왕기념사업회 2007.12.31
석용운 한국차문화자료집, 도서출판 초의 2006. 3. 15
유건집 한국차문화사, 도서출판 이른아침 2007. 2. 22
대한차문화자료집성, 도서출판 이른아침 2011. 5. 31

[약력]
사단법인 영남차회 창립, 현 고문
성균관유도회 대구본부 회장 역임
성균관유도회 총본부 회장 역임

茶人列傳 2

인쇄일 / 2025. 1. 25
발행일 / 2025. 2. 10

編著者 : 雪海 芮正洙(010-3519-8427)
發行處 : **도서출판 동양미디어**

대구광역시 북구 대현로1 053-944-0009
출판등록 : 1999년 4월 9일 제5-56호

값 : 25,000원